TSOKNYI RINPOCHE

Öffne dein Herz und lausche

arkana

TSOKNYI RINPOCHE
Eric Swanson

Öffne dein Herz und lausche

Den inneren Funken entdecken

Aus dem Englischen
von Elisabeth Liebl

arkana

Die amerikanische Originalausgabe erschien 2012 unter dem Titel
»Open Heart, open Mind. Awakening the Power of Essence Love«
im Verlag Harmony Books,
einem Imprint der Crown Publishing Group, New York, USA.

Verlagsgruppe Random House FSC-DEU-0100
Das für dieses Buch verwendete
FSC®-zertifizierte Papier *EOS* liefert
Salzer Papier, St. Pölten, Austria.

1. Auflage
Deutsche Erstausgabe
© 2012 der deutschsprachigen Ausgabe
Arkana, München
in der Verlagsgruppe Random House GmbH
© 2012 der Originalausgabe by Tsoknyi Rinpoche
© Vorwort: 2012 by Richard Gere
Lektorat: Ralf Lay
This translation published by arrangement with Harmony Books,
an imprint of the Crown Publishing Group,
a division of Random House, Inc.
Satz: KompetenzCenter, Mönchengladbach
Umschlaggestaltung: Uno Werbeagentur, München
Autorenfoto: Fred von Allmen
Druck und Bindung: GGP Media GmbH, Pößneck
Printed in Germany
978-3-442-34100-9

www.arkana-verlag.de

Für meine Frau Chimey Yangzom

Inhalt

Vorwort
von Richard Gere 9

Tibetische Begriffe und ihre Schreibung
von Eric Swanson 12

EINS
Die Brücke 15

ZWEI
Der Aufbruch 36

DREI
Der Funke in uns 65

VIER
Fehlerhafte Ich-Identifikation 117

FÜNF
Methode 155

SECHS
Achtsamkeit auf den Körper 170

SIEBEN
Der subtile Körper 183

ACHT
Lerne, das Pferd zu reiten 196

NEUN
Unser inneres Tempolimit 208

ZEHN
Den Geist mit Geist betrachten 222

ELF
Innerer Raum 233

ZWÖLF
Wie alles zusammengehört 254

DREIZEHN
Das Wissen anwenden 265

VIERZEHN
Vertrauen 302

Dank 309
Glossar 311
Literatur 319

Vorwort

SUCHST DU EINEN FISCH, SCHAU INS WASSER.
SUCHST DU DICH, SCHAU IN DEINEN GEIST.

Das erste Mal begegnete ich Tsoknyi Rinpoche 1997 in Litchfield, Connecticut. Ich war ziemlich aufgeregt und nervös, denn ich kam dorthin zu meinem ersten Dzogchen-Retreat (siehe Glossar). Doch wie sich zeigte, waren meine Befürchtungen völlig unbegründet. Tsoknyi Rinpoche erwies sich als großartige Lehrerpersönlichkeit, deren Humor und vollkommene Natürlichkeit schnell jede Anspannung von uns abfallen ließen. Gleichzeitig bot er uns immer wieder Gelegenheit, die unverhüllte Wahrheit unserer natürlichen Essenz, unseres ursprünglichen Seins, zu entdecken und in ihr zu verweilen.

Seit dieser ersten Begegnung ist er für mich nicht nur ein Lehrer, zu dem ich völliges Vertrauen habe, sondern auch ein hochgeschätzter Freund. Er gehört zu den Menschen, auf die man sich freut, wenn man sie trifft und mit ihnen zusammen sein kann, bei denen sich ein Lächeln – mitunter auch ein herzliches Lachen – einstellt, wenn wir an sie denken. Begegnungen mit ihm sind immer bemerkenswert.

Tsoknyi Rinpoche, der noch bei den ganz großen, mittlerweile zum Großteil leider verstorbenen Meistern des tibetischen Buddhismus in die Lehre ging, schlägt ebenso einprägsam wie verständlich eine Brücke zwischen den großen Yogis des alten Tibet und unserem verwirrenden 21. Jahrhundert. Er bewegt sich in beiden Welten mit derselben Leichtigkeit – einer Leichtigkeit, die sich auf uns überträgt.

Tsoknyi Rinpoche hat seine ganze Energie darauf verwendet, die Natur des menschlichen Geistes mit all ihren Eigenheiten zu studieren, weil er uns helfen möchte, unsere selbstgeschaffenen Begrenzungen und unsere geistige Schwere abzuwerfen. Wir können beständige Liebe, Weisheit und Glück erlangen, doch manchmal stecken wir in uns selbst und in unseren fixen Ideen ganz schön fest.

Wahre Liebe ist vollkommen offen und schließt nichts und niemanden aus. Sie ist die Freiheit im unbändigen Lachen eines Kindes, das sanfte, warme Wohlgefühl, wenn wir ohne besonderen Grund einfach glücklich sind. Tsoknyi Rinpoche definiert sie als »den Funken der aus Offenheit und Einsicht entstandenen bedingungslosen Güte, Freundlichkeit und Warmherzigkeit, der zur leuchtenden Flamme wird, welche die ganze Welt wärmt«. Sie lässt uns mit freudigem, offenem Herzen das Leben annehmen – mit seinem ganzen Irrsinn.

Wir können diese Liebe in uns finden, denn sie ist unsere wahre Natur, unser Geburtsrecht. So wie wir zwei Augen und zwei Arme haben, *sind* wir diese grundlegende Liebe. Doch legt sich mitunter eine Schicht von Unwissenheit und Verwirrung darüber, sodass wir sie nicht sehen oder fühlen. Dann verschwenden wir unser Leben damit, Beziehungen, Geld, Macht, materiellen Objekten oder irgendwelchen Vorstellungen nachzujagen, so als könnten wir in der Außenwelt finden, was wir im Inneren verloren haben. Kurzfristig mag das sogar funktionieren, doch auf lange Sicht werden wir uns leer und ausgebrannt fühlen, ängstlich und zornig sein. Tief in unserem Herzen wissen wir das, und in den Momenten, in denen unsere Masken fallen, verspüren wir die Trauer und Sinnentleertheit, die wir sonst mit unserer Geschäftigkeit überdecken. Wir sehnen uns nach so viel mehr, und irgendwo spüren wir tief in uns, dass wir das wahre Glück auch finden können.

Dieses Buch ist eine Einladung, uns zurückzuholen, was wir verloren haben, und uns auf einen Pfad zu begeben, der uns wieder mit unserer tiefsten Natur in Verbindung bringt, die gleich dem strahlenden, wolkenlosen Himmel freudvoll, weit und frei von allem Bedingenden und Bedingten ist. Wenn wir unsere wahre Natur erkennen, erfüllt die Wärme von Liebe und Mitgefühl auf ganz natürliche Weise alles, was wir tun. Dieser Pfad hat weder etwas mit Esoterik oder Geheimwissenschaften zu tun, noch verlangt er uns besondere Fähigkeiten ab. Es ist ein durch und durch praxisbezogener, logischer und klarer Weg. Es ist das, was wir in Wahrheit sind. Tief im Innern sind wir Liebe. Grenzenlose Liebe, die jeden Augenblick durchdringt, ob wir nun glücklich oder traurig sind.

Vielleicht sind auch Sie schon Menschen begegnet, in denen diese Liebe sichtbar wird. Für die einen ist dies der Dalai-Lama, für die anderen Mutter Teresa, die eigene Mutter oder der eigene Vater. Wenn wir Menschen wie sie sehen oder an sie denken, lächeln wir spontan und empfinden ein natürliches, authentisches Gefühl der Wärme. Warum? Sie strahlen eine Art von selbstloser Liebe und Mitgefühl aus, die wir als unsere eigene wahre Natur begreifen. Dieses Buch kann uns helfen, den ursprünglichen Funken in uns zu erkennen, der zur machtvollen Flamme wird. Wir müssen es nur wollen.

Richard Gere

Tibetische Begriffe
und ihre Schreibung

Auf den Seiten dieses Buches finden Sie immer wieder tibetische Begriffe, bei deren Umschrift ich mich nicht an eines der gebräuchlichen wissenschaftlichen Transliterationssysteme gehalten, sondern mir die Freiheit genommen habe, eine der tatsächlichen Aussprache angenäherte Schreibung zu wählen. Diese Schreibung wird vermutlich Menschen, die viel Zeit und Mühe darauf verwendet haben, Texte aus einer Sprache mit derart vielschichtigen Bedeutungszusammenhängen zu übersetzen, die Haare zu Berge stehen lassen. Ich habe mich für diese Lösung entschieden, da die Silben eines tibetischen Wortes am Anfang und Ende eine Reihe von Konsonanten enthalten können, die zwar nicht mitgesprochen werden, in bestimmten Fällen aber die Aussprache verändern, während sie in anderen ohne Wirkung bleiben. Dies gilt für das klassische Tibetisch ebenso wie für das moderne.

Das Tibetische ist wie so viele andere asiatische Sprachen eine Tonsprache; das heißt, die Bedeutung eines Wortes ändert sich, wenn der Vokal einer Silbe beispielsweise mit fallender statt mit steigender Tonhöhe ausgesprochen wird. So gibt es im Tibetischen einige Konsonanten bzw. Konsonantenverbindungen, die auch den besten Übersetzern, die für tibetische Lehrer dolmetschen, den Angstschweiß auf die Stirn treiben, da schon eine kleine Veränderung des Tonfalls sich als fatal erweisen kann. Mir wurde von mehreren Fällen berichtet, in denen ein Übersetzer das tibetische Wort für »Eis« nicht mit der richtigen Tonhöhe aussprach, und schon hatte der Arme »Scheiße« statt »Eis« gesagt. Tibetische Lehrer fallen bei solch einem Fauxpas gewöhnlich vor Lachen fast vom Stuhl. Natürlich lachen sie nicht aus Boshaftigkeit, ihr Lachen ist ein Geschenk. Es zeigt uns, dass wir, egal wie gelehrt oder erfolgreich wir sein mögen, immer wieder Fehler machen. Und es gibt uns Gelegenheit, diese Tatsache zu akzeptieren. Sobald wir unsere Fehler erkannt haben, können wir nämlich daraus lernen und an ihnen wachsen.

Nachdem ich die Ehre hatte, an zwei Büchern von Yongey Mingyur Rinpoche mitzuarbeiten, wurde ich oft gefragt, ob ich der Übersetzer sei. Zu meinem Leidwesen musste ich die Fragesteller im Hinblick auf meine Talente als Übersetzer enttäuschen. Meine Kenntnisse des Tibetischen beschränken sich auf einige Gebete und ein paar nützliche Sätze wie »Ich esse kein Fleisch«, »Ist Herr oder Frau Sowieso da?« und »Wo ist, bitte, die Toilette?«, wobei letztere Frage sich allerdings manchmal eher in der Form »*Gibt* es hier eine Toilette?« stellt. Der Buddha stehe mir bei, falls ich je die Syntax verfälscht oder ein Wort – und sei es nur winzig klein – falsch ausgesprochen habe. Es kann für fragende Blicke sorgen, wenn man sagt: »Ich esse keine Toilette.«

Doch Tsoknyi Rinpoche und alle, die ihm helfen, die enorme Verantwortung zu tragen, die man ihm in einem Alter auferlegt hat, in dem die meisten von uns noch damit beschäftigt waren, in der Schule heimlich Bier zu trinken und zu rauchen, waren mir gegenüber stets sehr gütig. Sie haben viel Mühe auf sich genommen, um mir ein gewisses Verständnis für die Feinheiten der tibetischen Sprache beizubringen. Und natürlich für die Weisheit, die sich darin ausdrückt, eine Weisheit, aus der ein tiefgreifendes und exaktes Verständnis der menschlichen Natur und ihrer Entwicklungsmöglichkeiten spricht.

Natürlich sind Buddhisten, was diesen Punkt angeht, gegenüber »Normalsterblichen« leicht im Vorteil, da sie sich mehr als zweieinhalbtausend Jahre lang intensiv mit dem menschlichen Handeln und seinen Auswirkungen beschäftigt haben.

Ich betrachte es als unglaubliche Auszeichnung, dass ich mit Tsoknyi Rinpoche arbeiten durfte, einem der gütigsten und mitfühlendsten Menschen, denen ich je begegnet bin. Er, der nie einen Hehl aus seinen eigenen Fehlern machte, hat mich buchstäblich an der Hand genommen und mir die Dinge, von denen in diesem Buch die Rede ist, Schritt um Schritt nähergebracht. Ich hoffe, dass auf den folgenden Seiten zumindest ein bisschen von seiner Offenheit und Warmherzigkeit, von seiner Menschlichkeit und seinem Humor auch für Sie spürbar wird.

Eric Swanson

EINS

Die Brücke

Vor ein paar Jahren besichtigte ich einen gigantischen Zwillingswolkenkratzer, dessen Türme durch eine Brücke aus dickem transparentem Glas verbunden sind. Durch den gläsernen Boden geht der Blick weit mehr als hundert Meter hinunter in die Straßen der Stadt. Als ich meinen Fuß auf die Brücke setzte, erstarrte ich. Mein Herz begann zu rasen, der Schweiß drang mir aus allen Poren. Ein Gefühl grenzenloser Panik hatte von mir Besitz ergriffen.

»Diese Brücke kann mich unmöglich tragen«, schoss es mir durch den Kopf. »Sobald ich darübergehe, wird der Boden durchbrechen, und ich werde in die Tiefe stürzen.«

Niemand würde vermutlich von einem Menschen, der in der Tradition des tibetischen Buddhismus erzogen und ausgebildet wurde, rund um den Globus Belehrungen gibt und den Leuten psychologische Ratschläge erteilt, erwarten, dass er in einer Situation wie dieser vor Angst wie gelähmt ist.

Ich kann nicht für andere Lehrer und ihre Erfahrungen sprechen. Soweit es mich betrifft, geht es mir jedenfalls wie jedem anderen Menschen: Unter bestimmten Umständen empfinde ich Angst, Verwirrung oder Trauer. Es gibt Dinge, die mich aus der Fassung bringen. Schließlich bleibt mir keine menschliche Erfahrung erspart. Was ich aber dank meiner Lehrer, meiner Schüler, meiner Freunde und meiner Familie gelernt habe, hat mir gezeigt, dass solche Situationen vor allem eines sind: eine günstige Gelegenheit, um zu erkennen, wie wundervoll es ist zu leben. Überall auf der Welt leiden Menschen unter Krieg, Naturkatastrophen, Wirtschaftskrisen und politischen Reglements. Diese Situation ist aber weder neu noch kennzeichnend für die Zeit, in der wir leben. Ein Blick in die Geschichtsbücher zeigt, dass die Menschheit sich zu allen Zeiten mit existenziellen Bedrohungen wie diesen konfrontiert sah.

Andererseits ist der Mut, mit dem Menschen dem Leid begegnen, ein großartiges Beispiel für dieses Wunder des Lebens. So viele verlieren ihr Hab und Gut, verlieren Kinder, Angehörige oder Freunde. Doch allem Kummer zum Trotz ist da der Wille, sich nicht unterkriegen zu lassen, zu retten, was zu retten ist, nach Kräften Zerstörtes wiederaufzubauen – der Wille zu leben, und zwar nicht nur aus dem Wunsch heraus, den nächsten Tag zu überleben. Nein, Menschen tun das in dem Bewusstsein, dass ihre Anstrengungen künftigen Generationen nutzen.

Erwachen

Wenn wir uns den Herausforderungen des Lebens mutig stellen, haben wir Gelegenheit, die Natur dieser Probleme, unsere eigene Natur und die Natur der Wirklichkeit in einem völlig neuen Licht zu sehen. Diese Veränderung unserer Sichtweise verglichen der Buddha und die Meister, die ihm nachfolgten, mit dem Erwachen aus einem Traum. Im Traum haben wir Erlebnisse, die nicht real sind, uns aber real *erscheinen* und sich auch so »*anfühlen*«.

Ich bin mir sicher, dass auch Sie schon solche Erfahrungen gemacht haben. Viele Menschen haben mir von Träumen er-

Die Brücke 17

zählt, in denen sie von Ungeheuern gejagt wurden, in Häuser mit zahllosen geheimen Kammern zurückkehrten oder merkwürdige Situationen mit vertrauten Menschen erlebten. Wenn aber dann der Wecker schrillt, die Kinder aus ihren eigenen Träumen erwachen und bei den Eltern Trost und Sicherheit suchen, Haustiere bellend, miauend oder nasestupsend ihr Futter fordern, wird der Träumer aus seiner Traumwelt gerissen und in eine andere Wirklichkeit versetzt.

Dieser Übergang erfolgt manchmal recht abrupt und wirkt daher verstörend. Vielleicht klingen noch Gedanken, Bilder und Gefühle aus unserer Traumwelt nach – wie Spinnennetze, die der Wind dahinträgt. War der Traum intensiv, sind diese Spinnfäden vielleicht zäher und verfolgen uns den ganzen Tag. Wir versuchen, uns aus ihrem Netz zu befreien, am Ende schaffen wir es vielleicht sogar.

Spinnräder

Doch selbst wenn uns gelingt, diese nächtlichen Spinnfäden abzuschütteln, gehen wir einer anderen Art von Traum auf den Leim: dem Traum der konventionellen oder alltäglichen Wirklichkeit. Hier erleben wir zahlreiche Ängste und Verwundbarkeiten, die sehr real und unumstößlich scheinen, doch bei näherer Betrachtung weder so real noch so definitiv sind, wie wir glauben. Diese Art von »Wachtraum« (zu der auch unsere normalen Träume zählen) wird im Sanskrit als Samsara und im Tibetischen als *khorlo* bezeichnet. In beiden Begriffen steckt die Vorstellung, dass man von einem Rad herumgewirbelt wird, das sich immer und immer wieder in die gleiche Richtung dreht.

Samsara wird oft mit einer Töpferscheibe verglichen. Der Töpfer legt einen Batzen Ton auf die Scheibe und verleiht ihm mit seinen Händen geschickt Gestalt, während seine Füße die Scheibe unermüdlich antreiben.

Wie der Töpfer haben auch wir oft das Gefühl, dass sich in unserem Leben etwas bewegt, dass wir etwas schaffen oder eine Veränderung auslösen. Wie sich unglücklicherweise meist im Nachhinein herausstellt, handelt es sich dabei aber nur um leicht abgewandelte Neuauflagen unserer alten gedanklichen und emotionalen Gewohnheitsmuster. So wie wir es immer getan haben, haben wir einfach nach allem gegriffen, was uns erlaubt, unsere gedankliche und emotionale Töpferscheibe am Laufen zu halten, und immer denken wir uns: »Aber diesmal kommt etwas anderes dabei heraus.«

Doch wie schnell wir unsere Töpferscheibe auch drehen und wie geschickt wir unser Talent auch einsetzen mögen, um etwas Schönes oder Dauerhaftes zu schaffen, immer mischt sich ein Geschmack von Enttäuschung in unsere Erfahrung. Unsere Schöpfungen werden schartig und gehen kaputt, Beziehungen zerbrechen, wir verlieren unseren Job und unser Heim.

Vor kurzem hörte ich ein Zitat des bedeutenden Schweizer Psychiaters C. G. Jung. Er soll gesagt haben, die Menschheit sehne sich nach Frieden und rüste für den Krieg. Mit anderen Worten: Unsere Wünsche stimmen nicht mit dem überein, was wir tatsächlich denken, fühlen und tun. Von dem Moment an, in dem wir morgens die Augen aufschlagen, bis zu dem Augenblick, da wir abends erschöpft in den Schlaf sinken, sehen sich die meisten Menschen mit jeder Menge Probleme konfrontiert, mit sozialen, psychischen, wirtschaftlichen oder umweltbedingten Schwierigkeiten. Angesichts der jüngsten Turbulenzen der Weltwirtschaft, der negativen Auswirkungen des Klimawandels, des gehäuften Auftretens von Naturkatastrophen und Seuchen, angesichts der individuellen und kollektiven Gewalt überall mag einem die Welt, in der wir leben, durchaus als rauchendes Pulverfass vorkommen, das jeden Moment in die Luft gehen kann.

Unsere Innenwelt ist indessen zum Spiegelbild der äußeren Vorgänge verkommen. Wir sind Meister in der Kunst, eine große Anzahl potenzieller Gefahrenquellen gleichzeitig auf dem Radar zu halten. Unser Geist gleicht dem Bildschirm eines 24-Stunden-Nachrichtensenders: Im großen Fenster läuft der Hauptbeitrag, kleinere Fenster rechts und links informieren über Aktienkurse und Wetter, und im Liveticker am unteren Rand gibt es die jüngsten Neuigkeiten in möglichst sensationsheischender Aufmachung.

Oder ist es vielleicht anders herum? Spiegelt sich in dem beunruhigenden Geschehen auf der Weltbühne unsere innere Zerrissenheit, unser Mangel an Ganzheitlichkeit? Ein Konflikt zwischen dem Wunsch nach Glück, dem Impuls, zu bekämpfen, was wir als Bedrohung erleben, und den erstickenden Gefühlen von Angst, Einsamkeit und Verzweiflung, die aus scheinbar unheilbaren Verletzungen rühren?

So finden wir uns in der unangenehmen Situation wieder, dass wir irgendwie den Balanceakt schaffen müssen zwischen Gedanken, Gefühlen und Handlungen, über die wir eine gewisse bewusste Kontrolle haben, und den Gewohnheitsmustern in unserem Denken, Fühlen und Verhalten, die von Faktoren unterhalb der Bewusstseinsschwelle herrühren. Die Folge ist, dass viele Menschen das Gefühl haben, eine Art Doppelleben zu führen. Es scheint, als würde uns ein dunkler Schatten verfolgen, als wäre da ein anderes Selbst, das sich hinter der Persönlichkeit verbirgt, mit der wir uns identifizieren und die wir der Welt zeigen. Sich dem eigenen Schatten zu stellen und ihn zu akzeptieren kann eine verstörende Erfahrung sein. Doch es gibt ebenso eine gute Nachricht: Wo es Schatten gibt, muss logischerweise auch Licht sein, und wenn wir uns mit unserem Schatten auseinandersetzen und ihn akzeptieren, öffnet sich uns allmählich der Pfad zum Licht.

Langsam und beständig

Die Entdeckung dieses Lichts verläuft in Stufen und auf höchstpersönliche Art und Weise. Wir lernen Schritt um Schritt, Ursachen und Auswirkungen unserer Gedanken, Gefühle und Handlungen klarer und deutlicher zu *sehen*, als wir dies zuvor getan haben.

Wenn wir uns auf diesen Prozess einlassen, gelingt es uns allmählich, das Gefüge von Ursachen und Bedingungen, innerhalb dessen sich die Gedanken, Gefühle und Handlungen anderer Menschen entwickeln, in einem ähnlich klaren Licht zu sehen wie unser eigenes. Mit einigen – Familienangehörigen, Freunden, Arbeitskollegen – haben wir unmittelbar und Tag für Tag zu tun. Mit anderen wie zum Beispiel Politikern oder Konzernchefs pflegen wir keinen unmittelbaren Umgang. Trotzdem bleiben ihre Entscheidungen nicht ohne Folgen für uns. Überall auf der Welt sitzen Menschen in Plenarsälen oder Vorstandszimmern zusammen und fällen Beschlüsse, die weitreichende Konsequenzen für uns haben. Sie entscheiden, ob wir Arbeit finden oder unseren Arbeitsplatz behalten und ob wir genug Geld haben, um unsere Rechnungen zu begleichen. Manchmal schicken sie uns gar in den Krieg. Wir kennen diese Leute nicht, und sie kennen uns nicht, dennoch beeinflussen sie durch ihre Entscheidungen unser Leben ganz erheblich.

Der erstaunliche technische Fortschritt, der in den letzten wenigen Jahren erzielt wurde, hat es möglich gemacht, dass Menschen sich heute über Videos, Websites, Blogs, Diskussionsforen und andere Formen sozialer Netzwerke ausdrücken.

Über diese Medien lösen sie in uns Bewunderung oder Abscheu, Enttäuschung oder Erleichterung aus und beeinflussen uns mehr oder weniger subtil.

Vielfach wird beklagt, dass wir unter einer »Informationsflut« leiden. Es heißt, die Welt werde heutzutage von Daten, Ideen und Argumenten, von einer Fülle von Details regelrecht überschwemmt. In meinen Augen hat dieser dauernde Informationsfluss aber nichts Negatives. Ich sehe in all den vielfältigen Möglichkeiten, sich auszudrücken und auszutauschen, eher eine Gelegenheit, zu lernen und zu wachsen.

Alles, was man mich gelehrt hat, alles, was ich durch eigene Erfahrung an Wissen erworben und aus den Erfahrungen meiner Lehrer, Schüler und Freunde mitgenommen habe, deutet darauf hin, dass wir die angeborene Fähigkeit haben, zu lernen und zu wachsen. Wir können immer geschickter – und tiefer, als wir das je für möglich gehalten hätten – in unsere Gedanken und Gefühle eintauchen. Und wir können lernen, unsere eigenen Entscheidungen sowie die Entscheidungen derer, die wir als die »anderen« betrachten, mit freundlichem Respekt und mitfühlendem Verständnis zu betrachten. Ich sehe dies als große Chance, ein wenig unvoreingenommener zu werden und sich für Standpunkte zu öffnen, die wir vielleicht nicht teilen und auf die wir zunächst mit Ablehnung reagieren.

Wenn wir uns bewusst machen, dass wir für die Ursachen und Bedingungen unserer Entwicklung Verständnis entwickeln können, dass wir die Gedanken und Emotionen verstehen können, die unsere eigenen Handlungen und die unserer Mitmenschen prägen, dann beginnt unser Herz, sich zu öffnen. Wir fangen an, nicht nur uns selbst – die wir uns als unzulänglich oder tief verletzt betrachten – zu lieben, sondern auch alle Wesen, die diesen großartigen Planeten mit uns teilen. Wir beginnen, ein Gefühl der Warmherzigkeit und Freundlichkeit zu empfinden, das wir nie für möglich gehalten hätten.

Hinschauen

Das Leben ist eine Herausforderung. Gleichzeitig ist es aber auch eine große Chance. Tag um Tag, Woche um Woche, Jahr um Jahr – es vergeht kein Augenblick, in dem wir nicht auf eine Anzahl unterschiedlichster Hindernisse stoßen, die unsere Kraft, unsere Zuversicht und Geduld auf eine harte Probe stellen. Oft schauen wir einfach nur hilf- und hoffnungslos zu, wie wir zu Sklaven internationaler Konzerne, unserer Chefs, unserer Familie und unserer Freunde werden, vor allem aber zu Sklaven der Uhr. Wir müssen das Joch dieser Knechtschaft jedoch nicht tragen. Wir können einen Pfad beschreiten, der uns zur inneren Quelle von Offenheit, Warmherzigkeit und Weisheit zurückführt. Zu diesem Zweck aber müssen wir lernen, die Situation, mit der wir uns konfrontiert sehen, mit neuen Augen zu betrachten, sei es nun eine chronische Krankheit, traumatische Kindheitserfahrungen, Beziehungsprobleme, Arbeitslosigkeit oder der Verlust unseres Heims. Die Botschaft, die man mich gelehrt hat, geht auf einen Mann zurück, der vor zweieinhalbtausend Jahren gelebt hat. Und doch ist sie heute noch so aktuell wie damals.

Wie lautet nun diese Botschaft?

Schau dir dein Leben an. Schau dir genau an, wie du definierst, wer du bist und was du erreichen kannst. Schau dir deine Ziele an. Schau dir den Druck an, den dein Umfeld und die Kultur, in der du aufgewachsen bist, auf dich ausüben. Schau noch mal hin. Und noch mal. Schau so lange hin, bis du aus eigener Erfahrung erkennst, dass du sehr viel mehr bist, als du zu sein glaubst. Hör nicht auf hinzuschauen, bis du das wunderbare Herz, den wundervollen Geist entdeckst, der die wahre Grundlage deines Seins ist.

Bei meinem Erlebnis auf der Glasbrücke, von dem ich eingangs erzählt habe, hielt ich mich schließlich sehr genau an das, was ich über das *Hinschauen* gelernt hatte. Statt einen anderen Weg zu nehmen, trat ich zurück und schaute mir an, was auf der Brücke vorging. Es herrschte ein reges Treiben, einige Leute schoben sogar schwerbepackte Sackkarren darüber hin. Sie gingen ihrer Arbeit nach und machten einen fröhlichen, unbekümmerten Eindruck.

»Warum habe ich so viel Angst?«, fragte ich mich.

Wenige Sekunden später kam mir der Grund schlagartig zu Bewusstsein. Als Kind bin ich einige höchst gefährliche Risiken eingegangen. Ich kletterte unbekümmert auf die höchsten Bäume und auf Felsüberhänge, auf die sich nicht einmal Bergziegen wagten. Im Zuge meiner regelmäßigen Eskapaden war ich natürlich mehr als einmal abgestürzt, und der Schmerz, den diese Stürze verursachten, hatte sich meinem Körper gleichsam eingeschrieben. Dieser körperliche Schmerz ließ in mir die Angst vor möglichen Stürzen entstehen. Meine körperliche und emotionale Reaktion verfestigten sich schließlich zu der Vorstellung, dass große Höhen gefährlich sind.

Einfach ausgedrückt, hatte sich also ein Muster herausgebildet: ein festgeschnürter Knoten von körperlichen, emotionalen und gedanklichen Reaktionen, die ich als Tatsache akzeptiert hatte, als Stückchen Wahrheit, das besagte, wer ich war und wie die Situation war, in der ich mich befand. Bei meinem ersten Versuch, über die Glasbrücke zu gehen, hatte dieses Muster sozusagen das Ruder übernommen. Ich war meine Angst, und meine Angst war ich geworden.

»Gut«, sagte ich mir, »da ist also dieses Muster. Aber trifft es auch auf diese konkrete Situation zu?«

Natürlich nicht. Das Glas war massiv, die Leute gingen unbeschadet über die Brücke. Es gab keinen vernünftigen Grund für meine Befürchtungen. Ich trat ein zweites Mal auf die Brücke – und konnte wieder keinen Schritt gehen. Obwohl mir mein Verstand klar sagte, dass ich nicht in die Tiefe fallen würde, war ich starr vor Angst.

Ich trat wieder zurück und schaute ein weiteres Mal hin, was mich zurückhielt. Nachdem ich ein paar Minuten überlegt hatte, erkannte ich, dass diese Angstreaktion so tief in meinen Gedanken, Emotionen und körperlichen Empfindungen verankert war, dass ich sie schließlich als Teil meiner selbst sah, als Teil der Person, für die ich mich hielt, und ihrer Wahrnehmung der Welt. Diese Identifikation ist der »Klebstoff«, der unsere Muster im Innersten zusammenhält.

Güte

Dieser ersten Einsicht folgte eine zweite, weit wichtigere: Ich behandelte mein Muster nicht eben freundlich. Ich wollte es einfach nur loswerden, es durchbrechen, ohne dass ich mir die Zeit nähme, hineinzuhorchen oder von ihm zu lernen.

Solch ein Muster braucht nämlich seine Zeit, um sich herauszubilden. Es kann daher auch etwas dauern, bis man es erkennt, es versteht und die Knoten löst, aus denen es besteht. Die Arbeit an unseren eigenen Mustern verlangt ein gerüttelt Maß an Güte und Sanftheit, gerade so, als würden wir unsere Kinder trösten, die sich im Dunkeln fürchten und weinen. Ich bin selbst Vater und habe gelernt, dass man oft tief in sein eigenes Herz schauen muss, um einen Weg zu finden, will man ein unglückliches Kind trösten: einerseits dem Kind begreiflich machen, dass seine Ängste und Probleme etwas ganz Normales sind, ihm andererseits aber vermitteln, dass Angst, Frieren, Nässe oder Hunger nur vorübergehende Zustände und nicht seine wahre Natur sind.

Und so sagte ich zu mir wie ein Vater zu seinem Kind: »Gut, du hast also das Gefühl, sterben zu müssen, sobald du einen Fuß auf diese Brücke setzt, und du glaubst, dieses Gefühl sagt dir die Wahrheit. Deine Gedanken und Gefühle sind sehr stark, aber stimmt es denn, was sie dir sagen? Schau dir all die Leute an, die über diese Brücke gehen. Vielleicht ist ihnen auch ein bisschen mulmig, vielleicht haben sie auch Angst, aber sie gehen trotzdem drüber. Darum werde ich versuchen, jetzt über diese Brücke zu gehen, auch wenn ich Angst habe.«

Und so betrat ich die Brücke zum dritten Mal, doch obwohl ich immer noch Angst hatte, ging ich diesmal weiter. Ich bewegte mich mit kleinen, tastenden Schritten vorwärts, gestand mir meine Angst ein und hieß sie mit offenen Armen willkommen, statt sie irgendwie »wegschieben« zu wollen. Mit jedem Schritt wuchs mein Vertrauen. Der feste Knoten aus körperlichen Empfindungen, Emotionen und Gedanken begann sich zu lockern. Als ich in der Mitte der Brücke angekommen war, sah ich die Fassade des anderen Gebäudes in intensivem Licht glühen. Auch die Menschen, die über die Brücke gingen, schienen in dem Licht zu erstrahlen, das die Glasfläche auf sie warf. Ja, ich selbst hatte das Gefühl zu strahlen.

Gleichzeitig fiel mein Blick hinunter auf die Menschen, die dort unten durch vergleichsweise dunkle Straßen gingen. »Ob sie je dieses Leuchten, diese Leichtigkeit empfunden haben?«, fragte ich mich.

Meine Perspektive geändert zu haben half mir nicht nur, besser zu verstehen, wie Muster im Allgemeinen funktionieren:

Ich lernte auch, dass wir mit ihnen arbeiten können. Eines unserer größten Hindernisse im Leben ist unsere Neigung, allzu schnell vor den diversen Knoten zu kapitulieren, zu denen sich unsere Gedanken, Emotionen und Empfindungen verschlungen haben. Wir betrachten diese Knoten als unumstößliche Tatsachen, die uns daran hindern, den ersten Schritt über unsere Brücke zu tun.

Jeder Mensch hat seine spezifischen Muster, seine ganz persönliche Brücke, über die er gehen muss. Manche erleben sich als verletzlich, unfähig, einsam, nicht liebenswert, ständig unter Druck oder erschöpft und kommen von diesem Selbstbild nicht weg. Andere wiederum sehen in jedem Menschen eine Bedrohung oder einen Konkurrenten, wieder andere reagieren mit Verärgerung auf geschlossene Wolkendecken oder Verkehrsstaus. Manche Menschen schließlich sehen sich allein durch die Brille der chronischen Krankheit oder des Missbrauchs.

Mir geht es keinesfalls darum, die Angst oder die Gefühle eines Menschen zu bagatellisieren, wenn er plötzlich vor seiner Brücke steht und seine Muster ihn am Übergang hindern. Ich möchte nur darauf hinweisen, dass wir einen Moment innehalten können, nachdem wir den Fuß zurückgezogen haben, um unsere Gedanken, Emotionen und Empfindungen zu untersuchen und uns zu fragen, ob auch wirklich stimmt, was wir als Tatsache ansehen.

Real, aber nicht wahr

Die Angst, die ich auf der Brücke empfand, war real in dem Sinne, dass ich sie mit jeder Faser erlebte, dennoch war sie durch die konkreten Umstände nicht gerechtfertigt. Sie wurde vielmehr ausgelöst von meinen im Unterbewussten gespeicherten Erinnerungen an einstige Stürze aus großer Höhe und die damit verbundenen Schmerzen. Dies verzerrte meine Wahrnehmung der konkreten Situation. Bei der Brücke handelte es sich ganz offensichtlich um eine solide Konstruktion, doch meine Angst, sie zu überqueren, ließ mich die Tatsache ausblenden, dass die Passanten in großer Zahl auf ihr hin und her gingen, ohne in die Tiefe zu fallen.

Also musste ich innere Zwiesprache mit mir selbst halten. »Ja, was du fühlst, ist Wirklichkeit. Das sehe und respektiere ich. Doch diese Angst ist keine Folge von realen Voraussetzungen.« Während ich so mit mir und meiner Erfahrung rang, tauchte plötzlich eine Art Mantra in meinem Geist auf. Ein Mantra ist ein Hilfsmittel, das es uns ermöglicht, uns für eine Schicht unseres Geistes zu öffnen, deren Potenzial sich dem begrifflichen Ausdruck entzieht. Im Bagatellfall meines Versuchs, die Brücke zu überqueren, waren es aber keine mystischen Silben, die mir einfielen, sondern nur vier schlichte Wörter: »Real, aber nicht wahr.«

Die Wiederholung dieses Mantras ist seitdem Teil meiner Praxis geworden: Wenn mich irgendetwas beunruhigt, dann erkenne ich die Emotionen, die dieses spezielle Problem in mir auslöst, als real an, soweit es die Ebene meiner Gedanken und Gefühle betrifft. Doch wie intensiv die Gedanken und Gefühle in solch einem Moment auch sein mögen, ihre Ursache ist nicht in der direkten Situation zu suchen. Ich begriff, dass das Überqueren der Glasbrücke letztlich eine Herausforderung war, die mir Gelegenheit bot, an jenem Teil von mir zu arbeiten, der sich als Angstmuster erlebte und sich damit identifizierte.

Ein Mantra ist im Wesentlichen ein Hilfsmittel, das Ihnen erlaubt, mit Ihren Gedanken und Gefühlen Zwiesprache zu halten. Manchmal wird diese altbewährte Methode auch als

»Gebet« bezeichnet, tatsächlich aber ist es die Aufnahme eines Dialogs zwischen Herz und Verstand.

Ich möchte Sie jetzt zu einer kleinen Mantra-Übung einladen, die Ihnen helfen soll, wenn Sie sich das nächste Mal einer schwierigen Situation gegenübersehen, ob Sie nun eine Glasbrücke überqueren müssen, im Stau stecken und zu spät ins Büro oder zu einer Besprechung kommen, ob Sie Probleme mit einem Kollegen, dem Chef, Ihrem Partner oder Ihren Kindern haben bzw. schwierige Verhandlungen mit einem Bankangestellten führen müssen.

Atmen Sie so richtig tief durch und beobachten Sie Ihre Ein- und Ausatmung.

Nehmen Sie sich dann einen Augenblick Zeit, um Ihre Gefühle wie Gäste zu begrüßen: Sagen Sie Hallo zu ihnen und beginnen Sie eine Unterhaltung. Zum Beispiel könnten Sie etwas sagen wie: »Ja, ich weiß, dass ihr da seid.«

Fragen Sie dann: »Aber seid ihr auch wahr? Werdet ihr durch aktuelle Bedingungen ausgelöst oder durch vergangene Erfahrungen?«

Befragen Sie Ihre momentane Erfahrung immer wieder daraufhin, ob sie wahr ist, bis Sie schließlich geistig und emotional zu dem Punkt kommen, an dem Sie akzeptieren können, dass Ihre Gefühle zwar real vorhanden sind, dass sie jedoch nicht unbedingt auf wahren Voraussetzungen beruhen. Solche Momente des Innehaltens können das Bild, das Sie von sich und Ihren Fähigkeiten haben, völlig umwandeln – was auch gleichzeitig andere ermutigen wird, sich über ihre Brücke zu wagen und dasselbe Leuchten zu empfinden.

In diesem Buch geht es um das Überschreiten von Brücken, darum, Momente des Innehaltens einzulegen, die uns gestatten, uns mit unseren Mustern von Angst, Groll, Eifersucht, Kummer und Wut freundlich und mit Respekt auseinanderzusetzen. Es geht darum, dass wir uns einen Augenblick Zeit nehmen, um uns darauf zu besinnen, wer wir in Wahrheit sind, und uns zu ermahnen, sanft mit uns selbst und mit unseren Mitmenschen umzugehen, wenn wir oder sie unter die Räder unserer Gedanken und Emotionen geraten sind.

Wenn emotionale Muster aufeinanderprallen

In diesem Buch geht es jedoch auch darum, Brücken zu bauen. Sobald wir anfangen, unsere Muster zu erkennen und mit ihnen zu arbeiten, wird eine subtile, aber dennoch bedeutsame Kette von Ereignissen in Gang gesetzt. Unsere Reaktionen auf Familie, Freunde, Kollegen und andere Menschen in unserem Leben werden offener und verständnisvoller. Wir fühlen mit ihnen und begreifen: »Sieh mal an, er (oder sie) ist ja genauso wie ich! Er (oder sie) wird genau wie ich von Ängsten, Bedürfnissen, Sehnsüchten und Enttäuschungen geplagt.« Ausgehend von dieser schlichten Erkenntnis, können wir unsere Sicht von uns selbst und anderen Stück um Stück positiv verändern.

Dazu möchte ich Ihnen eine kleine Geschichte erzählen. Ich hielt mich in London auf und hatte gerade einen kleinen Laden betreten, als ich plötzlich hörte, wie draußen jemand aus Leibeskräften schrie. Ich trat vor das Geschäft und sah eine Frau, die am Straßenrand in einer Parklücke stand, auf dem Gehweg ihre beiden völlig verängstigten Kinder.

Ein Mann im Auto fuhr langsam auf die Frau zu. Die Frau brüllte: »Stopp! Sie können hier nicht parken!«

Je lauter sie schrie, desto mehr umwölkte sich das Gesicht des Mannes im Wagen. Er hatte das Fenster heruntergekurbelt, rollte auf sie zu und rief: »Wenn Sie aufhören zu brüllen, fahre ich weg.«

Doch die Frau hörte nicht auf. Also fuhr er noch dichter an sie heran. Ich fürchtete schon, er wolle sie überfahren. Oder sie würde versuchen, durch das offene Fenster seines Autos auf ihn loszugehen.

Doch der Mann meinte nur wieder: »Gute Frau, hören Sie doch endlich auf zu brüllen. Was haben Sie denn für ein Problem?«

Sie aber heulte immer weiter und weiter. Jetzt war sein Wagen schon fast auf einer Höhe mit ihr.

Als er direkt vor der Parklücke stand, hielt die Frau plötzlich inne. Sie atmete tief durch, dann erklärte sie ihm: »Wissen Sie, mein Mann sucht jetzt schon seit Stunden einen Parkplatz. Dann habe ich diese Parklücke entdeckt und mich hierhergestellt, um sie freizuhalten, bis er wieder die Straße runterkommt.«

Der Fahrer des Wagens gab zurück: »Hätten Sie mir das gleich gesagt, wäre ich einfach weitergefahren. Ich habe überhaupt nicht kapiert, was Sie von mir wollen. Passen Sie doch demnächst besser auf, wie Sie auf die Leute reagieren.« Dann brummelte er noch etwas wie: »Sollte ich vielleicht auch tun.« Schließlich fuhr er weiter, wobei er der Frau und den Kindern, die sich am Straßenrand aneinanderdrängten, noch kurz zuwinkte. Die Frau aber trat auf den Gehsteig, schloss ihre Kinder in die Arme und murmelte: »Es tut mir leid. Das war nicht richtig. Ich bin eine schlechte Mutter.«

Am liebsten wäre ich zu ihr gegangen und hätte ihr gesagt, dass sie keineswegs ein schlechter Mensch war – ebenso wenig, wie der Fahrer des Wagens einer war. Beide wurden einfach nur durch ihre spezifischen Muster gesteuert. Die Frau war besessen von dem Gedanken, dass der Typ in dem Auto ihr etwas wegnehmen wollte, und reagierte blindlings aus dieser Überzeugung heraus. Der Mann im Auto hingegen begriff zunächst nicht, was die Frau überhaupt von ihm wollte. Er hörte nur, dass sie ihn verbal attackierte. Das wiederum löste in ihm ein bestimmtes, vermutlich defensives Muster aus. Er wurde wütend, weil er angeschrien wurde. Und so schwang ein Muster die Keule gegen ein anderes.

Für mich aber wäre es unter diesen Umständen nicht angemessen gewesen, die Frau anzusprechen. Oder wie würden Sie reagieren, wenn Sie eben eine Situation wie die gerade beschriebene erlebt hätten, und dann kommt auch noch ein zu kurz geratener Fremder mit kahlrasiertem Schädel auf Sie zu und will Ihnen in ein, zwei Sätzen die Lehren des Buddha nahebringen?

Ohnehin glaube ich, dass sie durch dieses Erlebnis ein bisschen mehr über Denk- und Verhaltensmuster gelernt hat und auf meine Erklärungen nicht angewiesen war. Vermutlich würden weder die Frau noch der Fahrer des Autos das, was sich zwischen ihnen zugetragen hatte, als Aufeinanderprallen von emotionalen Mustern beschreiben. Doch offensichtlich war am Ende beiden bewusst geworden, dass *etwas* sie in eine Auseinandersetzung getrieben hatte, die ein böses Ende hätte nehmen können – und dass es beiden im letzten Moment noch gelungen war, das Ruder herumzureißen.

Leider kommt es nur allzu häufig zu Situationen wie diesen, in denen emotionale Muster aufeinanderprallen. Wenn wir nicht darin geschult sind, unsere Muster genauer anzusehen und mit ihnen zu arbeiten – worum es im Folgenden gehen wird –, bemerken wir erst gar nicht, dass wir vollständig von ihnen beherrscht werden. Und selbst wenn wir bereits über eine gewisse Schulung darin verfügen, merken wir nicht immer, was gerade abläuft. Man denke nur an mein Erlebnis auf der Glasbrücke... In solchen Fällen ist es den streitenden Parteien unmöglich, einen Schritt zurückzutreten und die Automatismen zu untersuchen, die ihr Verhalten bestimmen. Die

Folge sieht dann in der Regel so aus, dass die Auseinandersetzungen an Heftigkeit zunehmen, eine »ewige« Feindschaft entsteht, die zu Gewalttätigkeiten und im globalen Maßstab bis hin zu Kriegen führen kann.

Ich stelle mir gern vor, dass es der Anblick der beiden Kinder war, der die beiden Streithähne schließlich doch noch davon abhielt, mit Fäusten aufeinander loszugehen. Diese drückten sich während des Vorfalls nämlich ängstlich auf dem Gehsteig aneinander. Als Vater bin ich sensibilisiert für die Bedürfnisse von Kindern, für ihre Ängste, Albträume, Wünsche und für den Druck, den ihre Freunde und die Kultur, in der sie aufwachsen, auf sie ausüben. Nach der Geburt meiner Töchter wurde ich jedes Mal, wenn ich ihren kleinen Körper im Arm hielt, ihrem Atem lauschte, sah, wie sich ihre Augen hin und her bewegten, wie sie lächelten, an eine der wichtigsten Lehren des Buddha erinnert: Alles Leben ist kostbar, und sein Schutz ist unsere wichtigste Aufgabe.

Offenes Herz, offener Geist

Ein Gutteil dieser Aufgabe besteht darin, dass wir ein tieferes Verständnis für die Muster entwickeln, die unsere Gedanken, Emotionen und unser Verhalten bestimmen, sodass wir ihnen nicht blindlings nachgeben. Sobald wir zu begreifen beginnen, wie sehr das Bild, das wir von uns und unserer Umwelt haben, durch unsere Lebenserfahrung und unsere Kultur geprägt ist, werden wir auch offener für den Gedanken, dass die Differenzen zwischen Individuen, sozialen Gruppen und Nationen ihren Ursprung darin haben, dass die Beteiligten stur an ihren Mustern festhalten: Was wir denken und fühlen, ist »richtig«, was die anderen denken und fühlen, ist »falsch«.

Sobald wir den Gedanken an uns heranlassen, dass eine Situation vielleicht gar nicht so eindeutig ist, wie wir glauben, können wir uns auch Menschen gegenüber öffnen, die sich ausfallend oder feindselig verhalten. Wir überschreiten eine Brücke. Wir fragen uns, warum andere nicht dasselbe Licht sehen, und entwickeln den Wunsch, ihnen zu helfen. In uns wächst der Wunsch, anderen beizustehen und eine Beziehung zu ihnen aufzubauen. Wir erkennen ihre Muster und beginnen, sie besser zu verstehen. Wir entwickeln allmählich sogar so etwas wie Sympathie für sie. Unsere Bereitschaft und unser Geschick, uns für andere zu engagieren, ihnen auf unsere Weise zu sagen: »Hör doch auf zu schreien«, wird größer. Wir geben ihnen Gelegenheit, ihre Sicht der Dinge darzustellen und die Gründe für ihr Verhalten zu nennen. In diesem Moment bieten wir uns und dem anderen die Möglichkeit, sich auf unerwartete Art und Weise zu öffnen.

Ein ungewöhnliches Geschenk

Kurz nach den Anschlägen vom 11. September 2001 verbrachte einer meiner amerikanischen Freunde Weihnachten in Paris. Als er am ersten Weihnachtsfeiertag durch die Straßen spazierte, wurde er von einem Mann angehalten, der allem Anschein nach aus dem Mittleren Osten stammte. Der Mann fragte ihn: »Sind Sie Amerikaner?«

Mein Freund sah sich vor die Wahl gestellt, schnell weiterzugehen und dadurch einem potenziellen Angriff auszuweichen oder die Frage zu beantworten. Seine Ängste drängten ihn zwar zur Flucht, doch er beschloss, diesem Impuls nicht nachzugeben und die Situation als Brücke zu betrachten, die es zu überqueren galt.

Also sagte er: »Ja, ich bin Amerikaner.«
Einige Sekunden lang wusste er nicht recht, was nun auf ihn zukommen würde. Er rechnete insgeheim mit einem aggressivem Akt.

Der allerdings nicht erfolgte.

Stattdessen sagte der Mann, der vor ihm stand: »Ich möchte mich im Namen meiner Landsleute für den Angriff auf Ihr Land entschuldigen. Nicht alle von uns hassen euch, und es tut uns schrecklich leid, was geschehen ist. Ich kann verstehen, wenn Sie mir gegenüber Hassgefühle empfinden, dennoch bitte ich Sie, mich und mein Volk nicht zu hassen.«

Völlig perplex brachte mein amerikanischer Freund nicht mehr heraus als ein »Ich danke Ihnen«.

Später aber pflegte er zu sagen, dies sei das ungewöhnlichste Weihnachtsgeschenk gewesen, das er je erhalten hätte. Der Fremde hatte ihm eine kostbare Gabe dargeboten: eine Geste der Menschlichkeit. Gleichzeitig jedoch hatte dieses Geschenk bei meinem Freund ein paar seiner dunkleren Seiten offengelegt – Bigotterie, Angst und Argwohn. So hatte er Gelegenheit, diese dunklen Flecke in seiner Seele genauer anzusehen und herauszufinden, ob seine Reaktionen nicht nur real, sondern auch wahr waren.

Begegnungen wie diese oder der Wortwechsel zwischen der Frau und dem Autofahrer geben uns Chance, Brücken zu überschreiten und Beziehungen herzustellen, die eine Art positiver Schwungkraft in sich bergen. Geben wir diese Energie von Mensch zu Mensch weiter, kann sie schließlich jeden Einzelnen zum Erwachen führen und uns befähigen, auf die Menschen in unserem Leben, auf soziale Gruppen und ganze Länder positiv einzuwirken. Die Erkenntnisse und Übungen, die auf den folgenden Seiten beschrieben werden, sind ein Weg, wie wir uns selbst und unser Umfeld mit mehr Wohlwollen betrachten können. Diese Methoden helfen uns, hohe Brücken zu überqueren, neue Brücken zu bauen und alte wieder instand zu setzen.

All dies sind Schritte auf einer langen, langen Reise, einer Reise, von der ich mir wünsche, dass der Leser sie für den Rest seines Lebens nicht mehr unterbricht.

ZWEI

Der Aufbruch

Meine persönliche Reise begann, als ich zufällig im Alter von acht Jahren ein aufgeregtes Gespräch zwischen meiner Mutter und meinem Großvater belauschte, die in der Küche unseres Häuschens in einem kleinen, ruhigen Dorf im Norden Nepals tuschelten. Grund der Aufregung war ein Brief, den der 16. Karmapa, Oberhaupt einer der vier Hauptschulen des tibetischen Buddhismus, an meinen Vater geschrieben hatte. Für diejenigen unter meinen Lesern, die speziell mit dem tibetischen Buddhismus oder mit Buddhismus im Allgemeinen nicht so vertraut sind, möchte ich ein paar Erklärungen voranschicken, damit verständlich wird, warum ein Brief aus der Feder dieses Mannes mein Leben verändern konnte.

Übertragungslinien

Nach dem Tod des Buddha verbreiteten sich seine Lehren allmählich über die Länder Asiens. Jahrhunderte später gelangten sie schließlich auch nach Tibet. Die geografisch isolierte Lage des Landes bot für viele Generationen von Lehrern und Schülern ideale Bedingungen. Sie konnten sich ausschließlich dem Studium und der Praxis der Lehre widmen. Wer eine gewisse Meisterschaft erlangt hatte, gab sein Wissen an die fähigsten

Schüler weiter, die wiederum ihrerseits ihre Erkenntnisse überlieferten. Auf diese Weise bildeten sich in Tibet Lehrübertragungslinien heraus, die von keiner Unterbrechung gekennzeichnet waren.

Aktuell gibt es vier Hauptübertragungslinien oder, wie man sie manchmal auch bezeichnet, Schulen des tibetischen Buddhismus, nämlich Nyingma, Sakya, Kagyü und Gelug. Diese vier Traditionen entstanden zu unterschiedlichen Zeiten in den verschiedenen Regionen Tibets. Dennoch teilen sie dieselben grundlegenden Lehren und Methoden. Die Unterschiede bestehen hauptsächlich in der praktischen Herangehensweise an Studium und Praxis der Lehre. Die älteste dieser Schulen ist die Tradition der Nyingma.

Die Ursprünge des Buddhismus in Tibet lassen sich bis ins 7. Jahrhundert unserer Zeitrechnung zurückverfolgen, eine Epoche, in der Tibet ein geeintes Land mit einem König an der Spitze war. Der Überlieferung zufolge nahm König Songtsen Gampo eine chinesische Prinzessin zur Frau, die nicht nur ihren buddhistischen Glauben mit nach Tibet brachte, sondern auch eine höchst beeindruckende Statue des Buddha. Allem Anschein nach wandten sich unter ihrem Einfluss der König und viele einflussreiche Persönlichkeiten am Hof bald von der einheimischen Bön-Religion ab und wurden zu Anhängern des Buddhismus. Es heißt weiter, dass Songtsen Gampo eine zweite Gemahlin nahm, eine nepalesische Prinzessin, die ebenfalls Buddhistin war. So wie ich diese historischen Ereignisse sehe, handelte es sich bei den Eheschließungen um eine gezielte Heiratspolitik, welche die freundschaftlichen Bande zwischen den Herrschern und ihren Ländern festigen sollte.

Die unmittelbaren Thronerben Songtsen Gampos jedoch standen dem Buddhismus ablehnend gegenüber. Offensichtlich befanden sie sich im Zwiespalt, was ihre einheimische

Religion bzw. die religiösen Grundsätze Songtsen Gampos und seiner Höflinge betraf. Einer von des Königs direkten Nachfahren aber, König Trisong Detsen, erklärte den Buddhismus dann im 8. Jahrhundert zur Staatsreligion und lud mehrere berühmte buddhistische Lehrer nach Tibet ein. Unter ihnen befand sich auch Padmasambhava, ein Mann von überragenden Fähigkeiten, der häufig als »Guru Rinpoche« bezeichnet wird, was so viel wie »kostbarer Lehrer« bedeutet. Er verbrachte mehr als ein halbes Jahrhundert in Tibet, lehrte und vollbrachte unerhörte Wundertaten. So heißt es beispielsweise, er habe ein Erdbeben verhindert. Ferner soll er Tausende von Lehrtexten (oder Schatztexten, auf Tibetisch *terma*) versteckt haben, damit sie in späteren Jahrhunderten von den Reinkarnationen seiner Hauptschüler, den sogenannten *tertöns* oder Schatzfindern, in Krisenzeiten gefunden werden konnten.

Unter der Herrschaft von König Trisong Detsen wurde das erste buddhistische Kloster in Tibet errichtet. Man ordinierte die ersten tibetischen Mönche, welche die Übersetzung buddhistischer Texte aus dem Sanskrit ins Tibetische besorgten. Diese Lehrer und ihre Schüler gelten gemeinhin als Begründer der Nyingma-Tradition, als erste Generation derer, die im tibetischen Hochland die Lehren des Buddha übersetzten und in kanonische Form brachten.

Der Widerstand gegenüber buddhistischen Anschauungen und Methoden aber zog sich noch viele Jahre lang hin. Langdarma zum Beispiel, der letzte der tibetischen Könige, ließ seinen Vorgänger ermorden und verfolgte den Buddhismus gnadenlos. Vier Jahre nach seiner Machtübernahme wurde Langdarma seinerseits getötet.

In den zwei Jahrhunderten, die auf Langdarmas Tod folgten, blieb die Nyingma-Überlieferung der buddhistischen Lehren eine Art »Untergrundbewegung«, während sich in Tibet einschneidende politische Veränderungen vollzogen, an deren Ende das ehemalige tibetische Großreich sich zu einer Reihe eigenständiger, aber lose verbündeter feudaler Königreiche gewandelt hatte.

Diese politischen Umwälzungen schufen schließlich eine Situation, in welcher der Buddhismus allmählich und in aller Stille wieder an Einfluss gewann, da indische Lehrer nach Tibet kamen und tibetische Schüler sich auf den beschwerlichen Weg über den Himalaja machten, um direkt bei den buddhistischen Meistern Indiens zu lernen.

Zu den ersten Schulen, die sich damals in Tibet bildeten, gehört die Kagyü-Linie. Charakteristisch für die Kagyü-Tradition ist die »geflüsterte Überlieferung«. Das heißt, der Meister gibt die Lehren sozusagen unter vier Augen an den Schüler weiter, wodurch die Überlieferung unverfälscht erhalten bleibt.

In der westlichen Kultur gibt es kein vergleichbares System dieser direkten und kontinuierlichen Weitergabe von Wissen. Am ehesten können wir uns noch ein Bild davon machen, wenn wir uns vorstellen, dass ein hochrangiger Wissenschaftler wie Albert Einstein an seine begabtesten Studenten heranträte und zu ihnen sagte: »Darf ich kurz um Ihre Aufmerksamkeit bitten? Ich werde jetzt alles, was ich an Wissen erlangt habe, in Ihr Gehirn pflanzen. Dort bewahren Sie es auf, bis ich in zwanzig oder dreißig Jahren mit einem neuen Körper zurückkomme. Dann pflanzen Sie all das, was ich Sie gelehrt habe, zurück in das Gehirn eines Kindes, das Sie nur mit Hilfe des Wissens, das ich Ihnen jetzt vermitteln werde, als meine Wiedergeburt erkennen können. Ach ja, was ich noch sagen wollte: Möglicherweise komme ich auch gar nicht mehr zurück oder zumindest nicht in einer Form, in der Sie mich wiedererkennen können. Daher müssen Sie alles, was ich Sie jetzt lehre, an ein paar andere geeignete Schüler weitergeben. Ob sie die notwendigen Qualitäten besitzen, können Sie anhand der Kriterien feststellen, die ich Ihnen jetzt erklären werde. Passen Sie also gut auf und sorgen Sie dafür, dass nichts davon verloren geht.«

Die Kagyü-Überlieferung setzt im Indien des 10. Jahrhunderts ein, als ein herausragender Meister namens Tilopa zu seinem vollen Potenzial erwachte. Über mehrere Generationen wurden seine Einsichten und die Meditationstechniken, durch die er zu ihnen gelangte, in den Ländern Asiens vom Meister auf den Schüler weitergegeben, bis sie schließlich nach Tibet kamen. Die Kagyü-Schule des tibetischen Buddhismus geht zurück auf Marpa, der dreimal den anstrengenden Weg über den Himalaja antrat, um Belehrungen von Naropa, dem Hauptschüler Tilopas, zu erhalten.

Marpa wiederum gab diese Lehren an einen jungen Mann namens Milarepa weiter, der gemeinhin als »Schutzheiliger« Tibets betrachtet wird. Er wanderte durch Berge und Täler, lebte in Höhlen und fasste seine Lehren gern in Lieder und Gedichte. Milarepa gab sein Wissen an seine zwei besten Schüler Gampopa und Rechungpa weiter, die in unterschiedlichen Gegenden Tibets ihre eigenen Schulen gründeten.

Gampopa und Rechungpa wurden als »Sonne« bzw. »Mond« der geflüsterten Überlieferung der Kagyü-Linie betrachtet. Gampopa entfaltete eine ausgedehnte Lehrtätigkeit und zog viele Schüler an. Daher hieß es, er und seine Lehren »leuchteten wie die Sonne«. Rechungpas Schülerschaft war weniger zahlreich, seine Lehren waren unergründlicher, und wie zuvor bei Guru Rinpoche waren viele seiner kostbarsten Lehren an spätere Generationen gerichtet. Vielleicht hatte er vorausgesehen, dass die ohnehin schon kleine Zahl seiner auserwählten unmittelbaren Linienhalter sich im Laufe der Zeit noch weiter verringern würde, bis seine Linie schließlich ganz erlosch.

Im Laufe der Jahrhunderte teilten sich die Hauptschulen in mehrere kleine Unterschulen. Das ist weiter nicht verwunderlich, wenn man sich vergegenwärtigt, dass Tibet von zahlreichen Gebirgszügen und Tälern durchzogen ist und die bewohnbaren Gebiete damals eher schlecht als recht durch ein paar von Ziegen oder anderen Tieren ausgetretene Trampelpfade verbunden waren. Das Reisen und jegliche Form der Kommunikation waren zu jener Zeit eine echte Herausforderung – sogar während der wenigen warmen Monate zwischen den langen und strengen Wintern, in denen der Schnee mannshoch lag und die Temperaturen weit unter den Gefrierpunkt fielen. Diese Abgeschiedenheit hatte zur Folge, dass sich in den isolierten Gebieten im Laufe der Zeit unterschiedliche Lehren und Formen der Praxis herausbildeten, obwohl der Kern der buddhistischen Lehren unverfälscht bewahrt blieb.

Eine dieser Unterschulen ist die Drukpa-Kagyü-Schule. *Drukpa* ist das tibetische Wort für »Drache«, ein Wesen, das in vielen Kulturen als ebenso alt wie weise gilt. Das »Flüstern des Drachen«, also die Lehren der Drukpa-Kagyü, wird als sehr kostbar betrachtet. Der Begründer dieser Schule, Drogon Tsangpa Gyare Yeshe Dorje, war Schüler des *tertön* Ling Rengpa, der einige der wichtigsten von Rechungpa versteckten *termas* entdeckte, die schließlich Teil der Überlieferung der Drukpa-Kagyü wurden.

Dies also war die Geschichte des tibetischen Buddhismus in *Kurzfassung!*

Können Sie sich vorstellen, wie schrecklich ein Kind sich fühlt, wenn man ihm nahelegt, doch bitte die Langfassung zu lernen? Die Hälfte der Namen und Daten, die die Annalen des tibetischen Buddhismus bilden, habe ich wieder vergessen, wohl, weil ich während meiner Ausbildung im Kloster nicht gerade der gewissenhafteste Schüler war. Vermutlich auch, weil es mich offen gesagt mehr interessiert, das, was ich über das Auflösen von Mustern weiß, an jene Menschen weiterzugeben, die dieses Wissen dringend brauchen.

Viel von diesem Wissen wurde durch die Linie der Tsoknyi Rinpoches weitergegeben, die von Meistern der Drukpa-Kagyü-Schule gehalten wird, unter deren Schutz sie steht.

Ehe ich also darangehen konnte, meine Lehrerrolle auszufüllen, musste ich erst einmal herausfinden, wer oder was ich eigentlich sein sollte.

Reinkarnationen

Der erste Tsoknyi Rinpoche wurde Mitte des 19. Jahrhunderts geboren und meisterte sämtliche Lehren der Drukpa-Kagyü-Schule. Er entdeckte auch einige einzigartige Belehrungen und Meditationstechniken, die nur Rechungpa bekannt und mehr als tausend Jahre verborgen gewesen waren.

Traditionell gilt der erste Tsoknyi Rinpoche sowohl als Reinkarnation Rechungpas wie auch des Nyingma-Meisters und *tertöns* Ratna Lingpa, der im 15. Jahrhundert lebte.

Ich vermag nicht genau zu sagen, was es mit dem Verbergen und dem Wiederfinden solcher Schatztexte auf sich hat. Noch vermag ich zu sagen, wie zwei Lehrer, zwischen deren Lebenszeiten ein paar Jahrhunderte liegen, sich in *einer* Person reinkarnieren können, um ihr vereintes Weisheitswissen zu verbreiten. Ich kann nur so viel sagen, dass große Meister, sobald sie einen bestimmten Grad der Erleuchtung erlangt haben, sich in vielfältigen Formen emanieren können – unter Umständen sogar als Klang oder als kühle Brise an einem heißen Tag. Sie werden zu einer Art Energie, die sich bisweilen in Form eines Lehrers in menschlicher Gestalt manifestiert.

Der erste Tsoknyi Rinpoche, so die tibetische Tradition, gab seine tiefsten Einsichten an seine vertrautesten Schüler weiter, von denen viele der Drukpa-Kagyü- bzw. der Nyingma-Schule angehörten. Seine Schüler hatten die Verpflichtung, diese Lehren an seine nächste Reinkarnation weiterzugeben, die sie wiederum an ihre engsten Schüler tradieren würde. Und diese Schülergeneration sollte schließlich diese Lehren an einen kleinen Jungen weitergeben, der viel lieber mit seinen Freunden durch die Gegend strolchte, als sich um die Rettung der Welt zu kümmern.

Schöne Bescherung. Heute sind Sie noch ein keckes Bürschchen, das mit anderen Dorfkindern spielt, und morgen sind Sie plötzlich ein Drache.

In dem Brief, den mein Vater vom 16. Karmapa erhalten hatte, hieß es, ich sei als dritte Reinkarnation von Tsoknyi Rinpoche erkannt worden.

Rinpoche ist so etwas wie ein Ehrentitel, der dem Namen eines großen Meisters angehängt wird, vergleichbar dem westlichen Doktortitel, der seinen Träger als Kapazität in einer bestimmten akademischen Disziplin ausweist. Der Name *Tsoknyi* wiederum ist aus zwei Wörtern zusammengesetzt. Der erste Begriff, *tsok*, wird gewöhnlich mit »Ansammlung« übersetzt, *nyi* ist das tibetische Wort für die Zahl Zwei. Im tibetischen Buddhismus steht der Terminus *tsoknyi* für die Ansammlung von zwei Qualitäten, die als notwendige Voraussetzung betrachtet werden, damit der Einzelne nicht nur auf dem Pfad der individuellen Befreiung voranschreiten kann, sondern auch – und dies ist der weit wichtigere Aspekt – fähig wird, anderen zu helfen, ihre negativen Denk- und Verhaltensmuster zu durchbrechen. Bei diesen beiden Qualitäten handelt es sich um *Verdienst*, eine Art von positivem Energiepotenzial, das entsteht, sobald wir uneigennützig etwas für andere tun, sowie um

Weisheit, die manchmal auch als *Einsicht* (in die wahre Natur des Daseins) bezeichnet wird.

Ich gebe mir zwar redlich Mühe, doch möchte ich von mir nicht behaupten, dass ich mich, was den Grad der Verwirklichung angeht, mit den Lehrern messen kann, die vor mir diesen Titel trugen. Der erste Tsoknyi Rinpoche war nicht nur ein herausragender Gelehrter, der auch die subtileren Lehren zweier verschiedener Schulen des tibetischen Buddhismus gemeistert hatte. Er war offensichtlich auch etwas rebellisch veranlagt gewesen. Dieser Punkt gefiel mir besonders, als ich mich mit seiner Lebensgeschichte auseinandersetzte. Er verwendete viel Zeit und Energie darauf, um mit jahrhundertealten Vorurteilen der tibetischen Kultur aufzuräumen. In Osttibet initiierte er ein großangelegtes Programm für den Wiederaufbau von Nonnenklöstern und Zentren für Frauen, damit sie eine den Männern gleichwertige Ausbildung und Erziehung erhalten konnten. Er verschmolz die Lehren der Drukpa-Kagyü- und Nyingma-Tradition sowie die geheimen, von Ratna Lingpa entdeckten Lehren zu einer einzigen Überlieferung. Viele der Lehren, die ich an meine Schüler weitergegeben habe, stammen aus dieser Tradition.

Hier muss ich zu einem kurzen Exkurs über den zweiten Tsoknyi Rinpoche ausholen. Er wurde Anfang des 20. Jahrhunderts als Mitglied der Königsfamilie von Nangchen in Osttibet geboren. Auch er legte, wie sein Vorgänger, eine starke Neigung zur Gelehrsamkeit an den Tag. Und wie dieser bemühte er sich, die Stellung der Frauen zu stärken und ihnen Zugang zu einer guten Ausbildung zu verschaffen. Er kam während der Kulturrevolution um, doch zeit seines Lebens, vor allem in den Jahren, die seiner Gefangennahme und Inhaftierung vorausgingen, fand er Mittel und Wege, damit die Frauen, die in den von ihm erhaltenen Klöstern und Retreat-

Zentren lernten und praktizierten, jahrzehntelang im Verborgenen überleben konnten. Heimlich setzten sie ihre Praxis fort und gaben an andere Frauen weiter, was sie an Weisheit erworben hatten. Die politischen Verhältnisse haben sich mittlerweile so weit geändert, dass diese mutigen Frauen es wagen können, wieder offener zu lehren und zu praktizieren. Mit der Hilfe vieler großzügiger Geldgeber in aller Welt gehen sie nunmehr daran, in Tibet jene Stätten wiederaufzubauen, an denen Frauen lernen und praktizieren können.

Vor einigen Jahren starb eine der mutigsten unter den Frauen, sie war damals Mitte achtzig. Ich betraure ihren Verlust, gleichzeitig aber erfüllt es mich mit großer Freude, wenn ich an ihre Hingabe denke und die Weisheit, die sie in vierzig im Untergrund verlebten Jahren erlangt hat. Glücklicherweise konnte sie vieles davon an jüngere Frauen weitergeben.

Das Tulku-Problem

Von diesen Frauen und ihrer außergewöhnlichen Hingabe wusste ich noch gar nichts, als ich heimlich meinen Großvater und meine Mutter belauschte, wie sie über den Brief debattierten, den der 16. Karmapa geschrieben hatte. Mit meinen acht Jahren beschäftigte mich hauptsächlich der Gedanke, was diese gedämpft-erregte Unterhaltung mit *mir* zu tun haben sollte. Dass ich die Reinkarnation von diesem oder jenem großen Lehrer sein sollte, fand ich nicht *so* sensationell. In vielen asiatischen Ländern gilt die Idee der Wiedergeburt als Selbstverständlichkeit und ist ebenso tief im Denken der Menschen verwurzelt wie die Vorstellung von Himmel und Hölle in anderen Kulturen.

Andererseits wusste ich zumindest so viel über tibetischen

Buddhismus, um zu begreifen, dass die Dinge etwas komplizierter lagen, wenn man als Reinkarnation eines bedeutenden Lehrers, auf Tibetisch Tulku oder »Ausstrahlungskörper«, erkannt worden war. Ein Tulku ist die Reinkarnation eines Menschen, der sich über viele Lebenszeiten hinweg dem Studium und der Praxis der Lehre gewidmet hat im Wunsch, sich von seinen geistigen und emotionalen Mustern (die man heutzutage vermutlich als »dysfunktional« beschreiben würde) zu lösen, um andere Wesen zu diesem Zustand der Befreiung führen zu können.

Ich aber mit meinen acht Jahren kam mir ganz und gar nicht wie ein Tulku vor. Weder erinnerte ich mich an vergangene Leben oder Lehren, die ich früher erhalten hatte, noch fühlte ich den Wunsch, jedes Wesen im Universum zu retten. Und ich wollte auch nicht zur Ausbildung ins Kloster geschickt werden wie meine beiden älteren Brüder, die gleichfalls als Tulkus erkannt worden waren. Ich wollte einfach weiter das unbeschwerte Leben führen, das ich bislang gelebt hatte – mit meinen Freunden spielen, auf Bäume und Berge klettern und um die Wette über die breiten Bachläufe der Umgebung hüpfen.

Mutter und Großmutter baten mich immer wieder, mit diesen gefährlichen Spielen aufzuhören. Manchmal brachten sie mich wirklich dazu, dass ich ein bisschen vorsichtiger war, nicht allzu hoch kletterte und besser auf meine Kleidung und meine Schuhe aufpasste, doch richtigen Erfolg hatten sie mit ihren Bitten bei mir nicht. Ich war viel zu abenteuerlustig. Ich gab mir höchstens Mühe, nicht ganz so wüst auszusehen, wenn ich von meinen Streifzügen nach Hause kam. Und ich erzählte einfach nicht alles, wenn meine Mutter oder Großmutter mich fragten, was ich denn den ganzen Tag getrieben hätte (wie das andere Kinder ja auch nicht tun).

Schließlich hatte meine Familie einen gewissen Ruf. Mein

Der Aufbruch 47

Großvater war ein Meditationsmeister, der in unserem kleinen nepalesischen Flecken in hohem Ansehen stand. Er galt sozusagen als »spirituelle Zentralfigur« nicht nur unseres Dorfes, sondern weiter Teile des Umlands. Darüber hinaus war er ein direkter Abkömmling einer der bedeutendsten Königsfamilien Tibets. Und dann war da ich, ein Junge von acht Jahren, der mit den Dorfkindern durch die Gegend strolchte, in Felswände und auf Bäume stieg, mit den Mädchen schäkerte und überhaupt dem Ansehen der Familie nicht gerade zuträglich war.

Meine Familie lebte recht bescheiden. Meine Mutter und meine Großmutter machten sich mehr Sorgen um meine Sicherheit als um mein rufschädigendes Verhalten. Trotz der Ängste, die sie um mich ausstanden, ließen sie mir aber dennoch viel Freiraum. Vielleicht hatten sie erkannt, dass ich ein ziemlich eigenständiges Kind war und all ihren Warnungen zuwider getan hätte, wozu ich eben Lust verspürte. Ihre pädagogischen Bemühungen beschränkten sich schließlich darauf, mich zu mehr Vorsicht anzuhalten – damit ich zumindest *allzu* große Risiken vermied.

Als ich schließlich im Alter von zwölf Jahren nach Tashi Jong ins Kloster zur Ausbildung geschickt wurde – vier Jahre nachdem mein Vater das Anerkennungsschreiben erhalten hatte –, machte mir die Erinnerung an diese Zeit der Ungebundenheit das Leben schwer, gleichzeitig war sie aber auch mein Rettungsanker. Im Kloster fand ich mich in einer Umgebung wieder, in der es im Vergleich zu dem unbeschwerten Dasein, das ich zuvor genossen hatte, wesentlich reglementierter zuging. Obwohl ich mein Bestes gab, um mit dem dichten Stundenplan und den zahllosen Regeln für das angemessene Verhalten eines Tulku zurechtzukommen, begehrte das unabhängige Kind in mir auf. Auf der einen Seite versuchte ich, ein vorbildlicher Schüler zu sein, auf der anderen Seite war mir das ganze

Reglement verhasst, und zwischen diesen beiden Polen fühlte ich mich stets hin- und hergerissen.

Mein Aufbegehren ließ allmählich nach. Zuerst fing ich an, den Umgang mit den jungen Leuten aus den umliegenden Dörfern zu suchen. Ich traf mich mit Cliquen, zu denen auch Mädchen gehörten – ein skandalöses Verhalten, das Anlass zu einigem Gerede gab. Manchmal überredete ich auch ein paar meiner Kommilitonen, sich mit mir aus dem Kloster zu schleichen und in ein Haus im Nachbardorf zu gehen, wo man gegen geringes Entgelt Kung-Fu-Filme auf einem kleinen Schwarzweißfernseher anschauen konnte. (Ich bin heute noch ein Fan von Kung-Fu-Filmen.)

Doch vier Jahre später war der Konflikt zwischen meinem Wunsch nach Freiheit und dem, was meine Ausbildung von mir verlangte, so deutlich, dass ich schließlich das Problem mit meinen Lehrern besprach. Zu meiner großen Überraschung forderten sie nicht, dass ich mich der Klosterdisziplin unterwerfen sollte. Stattdessen erfuhr ich, dass ich keineswegs der Erste war (und wohl auch nicht der Letzte sein würde), der diesen Zwiespalt zwischen Klosterdisziplin und dem tiefen Verlangen nach Freiheit empfand. Doch sie erklärten mir auch, dass ich in mir eine machtvolle Quelle hätte, zu der ich nur Zugang fände, wenn ich zuvor einige Grundzüge aus der Lehre des Buddha lernte.

Gleichgewicht

Der Buddha selbst, so sagten sie mir, habe versucht, den Lehren der Meister anderer Traditionen zu folgen. Mit dem Gelernten unzufrieden, ging er seiner Wege und fand schließlich zu einer völlig neuen Sicht auf die mentalen Muster, die zur Entstehung von Schmerz, Kummer und Unzufriedenheit führen, die wir so oft im Leben erfahren. Weit wichtiger aber ist, dass er auch Mittel und Wege fand, wie wir diese Schicht der Muster durchstoßen können und zurückfinden zu der Offenheit und Wärme, die wir als kleine Kinder gekannt haben, auch wenn sie heute für die meisten Menschen nur noch ferne Erinnerung sind.

Meine Lehrer brachten mir bei, dass ich die Ausbildung, die ich erhielt, um meine Aufgaben als Tulku wahrnehmen zu können, mit der Stimme meines Herzens in Einklang bringen könne. Durch ihre Hilfe und ihre Ermutigung gelang es mir, meine Ausbildung abzuschließen. Dabei machte ich eine überraschende Erfahrung. Die Ungebundenheit meiner Kindertage, nach der ich mich so sehr gesehnt hatte, unterschied sich in nichts von der Freiheit des Herzens, die der Buddha und alle lehrten, die seinem Weg gefolgt waren. Die strenge Disziplin, die meine Ausbildung bestimmt hatte, diente allein dem Zweck, den Menschen zu helfen, ihre Denk- und Verhaltensmuster zu verstehen, mit ihnen zu arbeiten und sie mit derselben Wärme, Offenheit und Neugierde zu betrachten, mit der wir als Kinder auf die Welt zugegangen sind.

Eine schwere Entscheidung

Schließlich entschloss ich mich, meine Mönchsgelübde zurückzugeben, die ich während meiner Ausbildung abgelegt hatte. Dies stand am Ende eines lange dauernden Prozesses, in dem eine Beziehung aufkeimte zwischen meinem Herzen und meinem Verstand, zwischen der Unbeschwertheit und Freiheit meiner Kindertage sowie der Disziplin und dem Wissen, das ich in meiner Zeit in Tashi Jong erworben hatte.

Als Kind war ich sehr ausgelassen gewesen, das reinste Energiebündel. Mein innerer Funke leuchtete hell. Ich hatte keinerlei Scheu im Umgang mit anderen Jungen oder Mädchen bzw. mit älteren Leuten. Ich genoss es einfach, mit ihnen zusammen zu sein. Besonders interessierte mich, was Mädchen und Frauen dachten. Ich mochte ihre Offenheit gegenüber Gefühlen, mit deren Ausdruck sie sich anscheinend leichter taten als Jungs oder Männer. Sobald ich wieder im Kloster war, musste ich genau aufpassen, mit wem ich redete und mit wem ich Umgang pflegte. Meine Freude, mein innerer Funke wurde sozusagen auf Sparflamme heruntergedreht. Die strikten Verhaltensregeln und die hohen Anforderungen meiner Ausbildung schienen mir sehr bedrückend.

Während der Ausbildung, die ich als Tulku durchlief, gelangte ich mehr und mehr zu der Einsicht, dass die Lehren als solche ein reicher Schatz sind, was die Beschreibung der Natur der Wirklichkeit bzw. des menschlichen Daseins und die entscheidende Rolle des Mitgefühls für unser inneres Erwachen angeht. Doch die Auseinandersetzung mit diesen Themen blieb für mich eine rein intellektuelle Übung. Bitte verstehen Sie mich nicht falsch: Ich rede hier ausschließlich über mich und meine Erfahrungen. Über die Jahrhunderte und quer durch alle Kulturen fanden – und finden – Menschen tiefe Inspiration in den traditionellen Formen der Lehre, aber in meinem speziellen Fall hat das nicht funktioniert. Ich verstehe Ideen am besten, wenn ich sie mir durch direkte Erfahrung erarbeiten kann, besonders durch den Kontakt mit anderen Menschen.

Logischerweise bedeutet der Kontakt mit anderen Menschen auch, mit Frauen zusammenzukommen, die ja immerhin ein wenig mehr als die Hälfte der Erdbevölkerung ausmachen. Während meiner Ausflüge in das Dorf bei Tashi Jong stellte ich fest, dass ich der Versuchung, mich mit Mädchen zu unterhalten und mit ihnen zu flirten, einfach nicht widerstehen konnte. In den Gesprächen kam die Rede oft auf ihre benachteiligte Stellung. Sie hatten einen wachen Verstand und waren über die Entwicklungen in westlichen Ländern bestens informiert. Und sie waren unbestreitbar attraktiv. Die Tatsache, dass mir der Umgang mit ihnen aufgrund meiner Mönchsgelübde, die jede Unterhaltung mit Frauen verbieten, eigentlich untersagt war, ließ sie mir nur noch anziehender erscheinen.

Als ich mit zweiundzwanzig Jahren meine Ausbildung abgeschlossen hatte, nahm ich schließlich all meinen Mut zusammen und bat darum, dass man meine Mönchsgelübde zurücknähme, die ich bei meinem Eintritt ins Kloster abgelegt hatte. Es gibt zwar zahlreiche Verhaltensregeln, die man als Mönch einzuhalten gelobt, diese Gelübde zurückzugeben ist jedoch relativ einfach. Gewöhnlich bittet man den Meister, vor dem man sie abgelegt hat, sie wieder zu lösen. Da meiner in der Zwischenzeit gestorben war, wandte ich mich an einen anderen Lehrer. Ich befolge aber immer noch die sogenannten Laiengelübde, bei denen man gelobt, nicht zu töten, zu lügen, zu stehlen, keinen Missbrauch mit Rauschmitteln zu betreiben sowie auf sexuelles Fehlverhalten zu verzichten. Doch gibt es auch tiefere Gelübde, die ein Nichtmönch wie ich halten kann, zum Beispiel die Bodhisattva-Gelübde, also das Versprechen, alles zu tun, was in unserer Macht steht, um anderen zu helfen, damit sie frei werden von Leid und Schmerz.

Speziell in der Nyingma-Tradition ist es nicht unüblich, dass ein Tulku Frau und Kinder hat. Mein Vater, einer der brillantesten Lehrer der Nyingma-Tradition, heiratete sogar mehrmals. Hätte er das nicht getan, hätte ich logischerweise nie das Licht dieser Welt erblickt.

Diese Tradition von »Laien-Lehrern«, wie man sie nennen könnte, ist also nichts Ungewöhnliches. Auch Marpa, der im

11. Jahrhundert die Lehren des Buddha nach Tibet gebracht hatte, war ein verheirateter Mann. Dennoch verdanken wir die Entstehung der Kagyü-Tradition seinem Eifer und seiner Hingabe. Er ist als »Haushälter-Lehrer« bekannt, als einer, der seine religiösen Verpflichtungen aufrechterhielt, während er für seine Familie sorgte und sich um einen großen Bauernhof kümmerte.

Natürlich waren in der tibetisch-buddhistischen Gemeinschaft viele Menschen enttäuscht, dass ich meine Mönchsgelübde zurückgab. Sie fühlten sich zu so manch bösen Kommentaren veranlasst. Die zu hören tat weh. Doch tief in meinem Innersten wusste ich, dass meine Entscheidung richtig gewesen war.

Einige Jahre nach dieser Entscheidung heiratete ich eine Frau, die mehr Intuition und Klugheit besitzt, als ich jemals zu erreichen hoffen kann. In den vergangenen zwanzig gemeinsam verlebten Jahren haben wir uns mit mehr oder weniger denselben Problemen herumgeschlagen, mit denen sich auch andere verheiratete Paare auseinandersetzen müssen, und wir haben gemeinsam zwei Töchter erzogen. Die Erfahrungen, die ich als Ehemann und Vater sammeln konnte, halfen mir dabei, auch die Schwierigkeiten und Probleme besser zu verstehen, mit denen sich andere Laienpraktizierende konfrontiert sehen.

Lehrer durch Zufall

In den Jahren zwischen der Entscheidung, meine Gelübde zurückzugeben, und meiner Heirat ergab es sich, dass ich dennoch zum buddhistischen Lehrer wurde. Und das kam so. Viele hohe Lehrer verstanden meine Beweggründe und akzeptierten mich weiterhin als Schüler. Kurz nachdem ich meine Gelübde zurückgegeben hatte, reiste ich ins indische Bodhgaya, den

Ort, an dem Buddha Erleuchtung erlangt hatte. Ich wollte hier die Belehrungen von Dilgo Khyentse Rinpoche hören, der bis zu seinem Tod im Jahre 1991 das Oberhaupt der Nyingma-Tradition gewesen war. Während meines Aufenthalts dort machte Rinpoche mich in seiner Güte zu seinem Assistenzlehrer. Bei Belehrungen stellte er kurz die essenziellen Punkte dar, leitete die Anwesenden in der Meditation an und zog sich dann zurück. Meine Aufgabe war es, seine Ausführungen zu erläutern. Ich sah in dieser Bitte einen Ausdruck seines Vertrauens. So bekam ich die unschätzbare Gelegenheit, eine zehnminütige Belehrung von ihm zu erläutern, deren Darstellung gewöhnlich bis zu drei Stunden in Anspruch nahm.

Anschließend machte ich einen Spaziergang durch Bodhgaya, wo der Legende nach der Buddha Erleuchtung erlangt hatte, als er unter einem Baum saß und meditierte. Dieser Baum wird heute als »Bodhibaum« bezeichnet. Es gibt dort viele Tempel und Schreine und sogar einen Ableger des ursprünglichen Bodhibaums.

Als ich zwischen all den Gebäuden herumwanderte, kam plötzlich jemand auf mich zu, den ich wenige Jahre zuvor in Tashi Jong kennengelernt hatte. Er fragte mich: »Wären Sie bereit, uns privat ein bisschen mehr zu dem zu erzählen, was Dilgo Khyentse Rinpoche heute gesagt hat?«

»Natürlich«, gab ich zur Antwort.

Am nächsten Tag erschienen so um die zehn Leute in dem kleinen Raum, den ich in einem nahe gelegenen tibetischen Kloster bewohnte. Tags darauf waren es schon dreißig. Noch einen Tag später waren es dann über hundert, die sich vor meinem Zimmer und auf dem Flur versammelten.

Ich weiß nicht, was die vielen Menschen hergeführt hatte. Dilgo Khyentse Rinpoche war einer der größten Lehrer, den das 20. Jahrhundert hervorgebracht hat. Vielleicht hatte er hinter den Kulissen die Leute angeregt, zu mir zu kommen. Vielleicht fanden auch einige Leute die Tatsache interessant, dass ich ein Tulku war, der seine Mönchsgelübde zurückgegeben hatte, um das bisschen Weisheit, das er vielleicht erlangt hatte, mit denen zu teilen, die ein Leben als Laienpraktizierende führten – mit jenen verheirateten Männern und Frauen, die versuchten, Prinzipien und Praxis des Buddhismus mit Beruf, Partnerschaft und Kindererziehung zu vereinen.

Schließlich kamen so viele Leute, dass es nötig wurde, in einem der Klöster am Ort einen Saal zu mieten, um alle unterzubringen, die diesen Tulku sehen wollten, das schwarze Schaf, über das so viel geredet wurde.

Kurz nach meiner Rückkehr nach Nepal erhielt ich eine Einladung nach Argentinien von einem jener Zuhörer, die bei meinen Erläuterungen in Bodhgaya anwesend gewesen waren. Ich blieb mehrere Monate in dem südamerikanischen Land und erteilte Belehrungen, doch nutzte ich meine Zeit auch, um dort großartige, liebevolle und offenherzige Menschen zu treffen, mit ihnen zu reden und zu essen. Darauf folgten Aufenthalte in Nordamerika, Malaysia und anderen Ländern.

Gerade in der Zeit, als ich meine Mönchsgelübde zurückgegeben hatte, hätte ich mir nie träumen lassen, dass ich einmal den Großteil des Jahres damit verbringen würde, in der Welt herumzureisen. Ich war ganz glücklich und zufrieden mit der Aussicht, ein ruhiges Leben zu führen, zu heiraten, Kinder großzuziehen und mich um Alltagsprobleme zu kümmern, zu denen auch das Begleichen von Rechnungen gehörte. Allerdings hatte ich als Kind auch nicht damit gerechnet, als Reinkarnation eines buddhistischen Lehrers erkannt zu werden.

Das Leben nimmt manchmal solch interessante, auf den ersten Blick – milde ausgedrückt – unerfreuliche Wendungen. Doch wenn ich eines gelernt habe, dann, dass man nie weiß, wohin diese Wendungen einen führen. Heute ist man ein Kind, das nichts Schöneres kennt, als mit seinen Freunden zu spielen und auf Bäume zu klettern. Morgen die Reinkarnation eines legendären Meisters. Noch später ist man ein abtrünniger Mönch, doch wenn man die Uhr weiterdreht, kann aus dem »Häretiker« dann durchaus ein gefragter Lehrer geworden sein, der in der ganzen Welt herumreist. Nichts ist unmöglich. Der entscheidende Punkt ist, dass Sie sich ein offenes Herz, einen offenen Geist bewahren, der erkennt, dass alles sich verändern kann. Mit diesem Thema werden wir uns jedoch im Folgenden noch eingehender befassen.

Ich verdanke meiner Familie und meinen Freunden, die ich überall auf der Welt bei meiner Tätigkeit als Lehrer kennengelernt habe, ebenso viel wie den großartigen Lehrern, von denen ich ausgebildet wurde. All diese Menschen haben mir, jeder auf seine ganz spezielle Weise, geholfen, einen oder auch zwei Schritte über die eine oder andere Brücke zu tun. Sie halfen mir, mit meinen eigenen Mustern und denen anderer Menschen mit Güte und klarem Blick umzugehen. Durch sie habe ich verstanden, dass es die Essenz der Lehren des Buddha ist, uns zu helfen, als Menschen heil und ganz zu werden. Durch sie habe ich gelernt, diese Lehren in einer Form zu präsentieren, die sie auch für die heutige Zeit und ihre Probleme nutzbar macht.

Geschicklichkeit

Viele Menschen empfinden ihr Leben als hektisch, öde und frustrierend, sind unglücklich, erschöpft, mit Krankheit oder Armut geschlagen. Besorgt fragen sie sich, wie sie ihre Kinder ernähren, woher sie das Geld für die Hypothek, die Miete,

Strom, Gas und so weiter nehmen sollen. All dies sind durchaus berechtigte Überlegungen. Ich möchte allerdings aufzeigen, dass es möglich ist, unsere Situation, uns selbst und unsere Fähigkeiten auch mit anderen Augen zu sehen.

Natürlich erfordert ein solcher Wechsel der Perspektive eine gewisse Anstrengung. Es gibt keine Abkürzung auf dem Weg zu dieser neuen, zuversichtlichen und konstruktiven Sicht Ihrer selbst und Ihrer Lebensumstände. Wir haben viel Zeit darauf verwendet, um jene Muster auszubilden, die unser Selbstbild als in unseren Möglichkeiten beschnittene, verletzte oder hilflose Individuen prägen. Daher braucht es viel Zeit und Arbeit, um dieses Selbstbild wieder zu demontieren.

Der eine oder andere mag sich vielleicht fragen, ob diese Veränderung unserer Sichtweise überhaupt der Mühe wert ist. Nachdem ich nun seit mehr als zwanzig Jahren als Lehrer rund um den Erdball reise und mit Tausenden von Menschen gesprochen habe, ist mir klar geworden, dass viele es einfach bequemer finden, alles beim Alten zu belassen, auch wenn dies unangenehm ist. Die Vorstellung, sich hinaus ins Unbekannte zu wagen, eingefleischte mentale und emotionale Gewohnheiten aufzugeben, ist für manche Leute einfach zu viel. Wer möchte schon den Trost des Vertrauten und Bekannten missen, vor allem, wenn der Preis, den wir dafür zahlen müssen, darin besteht, dass wir uns selbst und unser Leben einer mutigen, klugen und ehrlichen Selbstprüfung unterziehen müssen? Es ist so viel einfacher, sich den sozialen und kulturellen Gepflogenheiten zu unterwerfen, die uns von klein auf eingetrichtert wurden, so viel leichter, das Glück in der Außenwelt zu suchen.

Der Perspektivenwechsel, den der Buddha uns nahelegt, heißt ja nicht, dass wir eine lange Liste unserer Fehler und Mängel aufstellen sollen oder uns gemütlich im Lehnsessel der mentalen und emotionalen Entspannung zurücklehnen, um die Natur des Universums zu kontemplieren. Da die Unterweisungen des Buddha sich oft an Arbeiter und Handwerker richteten, verwendete er im Zusammenhang mit dieser »Innenschau« einen Begriff, zu dem sie einen unmittelbaren Bezug hatten: Geschicklichkeit. Es verlangt Hingabe, Klugheit und lange Übung, um jene Geschicklichkeit zu entwickeln, die es braucht, um ein Feld zu bepflanzen, die Pflanzen zu versorgen, sie zu ernten und auf dem Markt zu verkaufen – oder aus einem Batzen Ton ein Gefäß zu formen oder zu spinnen, zu weben und Holz oder Eisen zu bearbeiten.

Dieselbe Geschicklichkeit, die sie in ihrer Arbeit benötigten, lehrte der Buddha, sollten sie auch auf ihre Gedanken, Gefühle und ihr Handeln anwenden. Anders ausgedrückt: Jeder kann geschickter in der Kunst des Menschseins werden, wenn er ein tieferes Verständnis seiner grundlegenden Natur erwirbt und bestimmte Methoden anwendet.

Durch kluges Untersuchen, durch Hingabe und praktische Erfahrung können wir die Muster freilegen, die unser Leben viele Jahre lang beherrscht haben. Wir können uns unsere Erfahrungen ansehen und die Lektionen, die wir im Laufe unseres Lebens gelernt haben, in zwei Gruppen unterteilen: solche, die uns weitergebracht haben, und solche, die lediglich das Ergebnis jener geistigen Ablagerungen von Angst, Konkurrenzdenken, Zorn, Enttäuschung und dergleichen sind, die sich mit den Jahren herausgebildet haben.

Das Sandwichproblem

Unlängst kam eine junge Frau zu mir, die eine leitende Funktion in einer Marketingagentur innehatte. Mit allen Anzeichen der Wut berichtete sie mir von ihrer Arbeit und ihren unmittelbaren Vorgesetzten.

»Ist das der Job, wie man ihn mir bei der Einstellung beschrieben hat?«, sagte sie. »Nein. Hat mein Boss einen leichten Sprung in der Schüssel? Anzunehmen. Für ihn ist alles, aber auch wirklich *alles*, ein Feuer, das man löschen muss, ehe es sich ausbreiten kann. Mir ist klar, dass bestimmte Vorkommnisse für diese Firma eine schlechte Publicity sind, aber dabei geht es doch nicht gleich um Leben und Tod. In meiner alten Firma war das Klima deutlich entspannter. Wenn wir ein Produkt auf den Markt gebracht haben, haben wir das in aller Ruhe angepackt. In der neuen Firma sitzt mir jetzt bei jeder Marktplatzierung ein Kerl im Nacken, der bei jeder Kleinigkeit die Krise kriegt und sich ständig in meine Arbeit einmischt. Außerdem bildet er sich noch ein, dass ich hinter seinem Job her bin, was gar nicht stimmt. Will ich meine Stelle behalten? Natürlich, denn von mir sind auch eine Menge Leute abhängig: meine Familie, Freunde, Kollegen. Mag ich diesen Wahnsinn von oben? Nein. Aber nachdem ich nun ein paar Monate in der Firma bin, ist klar, dass sich an der Situation nichts ändern wird. Also muss ich meine Einstellung ändern. Auf der einen Seite sind da meine beruflichen Verpflichtungen, mein hysterischer Chef, mit dem ich irgendwie zurechtkommen muss, und die Leute, deren Job von mir abhängt, auf der anderen Seite die Verbraucher, die ein nützliches Produkt bekommen sollen. Irgendwie muss ich einen Mittelweg finden.«

Solche Situationen, wie die junge Frau hier eine schildert, bezeichne ich als »Sandwichproblem«. Sie ist quasi der Käse und die Tomaten zwischen zwei Scheiben Brot, die von oben und von unten auf sie drücken. Auf das Sandwichproblem bin ich zum ersten Mal in einigen Ländern Asiens aufmerksam geworden, die ich als Lehrer bereiste. Zahlreiche Ehemänner schienen dort im Verhältnis zu Frau und Mutter, die beide das Regiment im Haus führen wollten, zwischen den Fronten zu stehen. Gewöhnlich lassen die Männer die Mutter als die Ältere gewähren, doch manche Ehefrau, vor allem wenn sie der jüngeren Generation angehört, will die traditionelle Vorrangstellung der Schwiegermutter nicht mehr einfach akzeptieren. Und so bedrängen der Deckel und der Boden des Sandwichs den Mann mit ihren Forderungen, der sich an den Gedanken gewöhnen muss, dass es in manchen Fällen keine Lösung für das Problem gibt bzw. die Nichtlösung die eigentliche Lösung ist. Er kann sich nicht auf zwei Seiten gleichzeitig stellen. Er muss jede Seite, jede der zwei Brotscheiben, ihr Problem selbst angehen lassen. Das mag sich zunächst ein wenig resigniert anhören, tatsächlich aber ist es ein durchaus geschicktes Mittel, zwei streitende Parteien eigenständig die Lösung für ihren Konflikt finden zu lassen.

Tugendhaftigkeit

Lange Zeit haben Gelehrte und Übersetzer das, was der Buddha über den Gebrauch geschickter Mittel gesagt hat, in Verbindung gebracht mit dem, was man als »tugendhaftes Leben« bezeichnet. Das ist ein Begriff, der allen moralinsauer aufstößt, die zum ersten Mal mit dem Buddhismus in Berührung kommen, aber auch so manchem »Langzeitpraktizierenden«. Vor kurzem erst hat mir jemand erzählt, dass, als bei einer Belehrung dieses Thema angeschnitten wurde, ein Zuhörer seinen Nebenmann fragte: »Heißt dies nun, dass ich jetzt alle Rapnummern von meinem iPod löschen muss?«

Ich kann nicht sagen, ob diese Szene sich wirklich so zugetragen hat und ob exakt diese Worte gefallen sind. Doch als ich die Geschichte hörte, musste ich eingedenk meiner eigenen schillernden Vergangenheit lachen.

Das Thema »Tugend« wurde von den einzelnen buddhistischen Schulen – wie auch innerhalb anderer philosophischer und religiöser Traditionen – im Laufe der Jahrhunderte unterschiedlich definiert. Und Gelehrte sowie Übersetzer aller Zeiten haben dem Ganzen da jeweils auch noch ihre eigene Note hinzugefügt. Es gibt beispielsweise zahlreiche Geschichten von buddhistischen Mönchen aus der Zeit nach dem Tod des Buddha, die peinlich genau darauf achteten, dass sie ja kein Insekt zertraten oder einatmeten.

Verständlich also, wenn sich die Frage erhebt, was »Tugend« vor dem Hintergrund der modernen Gesellschaft mit ihren vielfältigen Herausforderungen und Möglichkeiten eigentlich bedeutet. Mehr als einmal wurde folglich auch ich gefragt: »Muss ich jetzt Vegetarier werden?«, »Muss ich auf Sex, Alkohol und gutes Essen verzichten?«, »Darf ich nicht mehr fernsehen?« oder »Muss ich aufhören, mich mit Freunden zu treffen?« und so fort.

Natürlich gäbe es zum Thema »Einfacher leben« einiges zu sagen. Wenn wir weniger abgelenkt sind, haben wir mehr Zeit, uns mit unserem Leben auseinanderzusetzen und den Auswirkungen, die unser Denken, Fühlen und Tun nicht nur auf uns selbst, sondern auch auf unsere Mitmenschen haben. Das ist aber nur ein Aspekt einer geschickten Lebensführung, die als »tugendhaft« bezeichnet werden könnte.

In einem umfassenderen Sinne kommt »Tugend« oder »Tugendhaftigkeit«, so wie ich sie verstehe, dem hippokratischen Eid sehr nahe, den jeder Mediziner ablegen muss: »Vermeide vor allem, anderen Schaden zuzufügen.« Zum Beispiel Töten, Stehlen, sexuelles Fehlverhalten, Lügen, Verleumden und Klatschen. Interessanterweise zählen dazu auch Handlungen, mit denen wir uns selbst schaden, etwa der exzessive Gebrauch von berauschenden Substanzen, übermäßiges Essen oder andere destruktive Angewohnheiten. Diese Verhaltensregeln wurden formuliert, lange bevor die moderne Medizin Krankheitsbilder wie »Sucht« oder »Adipositas« benannt hatte.

Das tibetische Wort *gewa*, das häufig mit »Tugend« übersetzt wird, hat aber noch eine andere, tiefere Bedeutung. Von *gewa* spricht man auch, wenn jemand Entscheidungen trifft, die ihm mehr emotionale und mentale Stärke verleihen, sein inneres Potenzial sichtbar werden lassen, sein Selbstvertrauen stärken und ihm ermöglichen, anderen zu helfen. Ins Englische wird *gewa* mit *virtue* übersetzt. Das finde ich deshalb interessant, weil dies vom Altenglischen *vertue* kommt, was die Wirksamkeit einer Heilpflanze beschreibt.

Vor einigen Jahren berichtete mir zum Beispiel eine Schülerin von den Anstrengungen, die sie auf sich nahm, um mehr Zeit für ihre kranke Mutter zu haben. Die Mutter weigerte sich trotz ihrer Krankheit, in ein Pflegeheim zu gehen. Die Tochter, die einen anstrengenden Job in New York hatte, nahm sich alle paar Wochen frei, um ihre Mutter besuchen zu können. Selbst wenn das bedeutete, dass, wie sie sagte, »ich im Wohnzimmer saß und mir grässliche Sitcoms anschaute, die mir furchtbar auf die Nerven gingen. Aber ich tat es, weil sie meiner Mutter so gefielen. Ich blieb sitzen, weil ich sie so gern lachen sah. Wenn ich hörte, wie sie lachte, fühlte sich ein kleiner Fleck in meinem Herzen leichter, stärker und größer, obwohl sie solche Schmerzen hatte.«

Als sich im Laufe der Monate der Gesundheitszustand ihrer Mutter weiter verschlechterte, musste sie eine Pflegerin engagieren. Doch immer, wenn sie ihre Mutter besuchte, übernahm sie deren Aufgaben, wusch ihre Mutter, kleidete sie an, brachte sie ins Bett. »Das war nicht leicht für mich«, meinte sie, »aber eines Abends erkannte ich, dass das genau die Dinge waren, die sie für mich getan hatte, als ich noch ein Kind war. Irgendwie hat sich dann in mir etwas verändert. Und obwohl ich wusste, dass es mit meiner Mutter aufs Ende zuging, fiel die Trauer wie ein schwerer Stein von mir ab, als ich anfing, die Zeit, die mir mit ihr noch blieb, als Gelegenheit zu sehen, etwas von dem zurückzugeben, was sie mir gegeben hatte.«

Nach dem Tod ihrer Mutter stellte sie fest, dass sie ihren älteren Nachbarn in dem Haus, in dem sie lebte, mit mehr Interesse und Anteilnahme begegnete als vorher. Sie hielt öfter mal einen kleinen Plausch mit ihnen, besuchte sie und lud sie gelegentlich zum Essen ein. »Das wurde so was wie eine heilsame Sucht«, erklärte sie mir. »Ich entdeckte, dass ich nicht nur die Fähigkeiten, sondern auch den tiefen Wunsch hatte, anderen zu helfen.«

Diese Fähigkeiten und dieser Wunsch flossen künftig auch in die Beziehung zu ihren Kollegen ein. »Ich achte am Arbeitsplatz stets auf die gebotene Distanz«, sagte sie, »doch wenn ich merke, dass es jemandem nicht gut geht oder er Schwierigkeiten mit einem Projekt hat, bin ich jetzt viel geschickter darin, den Betreffenden zu fragen, ob alles okay ist oder ich ihm irgendwie helfen kann. Und ich habe festgestellt, dass die meisten meiner Kollegen sich nur das ein oder andere von der Seele reden wollen. Sie wünschen sich, dass ihnen jemand zuhört. Und ich tue das gern, denn es gibt mir das Gefühl, ein bisschen mehr am Leben teilzuhaben, statt mich nur auf meine Karriere und meine Ziele zu konzentrieren. Ich habe mehr und mehr das Gefühl, dass unser aller Leben zusammenhängt – und dass es um mehr geht als nur darum, Umsatzziele zu erfüllen.«

Eine weitere meiner Perspektiven auf die »Tugend« entwickelte sich in Diskussionen mit Freunden und Schülern aus aller Welt. Früher bezeichnete man einen Maler oder anderen Künstler, der großes Geschick auf seinem Gebiet bewies, als »virtuos«.

Nun mag es auf den ersten Blick merkwürdig erscheinen, im Zusammenhang mit den Lehren des Buddha von »Virtuosität« zu sprechen. Doch erstens geht das Wort rein etymologisch betrachtet auf den lateinischen Begriff *virtus* für »Tüchtigkeit, Tapferkeit, Tugend« zurück. Zweitens zeigt mir alles, was meine eigenen Studien, die Belehrungen, die ich erhalten habe, und meine Erfahrungen als Lehrer, Berater, Ehemann und Vater mir vermittelt haben, auch Folgendes: Das, was der Buddha in den Tagen und Nächten entdeckt hat, als er meditierend unter einem Baum in Bodhgaya verbrachte, ist eine Methode, wie wir alle »Virtuosen« in der Kunst des Lebens werden können. Jeder Mensch hat die Fähigkeit, in seinem Inneren das Potenzial für Licht, Güte, Großherzigkeit und Mut zu enthüllen. Wir besitzen darüber hinaus die Fähigkeit, diese schlummernden Reserven in anderen zu aktivieren. Wir können so »virtuos« werden, also unsere Wirkungsfähigkeit beflügeln, dass wir den »Lebenskünstler« in allen Menschen durch unsere Worte und Handlungen wecken, auch dann, wenn wir dies gar nicht beabsichtigen sollten.

Damit dieser Effekt eintreten kann, müssen wir den »Rohstoff« verstehen, mit dem wir arbeiten. Ein geschickter Töpfer muss die Eigenschaften und Eigenheiten seines Tons gut kennen. Ein tüchtiger Bauer weiß um die Beziehungen, die zwischen Samen und Erde, Dünger und Wasser bestehen, und kann dieses Wissen praktisch umsetzen. Ebenso müssen wir, um »virtuose« Lebenskünstler zu werden, unsere grundlegende Natur verstehen lernen – das ist der Ton, den wir zu bearbeiten haben.

Dies ist aus meiner Sicht die Essenz dessen, was der Buddha

gelehrt hat. Es steht in unserer Macht, ein tugendhafter Mensch im Sinne eines »virtuosen« Lebenskünstlers zu werden. Dazu müssen wir in einem schrittweisen Prozess untersuchen, auf welche Weise wir zu uns selbst und unserem Umfeld in Beziehung treten. Wenn wir diesen Prozess der steten Erforschung in unser Alltagsleben integrieren, erkennen wir im Laufe der Zeit, dass wir jeden Augenblick unseres Lebens mit einer Fülle und Freude leben können, die wir zuvor nicht gekannt hatten. Dieser Ansatz, der vor 2500 Jahren entwickelt wurde und zeitlos gültig ist, fordert von uns, genau hinzusehen und herauszufinden, wer der Mensch ist, der hinter den Geschichten steht, die wir uns über uns selbst und andere erzählen sowie über die Welt, in der wir leben.

Doch wer sind wir? Was sind wir? Wie können wir lernen, nicht nur zu überleben, sondern inmitten all der Herausforderungen, die wir von Augenblick zu Augenblick, von Tag zu Tag, von Jahr zu Jahr meistern müssen, zu wachsen und zu gedeihen?

Dies sind die existenziellen Fragen, die Generationen von religiösen Lehrern, Gelehrten, Philosophen und Wissenschaftlern zu lösen versucht haben.

Die Antworten darauf könnten Sie verblüffen.

DREI

Der Funke in uns

Als ich noch ganz klein war, saß ich immer bei meinem Großvater auf dem Schoß, während er meditierte. Natürlich verstand ich mit meinen zwei oder drei Jahren noch nicht, was es mit dem Meditieren auf sich hatte. Mein Großvater erklärte mir nie, was er da tat, und sprach auch nicht über seine Erfahrungen. Doch während ich so auf seinem Schoß saß, verspürte ich ein tiefes Gefühl von Geborgenheit gepaart mit einer Art kindlicher Begeisterung für alles, was in mir und in meiner Umgebung vorging. Ich spürte nur, dass es da *etwas* gab, was in meinem Körper, meinem Geist, meinem Herzen immer heller und heller wurde.

Später, als ich alt genug war, diese Erfahrung in Worte zu fassen, verstand ich dieses *Etwas* als eine Art Funke, der das Leben aller fühlenden Wesen mit Licht erfüllt. Die Vertreter der unterschiedlichsten Disziplinen haben für diesen »Funken« jeweils andere Namen gefunden, und seine Natur wird seit Jahrhunderten diskutiert. Im Kontext des Buddhismus sprechen wir meist von der »Buddhanatur«. Doch keine Bange, Sie müssen sich jetzt keine Mönchsroben überziehen und Almosen bettelnd und die Lehre darlegend durch die Lande ziehen. Bei der Bezeichnung »Buddhanatur« handelt es sich um eine nicht gerade exakte Übersetzung von zwei Sanskritbegriffen, die häufig synonym verwendet werden, nämlich *sugatagarbha* bzw.

tathagatagarbha. Beide Begriffe beziehen sich auf Menschen, die wie der Buddha störende Gefühle, Unwissenheit und Leiden in jeder Form überwunden haben, also »über diese Dinge hinausgegangen« sind. Einen solchen Zustand darf man wohl mit einigem Recht als »von Glückseligkeit erfüllt« betrachten. Wollte man den Begriff »Buddhanatur« präziser wiedergeben, so könnte man sagen, sie ist das Wesen oder die Essenz eines Menschen, der über störende Gefühle, Täuschung und dergleichen mehr hinausgegangen ist und einen Zustand erreicht hat, in dem er ungetrübte Glückseligkeit erfährt. Es ist eine der zentralen Lehren des Buddhismus, dass wir alle diese Essenz, diesen Samen bzw. diese Wurzel besitzen.

Was die Buddhanatur genau ist, lässt sich allerdings nur schwer in Worte fassen. Das liegt in erster Linie daran, dass sie ohne Grenzen ist und es nun mal nicht so einfach ist, das Grenzenlose in eine scharf umrissene Begrifflichkeit oder Bildlichkeit zu zwingen. Die Meister anderer spiritueller Traditionen haben sich mit ähnlichen Schwierigkeiten herumgeplagt. Selbst die moderne Wissenschaft verzichtet mittlerweile darauf, ein eindeutiges Bild der physikalischen Welt zeichnen zu wollen. Noch Albert Einstein, der große Physiker des 20. Jahrhunderts, war der Auffassung, die Quantenphänomene – die uns so praktische Erfindungen wie superschnelle Scannerkassen im Supermarkt und Smartphones zur Kommunikation mit Freunden und Familie beschert haben – seien eine recht »geisterhafte« Angelegenheit.

Nun, ähnlich mag der eine oder andere das Gefühl haben, als würde er bei seinem Bemühen, die Buddhanatur zu verstehen, nur im Nebel herumstochern. Doch hier können wir auf mehr als zweieinhalbtausend Jahre praktischer Erfahrung zurückgreifen. Das konkrete Erleben, das sich einstellt, wenn wir mit unserer erwachten Natur tatsächlich in Berührung kommen, entzieht sich zwar letztendlich jeder Beschreibung. Dennoch haben einige Menschen, die diese Erfahrung gemacht haben, versucht, uns den Weg dorthin aufzuzeigen. Ihre Anweisungen können uns als Licht auf dem Pfad dienen.

Leerheit

Üblicherweise wird der Begriff, der die grundlegende Natur dessen beschreibt, wer bzw. was wir und überhaupt alle Phänomene sind, mit »Leerheit« übersetzt. Auf den ersten Blick mag dieses Wort Ablehnung erzeugen, legt er doch die Vorstellung nahe, dass unser Sein letztlich vom Nichts durchdrungen ist. Und dieser Effekt war von den ersten Übersetzern und Exegeten buddhistisch-philosophischer Texte durchaus gewollt.

Wie dem auch sei, die meisten Menschen haben an irgendeinem Punkt in ihrem Leben schon eine Art »Leerheitserfahrung« gemacht und sich in der Folge gefragt: »Was zum Kuckuck tue ich eigentlich hier?« Dieses *Hier* kann viele Gesichter haben: der Beruf, eine Beziehung, der Wohnort, unser Körper mit seinen knirschenden Gelenken, unser Geist, der sich immer weniger merken kann.

Blicken wir aber ein wenig tiefer, dann können wir sehen, dass diese Leerheitserfahrung auch ihre guten Seiten hat.

Bei dem Begriff »Leerheit« haben wir es wieder mit einer eher ungenauen Übersetzung zu tun, nämlich für das, was im Sanskrit als *shunyata* und im Tibetischen als *tongpa-nyi* bezeichnet wird. Die Grundbedeutung von *shunya* ist »null«. Es bezeichnet einen unendlichen offenen Raum oder Urgrund, der allen Phänomenen ermöglicht, in Erscheinung zu treten. Das tibetische *tongpa* bedeutet »leer«, aber keineswegs im Sinne eines »Nichts« oder »Vakuums«, sondern als Grundlage jeglicher Erfahrung, die sich jeder sinnlichen Wahrnehmung, Beschreibung, Benennung oder »sauberen« begrifflichen Einordnung entzieht. Vielleicht ließe sich die tiefe Bedeutung des tibetischen Begriffs mit »unfassbar« oder »unnennbar« besser wiedergeben. Die Sanskritsilbe *ta* bzw. die tibetische Silbe *nyi* haben für sich genommen keine eigenständige Bedeutung, doch wenn man sie an ein Substantiv bzw. Adjektiv anhängt, erhält dieses dadurch einen Unterton von »Ermöglichung« oder »Potenzial« (wie bei »-heit« oder »-keit«, um aus der im Adjektiv ausgedrückten Qualität oder Eigenschaft einen abstrakten Begriff zu bilden).

Wenn es also im Buddhismus heißt, Leerheit sei die Grundlage unseres Seins, so ist damit nicht gemeint, dass das, was wir sind oder wer wir sind, ein Nichts, eine Null, ein Vakuum ist. Wenn wir so dächten, würden wir zu ausgesprochenen Zynikern. Es gibt da diese uralte Geschichte von dem Mann, der viele Jahre in einer Höhle saß und über Leerheit meditierte. In seiner Höhle wimmelte es nur so von Mäusen, und eines Tages sprang ein besonders großes Exemplar auf den Stein, der ihm als Tisch diente. »Ha«, kam ihm da der Gedanke, »diese Maus ist nur Leerheit.« Er nahm seinen Schuh und schlug die Maus tot. »Die Maus ist Leerheit, mein Schuh ist Leerheit, und die Maus zu erschlagen ist Leerheit.« Doch was hatte er in Wirklichkeit getan? Er hatte aus der Leerheit ein starres Konzept gemacht, wonach nichts wirklich existiert. Aus diesem Denken heraus glaubte er, seinen Handlungen und Emotionen freien Lauf lassen zu können, ohne Konsequenzen fürchten zu müssen.

Doch Leerheit so zu interpretieren, dass alles sinnlos und ohne Bedeutung wäre, ist eine grobe Vereinfachung, die zu einem irregeleiteten Verständnis führt. Tatsächlich ist in den Lehren, wenn es um Leerheit geht, immer von einem unendlichen offenen Raum die Rede, in dem alle Dinge entstehen, sich wandeln, vergehen und wieder erscheinen können. Die Grundbedeutung von »Leerheit« ist also »Offenheit« oder »Potenzial«. Auf der grundlegenden Ebene unseres Seins sind wir »leer« von eindeutig bestimmbaren Merkmalen. Wir werden weder von unserer Vergangenheit definiert oder von unseren gegenwärtigen Umständen noch von den Gedanken und Gefühlen im Hinblick auf unsere Zukunft. Wir haben das Potenzial, jede gewünschte Erfahrung zu machen, was gleichermaßen für Gedanken, Gefühle und körperliche Empfindungen gilt.

Um aber Leerheit wirklich zu verstehen, müssen wir sie erfahren. Zu diesem Thema möchte ich Ihnen die Geschichte eines meiner Schüler erzählen, der kurz nacheinander seine Arbeit, sein Haus und seine Eltern verlor.

»Als das passierte«, so erzählte er mir, »verbrachte ich viel Zeit damit, den Schmerz, die Enttäuschung und die Trauer zu betrachten, die ich empfand. Und als ich dieser ungeheuren Masse an Emotionen gewärtig wurde, kam mir der Gedanke, dass ich sie in kleinere Einheiten zerlegen könnte.

Während ich auf diese Weise mit meinem Schmerz arbeitete, begriff ich allmählich, dass *ich nicht mein Schmerz bin*. Das war eine unmittelbare Erfahrung und hatte nichts mit intellektuellen Überlegungen zu tun. Ich war nicht meine Enttäuschung. Ich war nicht meine Trauer. Was oder wer auch immer ich war, ich war der Beobachter meiner Gedanken und Gefühle sowie der körperlichen Empfindungen, mit denen sie einhergingen. Natürlich fühlte ich mich oft ziemlich bedrückt und wünschte mir, ich könnte die Zeit zurückdrehen. Doch als ich betrachtete, was in meinem Körper und in meinem Geist vorging, merkte ich, dass da noch etwas Größeres war als diese Empfindungen, etwas viel Grundlegenderes, Weiteres, Klareres. Da war auch mehr Vergebung, als ich je gespürt hatte. Es war eine Offenheit, die einfach all diese Ereignisse kommen und gehen ließ, ohne sie irgendwie persönlich zu nehmen oder in Worte zu fassen, und doch konnte ich diese Offenheit im Grunde meines Seins deutlich fühlen. Aber ich kann das nicht richtig zum Ausdruck bringen ...«

Ich finde, er hat seine Erfahrung sogar sehr gut ausgedrückt, so gut ihm das eben möglich war, da sich eine Erfahrung der Leerheit nun einmal nicht wirklich in Worte fassen lässt. Ein Dilemma, das man im Buddhismus traditionell gern am Beispiel eines Bonbons erläutert, welches man einem Stummen gibt: Der Stumme kann zwar die Süße des Bonbons schmecken, uns aber seinen Geschmack nicht beschreiben.

Filme

Es dürfte so um die zwanzig Jahre her sein, dass ich meinen ältesten Bruder Chökyi Nyima Rinpoche in seinem Kloster in Bodnath besuchte, das unmittelbar vor Kathmandu liegt. Wir waren gerade beim Essen, lachten und unterhielten uns, als ich plötzlich merkte, dass mich am Nebentisch jemand die ganze Zeit anstarrte, was mich ein wenig verunsicherte. Als mein Bruder vom Tisch aufstand und ging, kam der Mann herüber, der mich die ganze Zeit fixiert hatte. Er stellte sich mir als der Regisseur Bernardo Bertolucci vor. Er sei wegen der Dreharbeiten zu seinem Film »Little Buddha« hier.

»Wir drehen gerade einen Film«, erklärte er mir, »und darin gibt es eine Rolle, für die wären Sie die Idealbesetzung. Ich brauche dafür jemanden, der genauso lächelt wie Sie. Kann ich morgen mit der Kamera kommen, und wir probieren ein bisschen?«

»Okay«, stimmte ich spontan zu. Und so rückte er tags drauf mit Kamera und Kameramann an. Dieser schaltete das Gerät an, und der Regisseur forderte mich auf, etwas zu sagen und dabei zu lächeln. Doch das Lächeln wollte mir nicht so recht gelingen. Ich hatte bis dato immer nur Menschen zugelächelt, mit denen ich mich unterhielt, noch nie dem schwarzen Auge einer Kamera.

Er meinte, ich solle es erneut versuchen, denn ich hätte wirklich Talent. Wir probierten noch ein paar Mal, doch ich konnte mir einfach nicht vorstellen, wie ich zu einem technischen Apparat auch nur ansatzweise eine humorvolle Verbindung aufbauen sollte. Humorvoll konnte ich nur im Kontakt mit Menschen sein. Bertolucci allerdings gab sich nicht so schnell geschlagen. Er bat mich, zum Set zu kommen und bei den Dreharbeiten zuzusehen. Ich ging vier oder fünf Tage lang hin und war am Ende ziemlich desillusioniert. Die ganze Filmemacherei kam mir so künstlich vor. Man verwendete endlos Zeit auf Maske und Licht, probte Szenen wieder und wieder, lachte und weinte auf Kommando. Szene um Szene wurde aus verschiedenen Kameraperspektiven gefilmt.

Während ich mir all das anschaute, sagte ich mir: »Wow, und ich habe immer gedacht, Filme sind irgendwie realistisch.«

Ein paar Tage später musste ich nach Bhutan. Nach meiner Rückkehr stellte ich fest, dass meine Rolle mit jemand anderem besetzt worden war – worüber ich mich nicht sonderlich grämte. Eigentlich war ich sogar recht froh, nichts mehr mit einer Angelegenheit zu tun zu haben, die in hohem Maße unecht schien.

Das Dumme an der Sache war nur, dass es mir die nächsten vier oder fünf Jahre lang überhaupt keinen Spaß mehr machte, Filme anzuschauen. Bei jedem Film dachte ich mir: »Diese

Szene haben sie garantiert zwanzig- oder dreißigmal gedreht.« Die Freude daran war mir gründlich vergällt.

Langsam aber änderte sich meine Einstellung wieder. »Warum«, so fragte ich mich, »soll ich eigentlich keinen Spaß daran haben, mir Filme anzuschauen? Das Leben hat ja letztlich viel mit dem Film gemeinsam. Immer müssen viele Ursachen und Bedingungen zusammenkommen, um die Erscheinungen hervorzubringen, die den Stoff für all die spannenden Geschichten liefern. Und all die Arbeit, die in einem Film steckt, unterscheidet sich nicht groß von den Ursachen und Bedingungen, die die Grundlage dessen bilden, was wir im täglichen Leben erfahren.« Nun kann ich Filme wieder mit derselben Wertschätzung sehen, mit der ich auch das Leben betrachte. Ich weiß die Schönheit des Scheins, der sich vor mir auf der Leinwand entfaltet, all die Mühe, die in den Film gesteckt wurde, durchaus zu würdigen. Ich kann die Story wieder schätzen. Doch gleichzeitig kann ich auch Distanz halten, um mich nicht davon aufsaugen zu lassen.

Und ich weiß auch die Tatsache zu schätzen, dass der Schauspieler bzw. die Schauspielerin, die auf der Leinwand erschossen oder erdolcht werden, nicht wirklich tot sind, sondern wahrscheinlich behaglich in ihren Betten in Los Angeles schlummern oder irgendwo auf dieser Welt einen neuen Film drehen. Das Geschehen auf der Leinwand kann mich immer noch rühren, gleichzeitig aber ist mir bewusst, dass es sich um einen Film handelt und dass viele Faktoren zu seiner Herstellung beigetragen haben.

Diese Sicht können wir auch im Alltag einnehmen. Wir können den Ereignissen in unserem Leben zusehen, wie sie sich entfalten, können emotional und geistig Anteil nehmen, und doch gleichzeitig erkennen, dass sie nur eine Art Film sind.

Eine praktische Übung in Leerheit

Im Folgenden möchte ich Sie mit einer Meditationsübung bekannt machen, die gewöhnlich als »Shine ohne Objekt« bezeichnet wird und Ihnen einen kleinen Vorgeschmack auf die Leerheitserfahrung geben kann. Die Bezeichnung *shine* ist aus zwei tibetischen Wörtern zusammengesetzt, nämlich *shi*, das gewöhnlich mit »Ruhe« oder »Frieden« übersetzt wird, und *ne*, das so viel bedeutet wie »verweilen« oder »sich aufhalten«. Auf Sanskrit wird die Meditationsübung, um die es hier geht, als *shamatha* bezeichnet. Wie das tibetische *shi* lässt auch das Sanskrit-Pendant *shama* mehrere Übersetzungen zu wie »Frieden«, »Verweilen« oder »Beruhigen«. Die zweite Silbe des Wortes, *ta*, bedeutet wie das tibetische *ne* »verweilen« oder »sich aufhalten«. Ob ich eher die tibetischen oder die Sanskrit-Begriffe verwende, richtet sich immer nach den Zuhörern, die zu meinen Vorträgen kommen und mal mehr mit der einen, mal mehr mit der anderen Begrifflichkeit vertraut sind. Doch das nur nebenbei. Der entscheidende Aspekt ist, dass beide Begriffe einen Prozess beschreiben, der uns von einem Zustand geistiger und emotionaler Unruhe oder der Überreizung durch Sinneseindrücke wieder »herunterkommen« lässt.

Sobald wir etwas hören oder sehen, einen Gedanken oder ein Gefühl haben, bewerten wir diese Erfahrung mehr oder weniger automatisch, und sie landet in einer der drei Kategorien: angenehm (»Mag ich«), unangenehm (»Mag ich nicht«) oder unklar (»Ich weiß nicht, ob ich das jetzt mag oder nicht«). Meistens unterteilen wir diese drei Hauptkategorien weiter in kleinere Unterkategorien. »Angenehme« Erfahrungen werden als »gut«, »unangenehme« als »schlecht« bewertet. Die Kategorie »unklar« wird oft als Verwirrung beschrieben. Oder wie einer meiner Schüler einmal meinte: »Meistens versuche ich, solche Erfahrungen wegzuschieben und mich auf etwas anderes zu konzentrieren.« Doch so verführerisch es auch sein mag, unsere Erfahrungen in eine dieser Schubladen zu stecken, wenn wir dieser Versuchung nachgeben, bleiben wir an unserer Sicht der Dinge und den ihr zugrunde liegenden Mustern haften und untergraben unsere Bemühungen, klar zu erkennen, was davon real und was wahr ist.

Es gibt viele Formen der Shine- bzw. Shamatha-Praxis. Die Form, die einer direkten Erfahrung der Leerheit – im Gegensatz zum intellektuellen Verständnis – am nächsten kommt, ist die Shine-Meditation ohne Objekt. Wie der Name bereits andeutet, richtet man hier die Aufmerksamkeit anders als bei anderen Formen der Shine-Praxis nicht auf ein bestimmtes Phänomen wie ein Geräusch oder einen Geruch bzw. bestimmte Gegenstände wie eine Blume, einen Kristall oder die Flamme einer Kerze. Manche Lehrer sprechen im Zusammenhang mit der Shine-Meditation ohne Objekt auch von »offenem Gewahrsein«, da Sie bei dieser Übung einfach nur versuchen, sich all dessen, was in der Außenwelt und in Ihrem Inneren abläuft, hier und jetzt auf entspannte Weise gewahr zu sein. Sie sind einfach *da*.

Die Anleitungen sind nicht schwer zu befolgen: Sie setzen sich hin und richten Ihren Körper auf. Der Rücken ist ganz gerade, der übrige Körper entspannt.

Atmen Sie ein paar Mal tief ein und aus.

Lassen Sie Ihre Augen offen, doch reißen Sie sie nicht so weit auf, dass sie anfangen zu brennen oder zu tränen. Wenn Sie das Bedürfnis haben zu blinzeln, dann blinzeln Sie. Registrieren Sie einfach nur, dass Sie blinzeln. Jedes Blinzeln ist eine Erfahrung im gegenwärtigen Augenblick.

Öffnen Sie nun Ihr Gewahrsein allem, was in Ihren Erfahrungsbereich tritt: visuelle Eindrücke, Geräusche, körperliche

Empfindungen, Gedanken, Gefühle. Öffnen Sie sich diesen Erfahrungen ganz.

Wenn Sie mit dieser Praxis anfangen, werden unweigerlich alle möglichen Gedanken, Emotionen und Empfindungen in Ihrem Geist auftauchen. Darauf müssen Sie sich einstellen. In vielerlei Hinsicht verhält es sich mit dieser Praxis ähnlich, als würden Sie in ein Fitnessstudio gehen und mit dem Krafttraining beginnen. Anfangs sind Ihre Muskeln schon nach ein paar Wiederholungen mit niedrigen Gewichten erschöpft. Doch wenn Sie konsequent bleiben und weitertrainieren, können Sie bald mehr Gewicht auflegen und schaffen mehr Wiederholungen.

Ähnlich verhält es sich mit der Praxis des offenen Gewahrseins, wo wir allmählich lernen, immer länger in diesem Zustand zu verweilen. Zunächst gelingt uns das vielleicht nur für ein paar Sekunden, dann wird unsere Aufmerksamkeit schon wieder von den Gedanken, Emotionen und Empfindungen in Beschlag genommen, die in unserem Geist aufsteigen. Die grundlegende Anweisung für diese Praxis ist: Nehmen Sie die Gedanken, die in Ihrem Geist aufsteigen, einfach so zur Kenntnis, wie sie sind. Welche Erfahrung auch immer sich einstellt, Sie müssen sie nicht unterdrücken. Selbst wenn Sie ärgerlich werden (»Warum kann der Kerl in der Nachbarwohnung die Musik nicht leiser machen?«, »Die Leute über mir könnten endlich mal aufhören, sich anzubrüllen.«), so ist das Teil des offenen Gewahrseins. Beobachten Sie diese Gedanken und Emotionen, wie sie kommen und gehen und wie schnell sie kommen und gehen, um anderen Gedanken und Emotionen Platz zu machen. Wenn Sie diese Praxis beibehalten, werden Sie einen Geschmack von Leerheit bekommen – den weiten, offenen Raum, in dem Dinge erscheinen, sich verbinden, einen Moment lang miteinander tanzen und mit erstaunlicher Schnelligkeit wieder vergehen. Sie werden einen kurzen Blick auf einen Aspekt Ihrer grundlegenden Natur werfen, nämlich auf die Freiheit, jede beliebige Erfahrung zu machen.

Kritisieren oder verurteilen Sie sich nicht, wenn Sie merken, dass Sie körperlichen Empfindungen, Gedanken oder Emotionen hinterherjagen. Noch keiner ist über Nacht zum Buddha geworden. Zollen Sie stattdessen der Tatsache Anerkennung, dass Sie für ein paar Sekunden fähig waren, etwas Neues zu erfahren, etwas, was jetzt ist. Sie haben die Theorie hinter sich gelassen und sich in das Reich der Erfahrung hinausgewagt. Wenn Sie beginnen, Ihre Erfahrungen einfach kommen und gehen zu lassen, werden Sie sie allmählich als weniger fest und unveränderlich empfinden. Sie mögen real erscheinen, aber Sie beginnen sich allmählich zu fragen, ob sie auch wahr sind.

Unsere Absicht, unsere Motivation bestimmt unsere Erfahrung. Wo immer wir sind, was immer wir tun, wir müssen nur unsere Gedanken, Gefühle und Wahrnehmungen als etwas Natürliches betrachten. Ohne sie zurückzuweisen oder gutzuheißen, nehmen wir unsere Erfahrung zur Kenntnis und lassen sie gehen. Wenn wir diese Praxis beibehalten, werden wir schließlich feststellen, dass wir auch mit Situationen umgehen können, die wir früher als schmerzvoll, beängstigend oder traurig empfunden haben. Wir werden an uns ein Selbstvertrauen entdecken, das nichts mit Überheblichkeit oder Stolz zu tun hat. Wir werden entdecken, dass wir immer geschützt, immer in Sicherheit, immer zu Hause sind.

Klarheit

Die eben beschriebene Übung bringt aber noch einen weiteren Aspekt unserer grundlegenden Natur in den Lichtkegel unseres

Bewusstseins. Im Folgenden möchte ich Sie mit einer nicht gerade alltäglichen Sichtweise bekannt machen.

Wie bereits erwähnt wurde, entspricht die Funktion der Silbe *nyi* in etwa der der deutschen Nachsilbe »-heit« bzw. »-keit«, die an ein Adjektiv angefügt wird, um aus der im Adjektiv ausgedrückten Qualität oder Eigenschaft einen abstrakten Begriff zu bilden. Mir aber wurde während meiner Ausbildung beigebracht, dass das *nyi* in *tongpa-nyi* sich symbolisch auf den Klarheitsaspekt des Geistes bezieht. Unter »Klarheit« versteht man unsere grundlegende Fähigkeit, uns aller Erfahrungen gewahr zu sein; das heißt, wir nehmen bewusst wahr und wissen gleichzeitig, dass wir wahrnehmen. Um verstehen zu können, wieso der Begriff der »Leerheit« sich auf den Klarheitsaspekt des Geistes bezieht, muss man wissen, dass die geografischen und kulturellen Gegebenheiten Tibets in der Vergangenheit die Menschen vor so manches Problem stellten. Die einzelnen Ansiedlungen waren isoliert, kaum zugänglich, sodass die Kommunikation untereinander oft schwierig war. Dies hatte unter anderem zur Folge, dass die Tibeter Meister in der Kunst waren, sich kurz zu fassen. Neben ihrer stenografischen Ausdrucksweise wirkt das, was heute so durch die sozialen Netzwerke »tweetet«, ausgesprochen langatmig. Kurz und gut, zum Zwecke einer auf das Wesentliche reduzierten Kommunikation bekam die Silbe *nyi* eine zweite, subtilere Bedeutungsebene.

Klarheit ist der erkennende Aspekt unserer Natur. Es handelt sich dabei um die schlichte, grundlegende Fähigkeit des Geistes zum Gewahrsein. Dieses grundlegende oder natürliche Gewahrsein ist einfach eine natürlich vorhandene Gabe. So wie Leerheit das Potenzial hat, alles zu *sein*, ist Klarheit die Fähigkeit, alles zu *sehen*. Sie ermöglicht uns, die unendliche Vielzahl von Gedanken, Emotionen, Empfindungen und Erscheinungen, die ständig aus der Leerheit entstehen, zu erkennen und zu unterscheiden. Würde unserem Geist der Aspekt der Klarheit fehlen, könnten wir keinen Aspekt unserer Erfahrung erkennen oder identifizieren. Der Klarheitsaspekt des Geistes ist jedoch nicht daran gebunden, dass wir uns eines inneren oder äußeren Objekts gewahr sind. Bewusste Wahrnehmung – im Sinne eines Subjekts (das sich des Dings bewusst ist) und eines Objekts (des Dings, der Erfahrung und so weiter, deren sich das Subjekt bewusst ist) – ist etwas, was wir erst im Laufe unserer Entwicklung lernen. Das Wie und Warum hinter diesem Lernprozess ist komplex, darum werde ich auf dieses Thema noch gesondert eingehen.

Der wissende oder erkennende Aspekt unserer Natur wird im Tibetischen als *ö-sel-wa* bezeichnet, was meist mit »klare Licht-Natur des Geistes« übersetzt wird. Damit ist die Fähigkeit unseres Geistes gemeint, unsere Erfahrungen aus dem Dunkel der Unwissenheit ins klare Licht der Erkenntnis zu rücken, uns ihrer also bewusst oder gewahr zu werden. Der Buddha verwendete in diesem Zusammenhang bei seinen Belehrungen bisweilen das Bild eines Hauses, dessen Fenster mit Läden verschlossen sind, in dessen Innerem aber Licht brennt. Das Haus steht symbolisch für die Muster, die uns an ein scheinbar festzementiertes Bild von uns selbst und unserer Umwelt fesseln. Die Lampe ist ein Sinnbild für den Lichtaspekt des Funkens unserer grundlegenden Natur. Wie dicht wir auch die Fensterläden schließen mögen, ein bisschen Licht wird immer aus dem Inneren des Hauses nach außen dringen. Im Inneren des Hauses liefert uns die Lampe genügend Licht, um beispielsweise den Stuhl vom Tisch oder vom Teppich unterscheiden zu können. Diese stehen für unsere Gedanken, Gefühle und körperlichen Empfindungen. Das Licht, das durch die Fensterritzen dringt, ermöglicht uns, andere Dinge zu sehen: Menschen, Orte, Ereignisse. Mögen solche Erfahrungen auch dualistisch sein, möge sich in ihnen die Gewohnheit widerspiegeln, Erfahrungen in den Begriffen von »ich« und »anderen«, von »ich« und »nicht ich« wahrzunehmen … Wenn wir uns nur einen Moment Zeit nehmen, diese kurzen Einblicke auf uns wirken zu lassen, werden wir zu einer tieferen und umfassenderen Erfahrung unserer grundlegenden oder natürlichen Klarheit gelangen.

Herausforderungen, mit denen wir konfrontiert werden, können mitunter tiefe Erleuchtungserfahrungen auslösen. Ohne Zweifel ist dies geschehen, als ich versuchte, über die Glasbrücke zu gehen. Meine Angst ließ mich meine Reaktion hinterfragen, was ein bestimmtes Wahrnehmungsmuster ans Licht brachte. Das wiederum half mir, die einzelnen Elemente dieses Musters aus einer anderen Perspektive zu sehen. Und dies erlaubte mir schließlich, mit einem Gefühl innerer Ruhe, die sich zuerst in Vertrauen und schließlich in Unbeschwertheit wandelte, die Brücke zu überqueren.

Auch die folgende Geschichte, die mir eine junge Frau vor nicht allzu langer Zeit erzählte, gibt uns ein inspirierendes Beispiel dafür, wie wir Hindernisse in günstige Gelegenheiten umwandeln können.

»Ich war das jüngste Kind meiner Familie und das einzige Mädchen. Meine Eltern setzten all ihre Hoffnungen auf meine beiden älteren Brüder, denen sie entsprechend viel Aufmerksamkeit widmeten. Das mache ich ihnen auch gar nicht zum Vorwurf, das war einfach normal für die Zeit, in der wir aufgewachsen sind. Doch immer wenn ich meine Meinung äußern oder erzählen wollte, was ich in der Schule gelernt hatte, fuhr man mir über den Mund mit der Bemerkung, dass das hier keinen interessiere. Ich sei schließlich nur ein Mädchen und noch viel zu klein. Meine einzige Chance im Leben sei ohnehin, einmal eine gute Partie zu machen.

Nun, mein ältester Bruder ist gestorben, und der andere scheiterte beruflich. Ich habe tatsächlich einen netten Mann geheiratet, doch dann wurde er arbeitslos, und ich musste mir eine Stelle als Sekretärin bei einer großen Firma suchen.

Dabei plagte mich ständig der Gedanke, dass ich zu nichts tauge. Immer hatte ich das Gefühl, dass ich meine Arbeit schlecht tat oder zu langsam war, dass meine Kollegen hinter meinem Rücken tuschelten und dass man mich entlassen würde, weil ich schlechter oder langsamer wäre als alle anderen. Wenn ich aber auf der Straße stünde, wie sollte ich dann für mich und meine Familie sorgen? Wie würde ich das Essen auf den Tisch bringen? Die Mühle meiner Gedanken und Emotionen kreiste so lange, bis ich mich tatsächlich fühlte wie eine obdachlose Bettlerin.

Ich hatte schreckliche Angst.

Der einzige Weg zu ein bisschen innerer Ruhe war, nach dem vielzitierten ›Licht am Ende des Tunnels‹ Ausschau zu halten. Ich hoffte, dass sich die Verhältnisse an meinem Arbeitsplatz irgendwie änderten oder ich eine besserbezahlte Stelle fände. Oder dass ich einen neuen Chef bekäme, der weniger verlangte. Oder dass man die Leute, die hinter meinem Rücken tuschelten, feuern würde.

Eines Tages begann ich dann, mich mit meinem negativen Selbstbild auseinanderzusetzen. Mein Problem war ja nicht mein Job, sondern meine Gedanken über mich selbst und die Gefühle, die sie auslösten, ob ich nun im Büro war oder in der Küche stand und für meinen Mann und unsere zwei Kinder etwas zu essen machte. Das ›Licht am Ende des Tunnels‹, nach dem ich so lange Ausschau gehalten hatte, war nur die Kehrseite meiner Angst, die Hoffnung, dass eine Veränderung der äußeren Umstände meine Angst, nicht gut genug zu sein, zum Verschwinden bringen würde. Langsam begriff ich, dass Hoffnung und Angst nicht mehr als Vorstellungen in meinem Kopf waren. Sie hatten nichts mit meiner Arbeit zu tun, sondern entstanden nur aus meiner negativen Einschätzung meiner Fähigkeiten.

Allmählich begann ich zu verstehen, dass das Licht, nach dem ich immer gesucht hatte, der Tunnel war, und der Tunnel, in dem ich zu stecken glaubte, das Licht. Der Unterschied bestand einzig darin, wie ich mich und meine Situation sah. Wenn ich mich als unzulänglich betrachtete, würde ich schlechte Arbeit leisten, wenn ich mich hingegen als kompetent sah, würde ich gute Arbeit leisten.

Als ich das klar erkannt hatte, veränderte sich mein ganzes Leben. Wenn heute bei mir Gefühle der Unzulänglichkeit oder Bedeutungslosigkeit auftauchen, sehe ich sie mir an und erkenne, dass ich die Wahl habe: Ich kann ihnen nachgeben, oder ich kann sie einfach nur anschauen. Wenn ich sie anschaue, erfahre ich mehr über mich selbst. Ich sehe, dass ich bestimmen kann, wie ich auf die Ereignisse in meinem Leben reagieren will.«

Die Erfahrungen dieser Dame sind ein gutes Beispiel für eine der Kernaussagen in den Lehren des Buddha, nämlich die Untrennbarkeit von Leerheit und Klarheit. Im Prinzip geht es dabei um Folgendes: Wenn Sie über ein unbegrenztes Spektrum an Möglichkeiten und Fähigkeiten verfügen, ist darunter logischerweise auch die Fähigkeit des Gewahrseins: Sie können sehen, wissen und erkennen, was auch immer in Ihren Erfahrungsbereich tritt. Sie können Leerheit ebenso wenig von Klarheit trennen wie Nässe von Wasser oder Hitze von Feuer. Ihre grundlegende Natur, Ihre Buddhanatur, ist nicht nur unbegrenzt, was ihr Potenzial zu sein angeht, sie ist auch wach und bewusst im Hinblick auf jede Erfahrung, die Sie machen.

Der Schlüssel – das Wie buddhistischer Praxis – ist, dass wir lernen, in diesem reinen Gewahrsein von Gedanken, Gefühlen und Wahrnehmungen zu verweilen, wenn sie in unserem Geist erscheinen. Diese sanfte Achtsamkeit bedeutet nach buddhistischer Tradition, dass wir in der natürlichen Klarheit unseres Geistes ruhen. Das ist wie bei meinem Erlebnis auf der Glasbrücke. Mache ich mir meine Muster bewusst, anstatt ihnen einfach nachzugeben, lässt ihre Macht über mich nach. Werden diese Muster situationsbedingt ausgelöst, kann ich sie als Zusammenspiel bestimmter Faktoren erfahren, ähnlich den Kräften, die Wellen auf der Wasseroberfläche erzeugen und wieder verschwinden lassen. Mit Hilfe meiner Lehrer habe ich gelernt, dass genau das in mir passiert, wenn ich mit einer Situation konfrontiert werde, die mir Angst macht oder mich auf andere Weise aus dem Gleichgewicht bringt. Manchmal werde ich derart von meinen Mustern beherrscht, dass ich zunächst einmal vergesse *hinzuschauen* ... bis mir wieder einfällt, was mein Lehrer mir gesagt hat: Wenn wir eine Erfahrung einfach nur anschauen, beginnt sie sich schon zu verändern.

Augenblicke der Klarheit

Um den Klarheitsaspekt unseres Geistes zu erfahren, ist es meist erforderlich, mit einer anderen Form der Shine- oder Shamatha-Meditation zu arbeiten, bei der wir unsere Aufmerksamkeit auf ein Objekt richten. Der Einfachheit halber wird in der Regel empfohlen, unseren Atem als Meditationsobjekt zu verwenden.

Setzen Sie sich bequem hin. Es spielt keine Rolle, ob Sie lieber auf einem Stuhl, einem Kissen oder direkt auf dem Boden sitzen. Praktizieren Sie zunächst einmal ein paar Augenblicke Shine ohne Objekt, damit Ihr Geist offener wird. Wenden Sie dann Ihre Aufmerksamkeit dem Kommen und Gehen Ihres Atems zu. Während Sie sich auf Ihre Atmung konzentrieren, werden Sie die nahezu unvermeidliche Erfahrung machen, dass Sie von allen möglichen Gedanken, Gefühlen, Erinnerungen, Werturteilen und körperlichen Empfindungen abgelenkt werden. Manche verschwinden ebenso leicht und schnell, wie sie gekommen sind, andere setzen sich fest und ziehen weitere Gedanken, Gefühle, Empfindungen und so weiter nach sich. Manchmal ist es einfach die schiere Masse und Vielfalt, die uns davonträgt, manchmal ein einzelner, dafür aber umso emotionsgeladener Gedankengang.

Mittendrin kommt Ihnen aber plötzlich die Einsicht: »Moment mal! Ich wollte mich doch eigentlich auf meine Atmung konzentrieren!«

Dieser kurze Moment der Erkenntnis ist für die meisten ein erster Vorgeschmack auf die geistige Klarheit, ein Aufblitzen dieses – wie soll man sagen? – »Panorama-Gewahrseins«, das Gedanken, Gefühle und Empfindungen erkennt, ohne sich mit ihnen zu identifizieren.

Diese ersten Einblicke sind gewöhnlich nur sehr kurz. Wenn wir feststellen, dass wir abgeschweift sind, bringen wir unsere Aufmerksamkeit einfach wieder zu unserem Atem zurück. Mit der Zeit dauern diese flüchtigen Einblicke immer länger, und die Klarheit, die Gedanken, Gefühle und Empfindungen erkennt, wird stabiler.

Diese Stabilität kommt nicht von heute auf morgen. Als ich anfing, Achtsamkeit auf den Atem zu praktizieren, war ich angesichts des immensen Stroms von Gedanken, Gefühlen und Empfindungen, der wie ein reißender Fluss durch meinen Geist zu tosen schien, ziemlich entmutigt und hielt mich für einen totalen Versager. Als ich dann aber meine Erfahrung mit einigen meiner Lehrer besprach, erklärten sie mir, dass meine

Praxis keineswegs misslinge, sondern ganz im Gegenteil den gewünschten Effekt habe: Ich hätte endlich begonnen zu erkennen, wie viel sich in meinem Geist abspielte, was ich früher gar nicht bemerkt hatte.

Und wenn ich mit dieser Praxis einfach fortfahre, so hieß es, würde ich feststellen, dass all diese Gedanken und Emotionen, die kommen und gehen, die grundlegende Klarheit weder stören noch trüben können. In den buddhistischen Texten findet man zahlreiche Vergleiche, die diesen Sachverhalt beschreiben. Ein sehr anschauliches Beispiel ist die Geschichte über den Wanderer, der eines Tages ans Ufer eines Sees kam. Es war kühl, kein Lüftchen regte sich, und der See lag unter dem wolkenlosen Himmel still da und schimmerte in klarem Blau. In einer nahe gelegenen Fischerhütte fand der Wanderer Unterschlupf für die Nacht. Als er am nächsten Morgen erwachte und auf den See hinausschaute, schien sein Wasser plötzlich trüb und schlammig zu sein.

»Was ist denn da los?«, fragte der Wanderer sich. »Gestern noch war der See klar und strahlend blau, heute sieht er ganz schmutzig aus.«

Er ging hinunter ans Seeufer, konnte aber nicht feststellen, woher dieser Wandel rührte. Weder im Wasser noch am Ufer war Schlamm zu sehen. Da richtete er den Blick gen Himmel und sah, dass dieser wolkenverhangen war. In diesem Augenblick erkannte er, dass die Farbe der Wolken die Farbe des Sees verändert hatte. Und als er das Wasser des Sees untersuchte, stellte er fest, dass es immer noch völlig rein und klar war.

Unsere grundlegende Klarheit gleicht in vielerlei Hinsicht dem See in dieser Geschichte. Ihre »Färbung« ändert sich scheinbar von Tag von Tag, von Augenblick zu Augenblick, je nachdem, welche Gedanken, Emotionen und so weiter darüber

»hinwegziehen«. Doch was sich auch immer in unserer grundlegenden Klarheit widerspiegeln mag, ihre Natur wird davon nicht in Mitleidenschaft gezogen. Sie ist immer rein, unbewegt und durchscheinend.

Allerdings neigen wir dazu, solche momentanen Trübungen zu einer Art alles beherrschendem Gesamtbild zu verdichten. Ein Freund erzählte mir vor kurzem: »Meine ganze Kindheit war davon bestimmt, dass ich klein und dick war. Ich war die ideale Zielscheibe für alle größeren und stärkeren Kinder. Selbst als Erwachsener hatte ich noch lange Zeit dieses Bild von mir. Erst als ich anfing, mich mit meinem Selbstbild auseinanderzusetzen, begriff ich, dass es wirklich nicht mehr als ein Bild war, eine Vorstellung. ›He‹, sagte ich mir, ›ich bin ja gar nicht der dicke, kleine Loser, für den ich mich immer gehalten habe. Vielleicht bin ich ja ganz anders. Ich weiß zwar nicht, wie, aber anders auf jeden Fall.‹«

Sobald wir es uns zur Gewohnheit machen, unsere Aufmerksamkeit nach innen zu richten, können wir solche Bilder langsam auflösen. Was sich unserer Aufmerksamkeit als massiver Block dargeboten hat, beginnt in kleinere Teile zu zerfallen – so wie der Wind eine geschlossene Wolkendecke aufreißt und hie und da einen kurzen Blick auf den offenen Himmel freigibt. Auf diese Weise können wir unsere Fähigkeit zur Unterscheidung für uns nutzen, statt uns von ihr benutzen zu lassen. Wir beginnen zu erkennen, wie Erfahrungen, die wir in der Vergangenheit gemacht haben, sich zu Mustern verdichten, die unser Verhalten in der Gegenwart bestimmen. Und kurz blitzt vor unserem inneren Auge die Einsicht auf, dass es möglicherweise einen Zusammenhang gibt zwischen dem, was wir sehen, und unserer Fähigkeit zu sehen.

Eine Veränderung der Perspektive

Mich interessiert alles, was mit dem menschlichen Geist und mit dem menschlichen Herzen zusammenhängt. Und mich interessiert, wie man die Lehren des Buddha dazu anwenden kann, Muster zu transformieren, die uns an unserem Wohlbefinden hindern. Denn dass wir uns in unserer Haut wohl fühlen, ist eine wesentliche Voraussetzung für eine tiefe und umfassende Verwirklichung unseres natürlichen Potenzials. Zu diesem Zweck muss ich das Leben der Menschen kennen, die mir zuhören, ihren persönlichen Hintergrund, ihre kulturellen Eigenheiten, ihre Gewohnheitsmuster, ihr Umfeld. Ein derartiges Verständnis erwirbt man freilich nicht einfach so über Nacht, zumindest ich nicht, und doch muss man es irgendwann entwickeln. Man achtet darauf, ob und wie die eigenen Lehren bei den Schülern »ankommen« und welche Fragen sie stellen. Je mehr ich über diese Zusammenhänge in Erfahrung bringe, desto besser kann ich meine Belehrungen auf die Bedürfnisse von Menschen mit unterschiedlichem kulturellem Hintergrund abstimmen.

So hatten in Indien und Nepal die meisten Menschen, die ich unterrichtete, keine Probleme, sich auf ihre Gefühlswelt einzulassen. Diese Menschen sind freundlich, großherzig und unverkrampft. Andererseits habe ich bei vielen meiner Schüler dort festgestellt, dass sie Schwierigkeiten haben, sich zu konzentrieren oder aufmerksam zu sein. Zeit spielt keine Rolle, Pünktlichkeit ist nicht die höchste Tugend, und sie kommen zu Verabredungen oder zur Arbeit gern zu spät. Wenn ich also in asiatischen Ländern lehre, betone ich stärker die Notwendigkeit von Klarheit und Aufmerksamkeit und dass man lernen sollte, sich zu konzentrieren und achtsam zu sein.

Als ich dann anfing, im Westen zu arbeiten, dachte ich, meine Schüler dort hätten mit ähnlichen Problemen zu kämpfen. Bei meinen ersten Vorträgen im Westen sprach ich daher viel über Klarheit. Am ersten Tag waren die Zuhörer am Ende sehr konzentriert und aufmerksam. Als sie aber am nächsten Tag wiederkamen, konnte ich sehen, dass sie sich innerlich verschlossen hatten. Sicher, sie versuchten, alles, was ich ihnen gesagt hatte, in die Praxis umzusetzen und innerlich still und friedvoll zu werden. Doch war an ihrer Sitzhaltung, ihren ausdruckslosen Gesichtern und den geschlossenen bzw. herumwandernden Augen klar abzulesen, dass sie versuchten, vor ihren Gefühlen davonzulaufen und sie zu unterdrücken oder zu ignorieren.

»Okay«, sagte ich mir, »irgendwas läuft hier schief.« Es dauerte allerdings eine Weile, bis ich dahinterkam, dass das Sandwichproblem im Westen vielleicht gravierender sein könnte als in bestimmten Ländern Asiens. Dass die Menschen sich zwischen beruflichen und persönlichen Anforderungen so aufrieben, dass sie jeden Kontakt mit ihren Gefühlen vermieden und diese möglichst ausblendeten. Jedes Jahr kamen diese Schüler zu meinen Kursen und ich gab ihnen Belehrungen über die klare Natur des Geistes, nur um kurz darauf feststellen zu müssen, dass sie etwas betrieben, was ich »Dummheitsmeditation« nenne. Allmählich erkannte ich also, dass es an der Zeit war, auch über den dritten Aspekt unseres inneren Funkens zu lehren.

Liebe

Dieser dritte Aspekt wird traditionell mit einem Begriff bezeichnet, der gewöhnlich mit »Mitgefühl« übersetzt wird. Darunter versteht man für gewöhnlich ein gewisses inneres

Maß an Offenheit und Einsicht, das uns erlaubt, das Leiden der anderen zu erkennen, und in uns den spontanen Wunsch entstehen lässt, ihnen zu helfen.

Doch die Bedeutung des entsprechenden tibetischen Begriffs *nying-je* geht weit tiefer: *nying* ist eine der vielen tibetischen Bezeichnungen für »Herz«, *je* bedeutet »edel« oder »Herr« im Sinne von »Herrscher« oder »Höchster«. Zusammengesetzt bezeichnen diese beiden Wörter das tiefe Empfinden und den Ausdruck eines Gefühls der Verbundenheit, das nicht durch Anhaftung oder Bedingungen begrenzt ist.

Eine andere, weniger blumige Bezeichnung für diesen »Herzensadel«, der ein wesentlicher Aspekt unserer Natur ist, lautet schlicht »Liebe«. Nun ist »Liebe« aber ein Begriff, der mit allerlei fixen Vorstellungen besetzt ist und daher einer unvoreingenommenen Betrachtung bedarf. So meinte unlängst einer meiner Schüler, der eine Reihe unglücklicher Beziehungen hinter sich hatte, mir gegenüber: »Mit der Liebe bin ich fertig. Künftig bleibe ich solo. Ich widme mein Leben von nun an ausschließlich dem Wohl aller fühlenden Wesen.«

Ich sah ihn eine Zeit lang an und sagte dann zu ihm: »Du redest Nonsens. Wie willst du alle fühlenden Wesen lieben, wenn du es nicht mal schaffst, ein einziges zu lieben?«

Ich glaube, meine Antwort hat ihn ein bisschen schockiert. Zumindest schließe ich das aus der Tatsache, dass ihm der Unterkiefer nach unten klappte und er mich mit weitaufgerissenen Augen ansah. Vielleicht hatte er von mir so was wie Lob oder Anerkennung erwartet, weil er sich künftig nur noch dem Wohl aller fühlenden Wesen widmen wollte. Natürlich ist das ein sehr nobler Wunsch, wenn er wirklich aus der edlen Herzensgesinnung geboren wird, von der wir eben gesprochen haben. Doch so, wie dieser Mann es darstellte, war sein Vorhaben eher

Ergebnis von Frustration und Enttäuschung – ein nur allzu bekanntes Phänomen in Liebesangelegenheiten.

Vielfach ist das, was wir als Liebe kennen, an Bedingungen geknüpft. Wir neigen dazu, Liebe als eine Art Handelsware zu betrachten, die wir nach dem Prinzip von Leistung und Gegenleistung austauschen: »Gibst du mir, so geb ich dir«, »Erfüllst du meine Bedürfnisse, erfülle ich die deinen«, »Ich sorge dafür, dass du dich wohl fühlst, dafür lässt du es mir gut gehen« und so weiter.

Noch problematischer wird es, wenn diese Art von Kuhhandel gemäß dem Prinzip »Zuckerbrot und Peitsche« in der Negation Formen annimmt, die man bestenfalls als »emotionale Erpressung« bezeichnen könnte: »Gibst du mir nicht, was ich möchte, gebe ich dir nicht, was du möchtest«, »Erfüllst du meine Bedürfnisse nicht, erfülle ich die deinen auch nicht«, »Tust du nicht, was ich brauche, um mich wohl zu fühlen, tue ich nicht, was du für dein Wohlbefinden brauchst« – und so fort.

Sie können in beiden Fällen Ihren eigenen Text einsetzen, doch im Prinzip laufen solche Tauschgeschäfte in den meisten Beziehungen nach demselben Muster ab. Bisweilen werden die entsprechenden Vorwürfe recht lautstark vorgetragen (gewöhnlich in emotional angespannten Situationen), nicht immer aber werden sie direkt formuliert. Stattdessen gehen die Forderungen, die wir an unsere Liebe knüpfen, in eine Art Hintergrundgeräusch über, fast wie die Sicherheitsdurchsagen am Flughafen. Die ersten Male reagieren wir darauf noch erschrocken oder beunruhigt, dann aber blenden wir sie allmählich aus.

Auf ähnliche Weise missachten wir auch die Alarmsignale in Sachen Liebe. Wir sehen nicht, wie tragisch es im Grunde ist, dass wir das Geben und Empfangen von Liebe an Bedingungen knüpfen. Wir finden es völlig normal, Liebe als Tauschgeschäft zu betrachten – was sie, offen gesagt, de facto ja auch ist, da Millionen von Menschen diese Auffassung von Liebe haben, auch wenn ihnen dies nicht immer bewusst wird. Doch nur weil dieses Denken, Fühlen und Verhalten verbreitet ist, heißt das noch lange nicht, dass es nützlich ist.

Tatsächlich können sich solche Auffassungen als höchst schädlich erweisen. Wenn wir immer wieder Enttäuschungen in menschlichen Beziehungen erleben, weil ein anderer Mensch unsere Wünsche und Erwartungen nicht erfüllt, geben wir bald jede Hoffnung auf Liebe auf und ziehen uns von der Welt zurück. Diese Hoffnungslosigkeit, diese »versehrte Liebe«, kann sich schon sehr früh – zum Beispiel bei Kindern, die zu Hause misshandelt werden oder in Problemvierteln verwahrlosen –, aber auch erst im Laufe der Jahre entwickeln. Wenn uns dann jemand Bewunderung und Wertschätzung entgegenbringt, stellen wir vielleicht fest, dass wir diese Wärme, diesen Menschen nicht annehmen können, denn unsere seelischen Wunden, wie immer sie im Einzelfall aussehen mögen, haben sich zu einem Muster verdichtet, das unsere Selbstwahrnehmung manipuliert.

Solche Muster haben ihre Ursache in sozialen und kulturellen Einflüssen, aber auch in persönlichen Erfahrungen. Auf jeden Fall erscheinen sie uns mit der Zeit als völlig normal. Und das Normale oder Vertraute infrage zu stellen empfinden die wenigsten Menschen als angenehm.

Doch eben das ist die Aufgabe, die anzupacken uns der Buddha und mit ihm viele bedeutende Menschen wie beispielsweise Mutter Teresa oder Martin Luther King jr. aufgetragen hat. Auch die unbesungenen Helden dieser Welt – passionierte Ärzte, hilfsbereite Krankenschwestern, engagierte Lehrer und ethisch orientierte Wissenschaftler, um nur einige wenige zu nennen – zeigen uns täglich, dass dies geht: den Alltag mit anderen Augen zu sehen, liebgewordene Einstellungen aufzugeben, die wir wie Scheuklappen mit uns herumtragen, damit aufzuhören, die Alarmsignale zu ignorieren, endlich unsere sogenannte Komfortzone zu verlassen und infrage zu stellen, was wir für »real«, »möglich« oder »machbar« halten.

»Irgendwo musst du anfangen«, erklärte ich dem Mann mit dem Liebeskummer. »Und dieses ›Irgendwo‹ bist du selbst. Wenn du dich selbst nicht liebst, wirst du auch Probleme damit haben, jemand anderen zu lieben.«

Häufig wird Selbstliebe mit »Narzissmus« verwechselt. Das ist falsch. Westliche Psychologen meinten, dass Narzissten ein geringes Selbstwertgefühl hätten und versuchten, sich ein Gefühl von Anerkennung oder Macht zu verschaffen, indem sie andere herumdirigieren.

Ich aber meine hier etwas Grundlegendes, etwas, was über die Schicht hinausgeht, die bei unserem Liebesschacher, wie er in allen Kulturen und Epochen verbreitet ist, verletzt werden kann – wenn auch nur oberflächlich.

Ursprüngliche Liebe

Als ich diesem Mann riet, sich selbst zu lieben, meinte ich, dass er sich seine Art, die Welt zu sehen, sehr genau ansehen und sich auf die Qualitäten von Offenheit und Klarheit einlassen müsse, die seit jeher Teil seiner grundlegenden Natur sind. Sobald wir diese Qualitäten in uns entdeckt haben, empfinden wir für alle fühlenden Wesen ein Gefühl warmherziger Zuneigung, das sie uns ohne Bedingungen und Vorurteile annehmen lässt.

Das ist meine Interpretation des tibetischen Wortes *nying-je*: die aus Offenheit und Einsicht geborene Qualität von bedingungsloser Freundlichkeit, Sanftheit und Offenheit, die zur leuchtenden Flamme werden und die ganze Welt mit ihrem Feuer wärmen kann.

Der Begriff *nying-je* ist vielleicht unser bester Versuch, die Fähigkeit des menschlichen Herzens, sich bedingungslos dem anderen zu öffnen, in Worte zu fassen. Mit der Hilfe meiner Lehrer, Freunde und Schüler habe ich versucht, eine Übersetzung zu finden, die die Menschen dazu inspirieren kann, diesen wesentlichen Aspekt ihrer grundlegenden Natur zu erforschen. Die einfachste Übersetzung, die ich gefunden habe, ist: ursprüngliche Liebe.

Diese ursprüngliche Liebe ist etwas, was wie Leerheit und Klarheit über alle Begriffe hinausgeht, die wir ersinnen, alle Rollen, die wir im Leben spielen, ob Sohn, Tochter, Vater, Mutter, Ehemann, Ehefrau und so weiter. Sie ist nichts Geschaffenes, noch kann sie zerstört werden, denn sie entsteht spontan aus der untrennbaren Einheit von Leerheit und Klarheit, die ihrerseits ungeschaffen sind. Am besten lässt sie sich vielleicht als grundlegendes Gefühl von »Wohl-Sein« beschreiben, das zum Gefühl der Verbundenheit mit allen fühlenden Wesen werden kann, wenn wir es nähren. Zu der Gewissheit, dass der Mensch Teil eines Ganzen ist, das wir Universum nennen, wie Albert Einstein es im Brief an einen Freund zum Ausdruck brachte.

Wir können dieses Gefühl universeller Verbundenheit erkennen, wenn wir beobachten, wie Kleinkinder auf andere Menschen reagieren. Sie lachen, glucksen und schmiegen sich an uns, sobald wir sie im Arm halten. Als ich kurz nach ihrer Geburt meine Töchter im Arm hielt, überraschte mich nicht nur die Selbstverständlichkeit, mit der sie in meinen Armen lagen, sondern auch dieses reine, wechselseitige Gefühl von Offenheit und Zuneigung – an dem sich bis heute nichts geändert hat. Ich bin jedes Mal überglücklich, wenn ich sehe, wie meine kleinere Tochter lacht, spielt oder ein Hündchen auf dem Arm herumschleift. Wie sie ganz ungeniert auf all die Menschen zugeht, die uns zu Hause in Nepal besuchen. Und meine ältere Tochter bezaubert mich nicht weniger: Ich sah sie in zwanzig – für mein Empfinden – viel zu schnell vergangenen Jahren vom Baby erst zu einem ausgelassenen Mädchen, dann zu einem genervten Teenager und schließlich zur Nonne heranwachsen.

Jede Form buddhistischer Meditationspraxis zielt letztlich darauf ab, dass wir uns wieder mit dieser ursprünglichen Liebe verbinden. Wenn wir unsere Situation genauer betrachten, dämmert uns allmählich die Einsicht, dass die anderen gar nicht so anders sind als wir. Wir beginnen zu erkennen, dass sie sich wie wir ein glückliches und erfülltes Leben wünschen. Und wenn wir unsere Ängste, unseren Zorn und unsere Abneigung mit klarem Blick betrachten, wird uns schnell bewusst, dass es dieselben Gefühle sind wie die, die andere dazu bringen, uns mit Worten oder Taten zu verletzen.

Einer meiner größten Fehler als Lehrer (und beileibe nicht mein einziger) war, dass ich die zentrale Bedeutung ursprünglicher Liebe nicht ausreichend betont habe. Viele Jahre lang war das Hauptthema meiner Belehrungen Leerheit und Klarheit, doch bis vor nicht allzu langer Zeit habe ich kaum je über ursprüngliche Liebe gelehrt.

Vor ein paar Jahren aber zählte mir ein Freund aus Großbritannien auf, was man braucht, um eine gute Tasse Tee zu machen: heißes Wasser, Milch (oder Zitrone für Puristen), Zucker (manchmal) und Teeblätter. Die Teeblätter sind die entscheidende Zutat. Ohne sie erhalten wir nur mit Milch oder Zitrone versetztes Wasser, das vielleicht noch ein bisschen süß schmeckt. Vergleichbar ist die ursprüngliche Liebe »Hauptbestandteil« unserer grundlegenden Natur.

Ein Geschmack von ursprünglicher Liebe

Möchten Sie wissen, welchen Geschmack diese ursprüngliche Liebe hat? Dann schließen Sie für einen Moment die Augen und atmen Sie ein paar Mal tief ein und aus.

Was wünschen Sie sich?

Nicht denken, nur spüren.

Sehnen Sie sich vielleicht in eine Zeit zurück, als Sie glücklich waren, voller Frieden und innerer Ruhe? Oft kleidet sich diese Sehnsucht in Worte, die von ihren Erfahrungen als Kind abhängen. Fragt man aber nach, können die wenigsten Menschen einen konkreten Zeitpunkt nennen, wann sie tatsächlich so empfunden haben. Die wenigsten können sich an Zeiten erinnern, als ihr Leben von bedingungsloser Liebe erfüllt war. Und doch sehnen wir uns alle danach. In dieser Sehnsucht regt sich die Stimme der ursprünglichen Liebe und flüstert uns zu, dass es möglich ist, ihre Quelle zu finden.

Meiner Erfahrung nach finden wir zu dieser ursprünglichen Liebe am leichtesten Zugang, wenn wir entspannt sind. Natürlich brauchen wir neben der Entspannung auch einen gewissen Grad an sanfter Aufmerksamkeit, so als würden wir in einem stillen Raum gedämpftes Licht machen. Während Sie diese sanfte Aufmerksamkeit aufrechterhalten, entspannen Sie sich ...

Entspannen ...

Entspannen ...

... bis Sie einen kleinen Funken des Wohlbefindens spüren, das Gefühl, dass alles okay ist.

Manche fühlen dieses Wohlbefinden in ihrer Brust, dort, wo das Herz sitzt. Andere auf der Stirn, die sich entkrampft. Ein Mann, den ich kenne, lokalisierte es einen Moment lang in seinem Knie, das ihm schon seit Jahren Probleme bereitete. Der Schmerz war zwar noch da, aber er störte ihn nicht mehr.

»Das hatte ich nicht erwartet«, berichtete er. »Ich war völlig begeistert. Ich dachte, vielleicht kommt mir ja eine schöne tröstliche Erinnerung oder so was. Doch dann hatte ich dieses ... *Gefühl* ist wohl die beste Beschreibung ... dass ich viel mehr war als dieser Schmerz ... irgendwie legte sich eine größere Art von ›Ichheit‹ um den Schmerz und umschloss ihn. Es hat nur ein paar Sekunden gedauert, aber – Mann ...!«

Erfahrungen wie diese geben uns einen Vorgeschmack auf die ursprüngliche Liebe: ein kurzer, strahlender Moment der Erfahrung, dass alles in Ordnung ist, manchmal begleitet von tiefer Freude. Doch diese Freude hat keine äußeren Ursachen. Sie hängt weder von bestimmten Objekten noch von Menschen oder Umständen ab. Dieses Gefühl des Wohlseins, mag es noch so klein und schwach sein, kommt direkt aus Ihnen selbst, von dort, wo Sie Wärme und Zufriedenheit empfinden. Öffnen Sie sich dafür.

Doch klammern Sie sich nicht an diese Erfahrung und versuchen Sie nicht, sie festzuhalten. Lassen Sie Ihre Aufmerksamkeit sachte darauf ruhen, um dann loszulassen. Anderenfalls wird sie zu einem neuen Objekt der Anhaftung, das wir in Schubladen stecken und um jeden Preis konservieren möchten. Dann erstarrt die lebendige Erfahrung und wird zu einem »Ding«, das wir besitzen und mit dem wir unser »Ich« definieren können. Es ist aber ebendieser Prozess des Entspannens und Loslassens – entspannen, bis sich ein gewisses Wohlsein einstellt, und gehen lassen, wenn es vorbei ist –, der diese Momente allmählich immer stärker und strahlender werden lässt, sie immer mehr zum Teil unserer alltäglichen Erfahrung macht.

Jedes Mal, wenn Sie sich für die ursprüngliche Liebe öffnen, wird auch der Aspekt der Klarheit stärker, gewinnt diese Liebe mehr Raum. Ihr Geist wird klarer. Sie sehen mehr Möglichkeiten. Sie entwickeln ein bisschen mehr Selbstvertrauen, sind bereit, sich anderen zu öffnen, zum Beispiel von sich zu erzählen oder, umgekehrt, zuzuhören. Und plötzlich geschieht das Wunder: Sie können geben, ohne eine Gegenleistung zu erwarten. Was Sie sind, wird, ob bewusst oder unbewusst, zur Inspiration für andere.

Ihr Funke leuchtet allmählich heller.

Grenzenlose Liebe

Diese Rückverbindung mit der ursprünglichen Liebe ist Teil des buddhistischen Weges. Und doch ist er nur ein Schritt auf einem längeren Weg, der uns letztlich dauerhaft aus Angst, Dunkelheit, Depression und anderen Schwierigkeiten herausführen wird. Alles, was ich dank meiner Lehrer und Schüler sowie aus eigener Erfahrung gelernt habe, bestätigt mich in der Überzeugung, dass Buddhas Lehren darauf abzielen, eine von Herzen kommende fürsorgliche Haltung zu entwickeln und aktiv zum Wohl aller fühlenden Wesen zu wirken. Haben wir jetzt also einen ersten Vorgeschmack auf unsere ursprüngliche Liebe bekommen (und viele der im Folgenden beschriebenen Übungen zeigen die verschiedenen Wege zu dieser Erfahrung auf), so ist der nächste Schritt, diese ursprüngliche Liebe zur grenzenlosen Liebe heranwachsen zu lassen. Eine einfache Methode zu diesem Zweck ist die sogenannte Tonglen-Praxis des tibetischen Buddhismus. Eine mögliche Übersetzung für das Wort *tonglen* ist »aussenden und aufnehmen«. Bei dieser Praxis wenden wir eine Kombination von Atem- und Visualisierungstechniken an, um uns vorzustellen, dass wir alles, was wir an positiver Energie haben, aussenden und im Gegenzug alles Leid der anderen in uns aufnehmen.

Lange Zeit empfand ich die Tonglen-Praxis als eine eher abstrakte Angelegenheit: im Prinzip ganz nett, praktisch aber nutzlos. Das war allerdings, bevor ich mit zweiundzwanzig Jahren zum ersten Mal in den Westen reiste, um in Argentinien Belehrungen zu geben.

Ich war zuvor noch nie so lange in einem Flugzeug unterwegs gewesen und fragte mich, wie wohl die westlichen Flugbegleiter sein würden, die mir den Flug von Delhi nach London und von London nach Argentinien »angenehmer« machen sollten. Diese langen Flüge geben einem reichlich Gelegenheit zu beobachten, wie Flugbegleiter sich bewegen, wie sie Essen und Getränke servieren und sich gegenüber den Fluggästen verhalten. Zunächst einmal fiel mir auf, dass jedes Mal, wenn eine Stewardess auf mich zukam, sie mich mit breitem Lächeln fragte: »Kann ich Ihnen helfen? Möchten Sie etwas essen oder trinken?« Doch sobald sie den Kopf abwandte, verschwand das Lächeln aus ihrem Gesicht. Ich fragte mich, was wohl der Grund dafür sein konnte. Warum lächelte sie eine Sekunde lang, drehte sich um, und das Lächeln war verschwunden? Nachdem das ein paar Stunden so gegangen war, reagierte ich, wie ich zugeben muss, leicht gereizt. Diese Lächlerei kam mir künstlich vor. Das war kein Ausdruck echter Freundlichkeit, das war einfach nur aufgesetzt.

Schließlich landeten wir in Argentinien, wo mich an die vierzig Personen auf dem Flughafen erwarteten. Alle küssten mich zur Begrüßung links und rechts auf die Wange. Ich fühlte mich etwas unbehaglich in meiner Haut, denn ich war so engen körperlichen Kontakt zu Fremden nicht gewohnt. Später fragte ich meinen Übersetzer, ob das so üblich sei, worauf er meinte: »Ja, das ist die übliche Art der Begrüßung.« Daraufhin bat ich ihn, den Leuten zu erklären, dass ich das nicht so gern mochte. Also gaben mir die Leute kleine Geschenke statt Küsschen.

Einmal schenkte mir jemand zur Begrüßung eine Feder und erzählte mir ausführlich, wie die Feder gerade in dem Moment in seinen Schoß gefallen war, als er hörte, ich würde kommen und Belehrungen geben. Und um jedes weitere Begrüßungsgeschenk rankte sich eine ähnlich lange Geschichte. Anfangs nahm ich die Geschenke entgegen, ohne mir die zugehörige Geschichte anzuhören. Doch manchmal legten mir die Leute ihre Geschenke in die Hand und ließen sie erst wieder los, nachdem ich mir ihre Geschichte angehört und irgendeine Reaktion darauf gezeigt hatte. Natürlich lächelte ich, wenn mir die Leute etwas schenkten, doch nach einiger Zeit hatte ich das Gefühl, dass meine Mundwinkel sozusagen in einer Position einrasteten, die nicht unbedingt natürlich war, aber dem zu entsprechen schien, was die Menschen erwarteten.

Bei meinem Argentinienbesuch wurde ich von einem Fotografen begleitet, der es im Bild festhielt, wenn Leute mir etwas schenkten. Wieder zu Hause in Nepal blätterte ich das Album mit den Fotos aus Argentinien durch und entdeckte auf meinem Gesicht dasselbe breit strahlende Lächeln wie bei den Stewardessen. Da legte sich mein ganzer Unmut über die Stewardessen. Ich dachte mir: »O ja, sie haben viel zu tun. Sie sind dauernd in Bewegung und müssen mit unzufriedenen Fluggästen fertigwerden. Trotzdem versuchen sie noch, zu lächeln und auch in schwierigen Situationen freundlich zu bleiben.«

Das war mir eine große Lehre. Solange ich den anderen und seine Situation nicht kenne und verstehe, weiß ich nichts über ihn, kann mir kein Bild machen und kann folglich auch nicht lehren. Seitdem bemühe ich mich, nicht nur die unterschiedlichen kulturellen Prägungen, sondern auch die individuelle Situation der Menschen zu begreifen, mit denen ich zusammentreffe.

Nach diesem Erlebnis bekam die Tonglen-Praxis eine persönlichere Bedeutung für mich. Man kann die Probleme anderer Menschen erst dann wirklich verstehen, wenn man sich damit auseinandergesetzt hat – und zwar nicht nur intellektuell, sondern auf wirklich einfühlsame Art. Bis dato hatte ich mich zwar auch schon mit dem einen oder anderen Problem wie Angst, Krankheit, Depression, Spott oder Demütigung herumgeschlagen, doch erst die Anmut, mit der diese Stewardessen versuchten, auch unter schwierigsten Umständen freundlich zu bleiben, vermittelte mir ein Gefühl für den praktischen Wert und Nutzen der Tonglen-Praxis.

In den Anweisungen zur Tonglen-Praxis wird häufig übersehen, dass der beste Zeitpunkt zu praktizieren dann ist, wenn es uns selbst nicht gut geht. Wenn uns Wut, Verzweiflung, Eifersucht oder andere negative Emotionen fest im Griff haben. Diese negativen Emotionen und der Wunsch, sie loszuwerden, dienen uns als Ausgangspunkt für unsere Übung.

Bringen Sie Ihren Körper in eine angenehme Position und verweilen Sie eine Zeit lang in Shine-Meditation ohne Objekt.

Atmen Sie einfach ein und aus.

Spüren Sie die Last der Emotionen, die Sie gerade erfahren.

Erkennen Sie, dass Sie unfreundlich mit sich selbst umgehen und sich von dem Gefühl des Ihnen innewohnenden Wohlseins abgeschnitten haben.

Atmen Sie weiter ein und aus und lassen Sie Ihre Vorstellungsgabe spielen.

Richten Sie Ihre Aufmerksamkeit auf eine schmerzliche Situation und die Person bzw. Personen, die daran beteiligt waren – das kann Ihr Partner sein, aber auch ein Arbeitskollege oder Ihr Kind.

Atmen Sie nun all die Dunkelheit und den Schmerz ein, die diesen Menschen dazu getrieben hat, sich verletzend zu verhalten. Visualisieren Sie diesen Schmerz als Wolke von schwarzem, öligem Rauch.

Atmen Sie jetzt weißes Licht aus, die Essenz Ihres inneren Funkens, und stellen sich vor, wie es diesen Menschen mit Zuversicht und Licht erfüllt und einen Zugang zu seiner ursprünglichen Liebe freilegt.

Wiederholen Sie diesen Vorgang so lange, bis Sie das sichere Gefühl haben, dass der Mensch, mit dem Sie Probleme haben, dem ihm gemäßen Weg finden wird, sich mit seinem inneren Funken zu verbinden.

Die Tonglen-Praxis mag Ihnen anfangs vielleicht schwerfallen. Ich habe in den vergangenen Jahren mit vielen Menschen gesprochen, die körperlich oder seelisch misshandelt oder sexuell missbraucht worden waren von Menschen, denen sie vertrauten und die ihr Vertrauen verraten hatten.

Es ist unbestreitbar, dass diesen Menschen Schreckliches angetan wurde. Sinn der Tonglen-Praxis ist es auch nicht, zu vergeben oder zu vergessen. Sie macht uns vielmehr fähig, über den Schmerz, den wir erlebt haben, hinauszugehen. Sie lässt uns wieder an unsere Fähigkeit glauben, Probleme zu meistern, alte Verletzungen hinter uns zu lassen und uns ein konstruktives, erfülltes Leben aufzubauen.

Die nächste Stufe der Tonglen-Praxis besteht darin, den Geist auf folgenden Gedanken auszurichten: »So wie ich haben auch andere Wesen den Wunsch, sich wieder mit ihrem inneren Funken zu verbinden.« Es ist nicht nötig, sich dabei bestimmte Wesen vorzustellen, doch wenn es Ihnen den Einstieg in die Meditation erleichtert, können Sie das natürlich tun.

Aber wir praktizieren Tonglen nicht nur für die Menschen oder Wesen, mit denen uns etwas verbindet. Es geht auch nicht nur um Wesen, die Leid erfahren haben oder erfahren könnten. Der entscheidende Punkt bei der Tonglen-Praxis, wie ich sie von meinen Lehrern gelernt habe, ist es, sich bewusst zu machen, dass diese Welt von unzähligen Wesen erfüllt ist, die wie wir leben und glücklich sein möchten. So wie wir Schmerz vermeiden möchten, möchten auch sie Schmerz vermeiden. So wie wir frei sein möchten von Schmerz, Enttäuschung, Neid, Krankheit und Tod, so möchten auch alle anderen Wesen das Leid vermeiden, das entsteht, sobald wir unsere Verbindung zur ursprünglichen Liebe verlieren. Wenn Sie diesen Gedanken in Ihrem Herzen Raum geben, werden Sie feststellen, dass Sie sich immer mehr wünschen, andere mögen glücklich und frei von Leid sein.

Der nächste Schritt der Tonglen-Praxis ist, dass Sie sich auf Ihren Atem konzentrieren und ihn als Werkzeug gebrauchen, um den Wesen alles Glück, das Sie erfahren oder erfahren haben, zu schicken und ihr Leiden aufzunehmen. Beim Ausatmen stellen Sie sich vor, wie all das Glück und all das Gute, das Sie in Ihrem Leben erfahren haben, in Form von klarem Licht aus Ihnen herausströmt. Dieses Licht dehnt sich aus und löst sich in alle Wesen hinein auf, gibt ihnen alles, was sie brauchen, und lindert ihren Schmerz. Beim Einatmen visualisieren Sie Schmerz und Leid der fühlenden Wesen als Wolke von schwarzem, öligem Rauch, der durch Ihre Nase in Ihr Herz strömt und sich dort auflöst. Beim Ausatmen stellen Sie sich wieder vor, wie klares Licht die Wesen umgibt und erfüllt. Imaginieren Sie, wie dadurch all die zahllosen Wesen frei von schädlichen Mustern werden und sich mit ursprünglicher Liebe verbinden.

Nachdem Sie eine Zeit lang auf diese Weise praktiziert haben, lassen Sie Ihren Geist einfach in der Meditation Shine ohne Objekt ruhen. Erlauben Sie sich einfach zu spüren, was in Ihnen vorgeht. Vielleicht gibt es ja eine Spur von Verwirklichung, ein bisschen weniger Schwere, vielleicht hat Ihr Herz sich einen winzigen Spalt weit geöffnet. Vielleicht haben Sie auch gespürt, dass Sie nicht allein sind, wie immer Ihre Lage, wie immer die Probleme, mit denen Sie sich herumschlagen, auch aussehen mögen.

Bodhicitta

Die Entwicklung grenzenloser Liebe ist aber nur eine weitere Etappe auf dem Weg, der zur vollständigen Verwirklichung unseres Potenzials führt. Das Ziel dieses Weges ist, uns zu vollständig erwachten Wesen zu machen, die fähig sind, alles in ihren Kräften Stehende zu tun, um Konflikten von Individuen oder Staaten ein Ende zu setzen und ein Zeitalter inneren und äußeren Friedens einzuläuten, das den meisten im Moment wohl als unerreichbare Utopie erscheint.

Diese durch keinerlei Bedingungen mehr eingeschränkte erwachte Geisteshaltung wird mit dem Sanskritbegriff *bodhicitta* bezeichnet. Wie bereits gesagt wurde, leitet sich der erste Wortbestandteil, *bodhi*, der in dieser Form auch im Pali existiert, von der Wurzel *budh* ab und wird meist mit »wach« oder »erwacht« übersetzt. Gemeint ist ein Zustand tiefer, lebendiger Wachheit, der mit der Schärfe eines Skalpells alle geistigen und emotionalen Konditionierungen durchtrennt, die unsere natürliche Achtsamkeit so oft trüben. Diese wache Achtsamkeit lässt uns die Tricks, mit denen wir uns so durchs Leben schwindeln, sehr klar erkennen.

Wir alle kennen solche kleine Erleuchtungserlebnisse aus eigener Erfahrung – man könnte sie »Buddha-Momente« nennen. Ein Beispiel: Sie stecken im Stau und fluchen über die anderen Autofahrer. Da überkommt Sie mitten im Gezeter wie ein Blitz der Gedanke, dass es Ihnen doch eigentlich ganz gut geht. Immerhin haben Sie ein Auto, mit dem Sie irgendwo hinfahren können, um sich mit anderen Menschen zu treffen. Oder gerade gehen Ihnen Ihre Kinder furchtbar auf die Nerven, weil sie andauernd quengeln. Sie sollen ihnen bei den Hausaufgaben helfen, ihnen etwas zu essen machen oder was auch immer. Und mit einem Mal erwacht in Ihnen die Erkenntnis, wie glücklich Sie eigentlich sind, dass diese muntere, aufgeweckte Schar zu Ihrem Leben gehört.

Solche Buddha-Momente können – oberflächlich betrachtet – manchmal unangenehme Wahrheiten ans Licht bringen, doch letztendlich haben sie etwas sehr Befreiendes. Sie ermöglichen uns, ärgerliche Unterströmungen zu erkennen, die unser Verhalten bestimmten. Wir sollten sie daher als Freunde willkommen heißen, weil sie uns auf unsere Beschränkungen aufmerksam machen, statt sie zum Feind abzustempeln. Wenn wir auf solche Buddha-Momente achtgeben, wachsen wir allmählich in ein größeres, helleres und umfassenderes Leben hinein.

Das Herz der Dinge

Die wörtliche Übersetzung von *citta*, des zweiten Wortbestandteils von *bodhicitta*, der von Herzen kommenden, tätigen Sorge um das Wohl anderer, ist »Geist«. Auf einer subtileren Ebene kann man *citta* auch als »Herz« verstehen. Gemeint ist nicht das physische Organ, welches das Blut durch unseren Körper pumpt, sondern ein bestimmter Aspekt unserer grundlegenden Natur, der unsere Gedanken, Stimmungen und unser Verhalten steuert.

Lassen Sie mich das etwas genauer erklären. In einigen Sprachen werden die Begriffe »Geist« und »Herz« mehr oder weniger synonym gebraucht. Zum Beispiel sagen wir von einem hilfsbereiten, uneigennützigen Menschen, er habe »das Herz am rechten Fleck«.

Im Tibetischen decken sich die Begriffe »Geist« und »Herz« noch viel stärker, was nicht zuletzt durch manche Missverständnisse deutlich wird, die sich ergeben, wenn Menschen aus anderen Kulturkreisen sich mit Tibetern unterhalten. Vor einigen Jahren zum Beispiel begleitete einer meiner Schüler eine Ärztin, die nach Tibet ging, um dort in verschiedenen Behandlungszentren zu arbeiten, die eine kostenlose medizinische Versorgung anbieten. Viele der Patienten klagten, sie hätten ein »niedriges *sem*«. (Das Wort *sem* wird gewöhnlich benutzt, um den gesamten Komplex von Denken und Wahrnehmung zu beschreiben.) Und während sie ihre Beschwerden beschrieben, deuteten sie auf ihre Herzgegend. Die Ärztin maß den Leuten den Blutdruck und hörte mit einem Stethoskop die Herztöne ab, konnte aber nichts Ungewöhnliches feststellen. Erst nach langen Diskussionen mit ihren Übersetzern dämmerte ihr allmählich, dass die Probleme, über die ihre Patienten klagten, nichts mit dem Herzen als körperlichem Organ zu tun hatten. Das »niedrige *sem*«, das die Patienten schilderten, war in Wirklichkeit eine Form von Depression und wäre sinngemäß als »schweres Herz« zu übersetzen.

Auch bei bestimmten Ritualen, die man im tibetischen Buddhismus ausführt, deutet man auf das Herz, wenn das Wort »Geist« rezitiert wird. Selbst bei ganz gewöhnlichen Alltagsgesprächen zeigen Tibeter häufig auf ihr Herz, wenn sie den Geist meinen.

Dass »Geist« und »Herz« in so vielen Sprachen synonym verwendet werden, legt für mich den Schluss nahe, dass eine kulturübergreifende Tendenz besteht, »Herz« und »Geist« als zentralen Sitz unserer Ansichten, Wertvorstellungen, Meinungen und so weiter zu betrachten. Ob wir *bodhicitta* nun mit

»erwachter Geist« oder »erwachtes Herz« übersetzen, in beiden Fällen beziehen wir uns auf dieselbe Erfahrung, dass eine essenzielle Kraft in uns erwacht und nach Aufmerksamkeit verlangt.

Wenn meine Töchter in der Nacht aufwachten und weinten, liefen meine Frau oder ich sofort in ihr Zimmer, nahmen sie in den Arm, wiegten sie, wechselten, wenn nötig, die Windeln oder gaben ihnen das Fläschchen (und manchmal auch beides). Dieses Verhalten war Ausdruck des spontanes Wunsches unseres Herzens oder Geistes, einem leidenden Wesen Linderung und Trost zu schenken.

Manchmal genügte es nicht, unsere Töchter zu wiegen, ihnen das Fläschchen zu geben oder ihre Windeln zu wechseln, damit sie nicht mehr weinten. Und so versuchten wir, sie, so gut wir konnten, mit anderen Mitteln zu trösten. Wir wiederholten wie Mantras tröstliche Worte, die wohl alle Eltern auf der ganzen Welt kennen. Wir hielten sie im Arm, tätschelten sie, schaukelten sie auf Knien, um mit diesen wortlosen Gesten ihr Leid zu lindern.

Darin liegt für mich die eigentliche Bedeutung von Bodhicitta: Wir wachen auf, weil wir hören, wie jemand in der Dunkelheit weint, und helfen ihm, so gut wir können.

Nun ist aber bezüglich des Bodhicittas die Situation nicht ganz dieselbe: Meist nämlich sind *wir selbst* diejenigen, die in der Dunkelheit weinen. Leider neigen wir dazu, die Herausforderungen des Lebens wie im Schlaf durchzustehen. Wir ignorieren die Buddha-Momente in unserem Leben und lassen nicht zu, dass sie unser Herz wachrütteln. Wir erkennen nicht, dass es uns und unser Leben, unsere Beziehungen zu anderen tiefgreifend verändern wird, wenn wir die Muster, die uns geprägt haben, erkennen, eingestehen und durchschauen.

Absolutes und relatives Bodhicitta

Der Buddha und die großen Meister, die seine Lehren weitergegeben haben, lehrten uns, dass es zwei Arten oder Ebenen von Bodhicitta gibt: relatives und absolutes Bodhicitta. Absolutes Bodhicitta ist die spontane Erkenntnis, dass alle Wesen – wie immer sie sich im Moment auch verhalten und wie sie erscheinen mögen – bereits vollkommen frei sind von allen Beschränkungen, die ihnen ihre spezifischen Denk- und Verhaltensmuster scheinbar auferlegen. Es ist dies ein tiefer, alles durchdringender Blick in die Natur des Daseins, die Erkenntnis, dass wir im Grunde bereits völlig erleuchtet sind, gleich, welchen Vorstellungen über uns selbst wir uns gerade hingeben. Tatsächlich weisen wir all diese Muster, die uns das Leben so schwer machen, nur deshalb auf, weil die Offenheit und Freiheit unserer erleuchteten Natur dies möglich macht.

Ein Mensch, der absolutes Bodhicitta verwirklicht hat, sieht, dass alle Wesen in ihrer innersten Natur vollkommen erwacht sind, und begegnet ihnen daher ganz selbstverständlich mit größtem Respekt. Auf der Stufe des absoluten Bodhicitta, also des absoluten Erleuchtungsgeistes, gibt es keine Unterscheidung zwischen Subjekt und Objekt, zwischen selbst und anderem. Alle Wesen werden spontan als makellose Manifestation der grundlegenden Natur erkannt.

Wenn wir Menschen begegnen, die absolutes Bodhicitta verwirklicht haben, spüren wir eine Güte, Großherzigkeit und Geduld, die tief in uns etwas zum Klingen bringt. Wir fühlen uns lichter, klarer, sind offener gegenüber anderen und eher bereit zu verzeihen, was wir an uns und anderen als Makel betrachten.

Wollen wir in unserem eigenen Geist die Erfahrung von absolutem Bodhicitta verwirklichen, so müssen wir eine Einstellung hervorbringen, die unserem gegenwärtigen Verständnis leichter zugänglich ist und als relatives Bodhicitta bezeichnet wird. Einfach ausgedrückt ist relatives Bodhicitta der Wunsch, unser Leben der Aufgabe zu widmen, allen Wesen dabei zu helfen, ihre wahre Natur zu erkennen und dadurch vollkommen frei von Leid zu werden. Dieses Streben wird als relativ bezeichnet, weil es immer noch auf einer dualistischen Sicht der Wirklichkeit beruht. Auf dieser Stufe findet noch eine Aufspaltung in die Kategorien von Subjekt und Objekt, Ich und andere statt. Bezogen auf unsere Erfahrungswelt, heißt das, dass wir immer noch in gut und schlecht, angenehm und unangenehm einteilen, Begriffe, die relativ sind, weil ihre Bedeutung sozusagen vom Gegenpol abhängt.

Lassen Sie mich das Verhältnis von relativem zu absolutem Bodhicitta anhand eines Vergleiches erläutern: Wenn absolutes Bodhicitta die Spitze eines Baumes ist, so können wir relatives mit der Wurzel, dem Stamm und den unteren Ästen gleichsetzen. Wurzel, Stamm und untere Äste sind Teil ein und desselben Baumes, die aber in einem bestimmten relativen Verhältnis zur Baumkrone stehen. Wollen wir in den Wipfel hinaufsteigen, müssen wir über diese weiter unten liegenden Teile nach oben klettern.

Absicht und Anwendung

Ich sollte an dieser Stelle vielleicht erwähnen, dass relatives Bodhicitta seinerseits zwei Aspekte hat: das Bodhicitta der Absicht und das Bodhicitta der Anwendung. Im tibetischen Buddhismus ist es üblich, jede Meditationssitzung mit dem Gedanken einzuleiten, dass wir nach vollkommenem Erwachen streben, um allen Wesen helfen zu können, ihrerseits diesen Zustand vollkommener Offenheit zu erreichen. Traditionell rezitieren wir zu diesem Zweck ein kurzes Gebet, mit dem wir unserem Wunsch Ausdruck verleihen, dass all unsere Anstrengungen den Wesen in irgendeiner Form nützlich sein mögen.

Und wir beenden traditionell jede Meditationssitzung damit, dass wir unser Verdienst widmen – also alles, was durch unsere Praxis an Kraft, Frieden und Stille entstanden sein mag, den anderen Wesen weitergeben.

An dieser Stelle fragen Sie jetzt vielleicht mehr oder weniger empört: »Warum soll ich die Früchte meiner Mühen Leuten überlassen, die ich nicht kenne?«

Ich kann dazu nicht mehr sagen, als dass wir nichts verlieren, wenn wir teilen. Energie vermehrt sich, wenn wir sie abgeben.

Sie können diese Behauptung überprüfen, wenn Sie beispielsweise das nächste Mal in ein Fast-Food-Restaurant gehen sollten und dem Mann oder der Frau, die Ihre Bestellung aufnehmen, dabei in die Augen schauen. Vielleicht ist ihr Blick dann ein wenig wacher und lebendiger, während sie Ihre Bestellung ausführen. Wenn Sie das nächste Mal zum Tanken fahren, bedanken Sie sich aufrichtig beim Tankwart. Vielleicht tritt ein Leuchten in seine Augen, und er richtet sich auf, wenn er spürt, dass er auch als Mensch wahrgenommen wird. Und vielleicht bedient er dann den nächsten Kunden freundlicher, weil auch er den Menschen in ihm sieht, woraufhin der Kunde vielleicht seinerseits einen anderen mit mehr Achtung behandelt. Ich habe auch schon Leute beobachtet, die sich beim Aussteigen beim Busfahrer bedankten. Manchmal kommt keine Reaktion, doch wenn dann auch andere Fahrgäste anfangen, sich beim Busfahrer zu bedanken, breitet sich allmählich eine positive Stimmung im Bus aus, die irgendwann vielleicht die ganze Stadt erfasst.

In gewissem Sinne können wir sagen, dass wir uns beim Bodhicitta der Absicht auf den Wunsch konzentrieren, jeden einzelnen »Fahrgast« an einen ganz bestimmten Ort zu bringen – London, Paris, Washington. Dieser »Ort« ist im Falle von Bodhicitta der Absicht natürlich das vollkommene Erwachen oder absolutes Bodhicitta. Bodhicitta der Anwendung bedeutet, dass wir konkret Anstrengungen unternehmen, um am Zielort anzukommen. Wir konzentrieren uns ganz darauf, das Ziel vom Bodhicitta der Absicht zu erreichen: alle Wesen zur Erkenntnis ihrer grundlegenden Natur und damit zur Freiheit vom Leiden zu führen.

Erinnern

So mancher mag sich mittlerweile fragen, warum die Menschheit denn nicht glücklich, offen und friedlich zusammenlebt, wenn wir doch alle dieses unglaubliche Potenzial in uns tragen? Warum gibt es so viel Krieg, Gewalt und Unglück auf der Welt? Warum fühlen Menschen sich innerlich leer? Warum plagen uns Eifersucht, Zorn, Angst, Depressionen und bisweilen sogar Selbstmordgedanken? Warum streiten wir mit den Menschen, die uns am nächsten stehen? Warum sind wir so gehetzt, stürzen uns von einer Beziehung in die andere, von einem Job in den nächsten, immer auf der Suche nach dem, was noch besser ist, nach der nächsten technischen Spielerei? Warum werden Menschen süchtig nach Alkohol, Drogen, Sex oder Essen? Warum bestrafen wir uns, unsere Kinder, unsere Freunde? Warum fühlen wir uns so eingeschränkt und ohnmächtig?

Die einfachste Erklärung ist: Wir haben vergessen, wer wir sind, weil etwas anderes die grundlegende Natur von Offenheit, Klarheit und Liebe überlagert. Zum einen hängen diese

»Ablagerungen« mit unserer menschlichen Grundstruktur zusammen, zum anderen mit unseren Lebenserfahrungen und den »Lehren«, die wir daraus ziehen.

Es gibt eine alte buddhistische Fabel von einem Ringkämpfer, der einen Edelstein in seinen Haaren trug. Bei einem Ringkampf erhielt er einen Schlag auf den Kopf, und ohne dass er es merkte, rutschte der Edelstein in die Wunde, die der Schlag hinterlassen hatte. Die Wunde verheilte, und der Edelstein lag unter dickem Narbengewebe verborgen. Der bedauernswerte Ringkämpfer jedoch brachte den Rest seiner Tage damit zu, überall nach dem Edelstein zu suchen, ohne zu erkennen, dass er den Stein in sich trug.

Die meisten Menschen verhalten sich wie dieser Ringkämpfer. Wir sind zutiefst überzeugt, etwas Wertvolles verloren zu haben, und suchen unermüdlich danach, ohne zu erkennen, dass wir das gesuchte Kleinod in uns tragen, wo immer wir sind.

Doch wir müssen nur unterm Narbengewebe unserer Wunden nachsehen, um unseren Edelstein zu finden, die grundlegende, bedingungslose Liebe, die uns innewohnt. Haben wir unseren Edelstein wieder, können wir ihn reinigen und polieren, bis all seine Facetten leuchtend funkeln. Wir nähren und kultivieren unsere ursprüngliche Liebe, bis sie zu Bodhicitta wird, dem von Herzen kommenden, aktiven Interesse am Wohl der anderen.

Natürlich fordert das Entwickeln von Bodhicitta auch Opfer, zum Beispiel wenn wir den Entschluss fassen, das Wohl der anderen über unsere eigenen Wünsche, Bedürfnisse, Hoffnungen und Ängste zu stellen. So müssen wir beispielsweise anderen Menschen das Recht zugestehen, ihre eigenen Entscheidungen zu treffen, auch wenn wir nicht mit ihnen übereinstimmen. Sie ihre eigenen Fehler machen lassen, damit sie daraus lernen können. Wir müssen Dinge, die wir bei uns und anderen als »Makel« einstufen, akzeptieren und als Teil eines größeren, langfristig angelegten Lernprozesses betrachten lernen. Und wir müssen uns einen Ort der Liebe und Zuwendung schaffen, ein inneres »Zuhause«, in das wir jederzeit zurückkehren können, einen Ort, an dem wir willkommen sind und wieder Zugang finden zu der Fähigkeit, das Leid zu heilen, das wir uns und anderen zugefügt haben. Durch diesen Heilungsprozess kommen wir Schritt um Schritt einem Potenzial näher, das all unsere Vorstellungen überschreitet.

Natürlich bleiben an dieser Stelle noch einige Fragen offen: *Wie* können wir denn erwachen? Wie wird unser innerer Funke zur Flamme?

Auf diese Fragen möchte ich in den folgenden Kapiteln eingehen, die aus buddhistischer Sicht erklären, wie die menschliche Entwicklung im Allgemeinen und unsere Lebenserfahrung im Besonderen mitunter unseren inneren Funken überlagern. Ich möchte Sie mit einigen Übungen vertraut machen, die Ihnen helfen, diese Schichten auf sanfte Weise abzutragen und zu lernen, was sie uns zu sagen haben, statt sie einfach nur zu entrümpeln. Das Leben hat uns so vieles gelehrt, es wäre einfach eine Schande, all das einfach wegzuwerfen, auch wenn wir darunter gelitten haben. Wir alle haben doch Erfahrungen gemacht, die anderen Menschen helfen können.

Dies ist eines der wesentlichen Ziele des buddhistischen Pfades: den Menschen zu zeigen, wie sie mit sich und anderen offener, weiser und großmütiger umgehen können. Intellektuelles Verständnis ist ebenso nötig wie praktische Umsetzung, wenn wir uns mit unserem inneren Funken vertraut machen und ihn wachsen lassen wollen. Im Buddhismus heißt es, dass der Vogel zwei Flügel braucht, um fliegen zu können. Um durch die vielen Schichten von Fehlidentifikationen zu stoßen, die uns an der Vorstellung festhalten lassen, dass wir verletzlich, schwach, wertlos, hässlich oder was auch immer seien, brauchen wir zweierlei: erstens ein Verständnis unserer grundlegenden Natur und der Muster, die uns an deren Ausdruck hindern, und zweitens Methoden, wie wir mit diesen Mustern auf möglichst sanfte und liebevolle Art arbeiten können.

Vorher aber möchte ich Ihnen noch eine »Kostprobe« davon geben, wie sich die Klarheit und Wärme unserer grundlegenden Natur anfühlen kann.

Federn

Ich hatte das große Glück, Menschen zu kennen und als Lehrer zu haben, die authentisches Bodhicitta entwickelt hatten. Ganz eindeutig war das zum Beispiel bei meinem Vater der Fall: Tulku Urgyen Rinpoche, einem großen Lehrer tiefgründiger Weisheit, wie sie in unseren Tagen nur noch selten zu finden ist. Menschen aus aller Welt kamen in seine Einsiedelei Nagi Gompa, einem Nonnenkloster und Retreat-Zentrum an den nördlichen Hängen des Kathmandu-Tals. Mitte der sechziger Jahre errichtet, war Nagi Gompa eine der ersten Lehr- und Praxisstätten für tibetischen Buddhismus, die in Nepal entstanden, nachdem die politischen Verhältnisse viele hochgeachtete Lehrer gezwungen hatten, ihr Heimatland Tibet zu verlassen, um die Bewahrung und Weitergabe der Lehren und Traditionen des tibetischen Buddhismus sicherzustellen.

Bereits in Tibet galt mein Vater als einer der größten Lehrer, die das 20. Jahrhundert je gesehen hatte. Er war in Osttibet in der Region Kham zur Welt gekommen und vom 15. Karmapa als Wiedergeburt sowohl von Chöwang Tulku, einem der bedeutendsten *tertöns* des 13. Jahrhunderts, als auch von Nubchen

Sangye Yeshe, einem der Hauptschüler von Guru Rinpoche, erkannt worden. Er wurde sowohl in den Kagyü- wie Nyingma-Lehren ausgebildet und war bald für seine Fähigkeit bekannt, die Lehren des Buddha und die Kommentare späterer Meister auf ebenso einfache wie brillante Weise und immer mit einem humorvollen Anstrich zu vermitteln. Urgyen Tulku besaß ein beeindruckendes enzyklopädisches Wissen. Er wusste aus so gut wie jedem kanonischen Text Beispiele zu zitieren, wenn er einen bestimmten Punkt hervorheben wollte. Was ich aber neben seiner großen Geduld und seiner aufrichtigen Freude am Lehren am bemerkenswertesten fand, war seine Fähigkeit, viele ganz unterschiedliche Punkte zusammenzufassen und sie auf mühelose Weise so zu erklären, wie es der Auffassungsgabe seiner Schüler am besten entsprach.

Nachdem bekannt geworden war, dass er den politischen Wirren in Tibet entkommen war und sich unbeschadet in Nepal niedergelassen hatte, stand er bald in dem Ruf, dass man ihn einfach gesehen haben musste, wenn man Nepal besuchte. Dieser gründete sich nicht nur auf seine Gelehrsamkeit und sein tiefes Verständnis, sondern ebenso auf seine außergewöhnliche Offenherzigkeit und seine Bereitschaft, sein Wissen auch an Anfänger weiterzugeben, die noch nicht die leiseste Ahnung hatten. Das geschah ohne jeden Druck, vielmehr aus der Einstellung heraus, dass alles, was er an Wissen weitergab, zum einen den Menschen nützen würde, die sich Verständnis suchend an ihn wandten. Zum anderen aber auch dazu beitragen würde, die kostbaren Lehren des tibetischen Buddhismus zu verbreiten.

Große Meister der buddhistischen Tradition, Pilger und westliche Schüler kamen nach Nagi Gompa, um seiner außerordentlichen Qualitäten willen bei ihm zu studieren. Neurowissenschaftler und Psychologen wie Francisco Varela und

Daniel Goleman interessierten sich für ihn. Nicht, weil er in den westlichen Wissenschaften ausgebildet war, sondern wegen seiner tiefen Vertrautheit mit der Natur des Geistes und der Bereitwilligkeit, mit der er sein Wissen teilte. Diese Begegnungen erwiesen sich als sehr fruchtbar für die spätere Forschung, die die Auswirkungen buddhistischer Meditationstechniken auf Funktion und Struktur des Gehirns untersuchte und die psychologische Standardpraxis um neue Behandlungsmethoden erweiterte.

Mein Vater schickte nie einen Besucher oder Schüler weg, vor allem, wenn dieser einen langen Weg auf sich genommen hatte, um ihn zu sehen. Kurz vor seinem Tod war er schon sehr abgemagert und schwach, dennoch war er immer noch über die Maßen freundlich und lachte viel. Obwohl die Ärzte ihn drängten, sich zu schonen und mit seinen Kräften hauszuhalten, empfing er weiterhin Besucher. Er postierte eine Nonne als Späherin auf dem Balkon des Hauses, die Ausschau halten musste, ob jemand von den Ärzten, von Rinpoches Helfern oder Kindern im Anmarsch war. Hatte sie einen »Verdächtigen« ausgemacht, lief sie schnell nach drinnen, um ihn zu warnen und den Besucher, den er wieder einmal eingelassen hatte, schnell und diskret zur Hintertür hinausschlüpfen zu lassen.

Mehr als einmal führte er uns auf diese Weise an der Nase herum. Wenn wir sein Zimmer betraten, sahen wir einen freundlichen alten Mann, der sich auf seinem Sterbebett eingerichtet hatte und hinter seinem sanften Lächeln das unbändige Lachen verbarg, das dem Feuer grenzenloser Liebe entstieg. Ich denke, uns allen war klar, dass er nie aufhören würde zu lehren, nie aufhören würde zu geben. Er hatte sich die Vier Edlen Wahrheiten, die der Buddha gelehrt hat, wirklich zu Herzen genommen: Während für die meisten das Leben eine endlose Abfolge von Mühsal, Schmerz und Leid ist, vergessen wir, dass es eine Methode gibt, diesen leidvollen Erfahrungen ein Ende zu setzen. Die Anwendung dieser Methode ist nicht immer leicht – sie erfordert Anstrengung von uns. Doch mein Vater glaubte zutiefst daran, dass es tief in uns diesen Funken der Offenheit, Klarheit und Liebe gibt, der niemals erlischt. Und dass dieser Funke zu einem Feuer werden kann, dessen Wärme nicht nur unser Leben und das der uns Nahestehenden zu erfüllen vermag, sondern die ganze Welt.

Vor langer Zeit zeigte er mir, wie ich diesen Funken aufspüren könne. Diese Übung möchte ich jetzt an Sie weitergeben. Grundsätzlich können Sie sie überall machen, doch anfangs ist es vielleicht ratsam, sich einen ruhigen Ort zu suchen, wo es nicht viel Ablenkung gibt. Es spielt keine Rolle, ob Sie die Übung sitzend, stehend oder liegend ausführen. Es geht nicht um den Preis für die beste Meditationshaltung, sondern darum, dass Sie sich mit Ihrer grundlegenden Liebe, Offenheit und Klarheit verbinden.

Normalerweise wird unser Geist von Hunderten von Gedanken, Emotionen und Empfindungen überschwemmt. In manches davon klinken wir uns ein, zum Beispiel in reizvolle Tagträume, aber auch in allerlei Sorgen. Anderes schieben wir weg, weil es allzu verstörend ist oder uns von dem ablenkt, was wir gerade tun wollen.

Statt sich nun auf das eine zu konzentrieren und das andere wegzuschieben, betrachten Sie jetzt all das, was in Ihrem Geist auftaucht, als Federn, die im Wind schweben. Der Wind ist Ihr Geist, Ihre angeborene Offenheit und Klarheit. Die Federn – die Gedanken, Emotionen und körperlichen Empfindungen – sind völlig ungefährlich. Einige sind schön, andere eher weniger, aber im Grunde sind es einfach nur Federn, flaumige, krause Dinger, die durch die Luft schweben.

Während Sie auf diese Weise meditieren, identifizieren Sie

sich allmählich mit dem Gewahrsein, das die Federn beobachtet und sie, ob schön oder hässlich, einfach tanzen lässt. Sie akzeptieren sie, ohne dieser nachzulaufen und jene wegzuwedeln. Dieser einfache Akt des Akzeptierens, der vielleicht nur einen kurzen Augenblick andauert, vermittelt uns einen Vorgeschmack auf den offenen Raum ursprünglicher Liebe, lässt uns die Wärme unserer grundlegenden Natur annehmen, das Herz unseres wahren Seins.

In diesem Herzen, in dieser Offenheit und Klarheit, ist kein »Ich« zu finden. Es ist ein mittelpunktloser Mittelpunkt, der mit Worten nur schwer zu beschreiben ist, da man es nicht mit einem bestimmten Individuum identifizieren kann, das in einem bestimmten Land in einem bestimmten sozialen Umfeld und unter bestimmten Bedingungen aufgewachsen ist.

Werden wir in unseren Körper, unsere Kultur, unsere Familie hineingeboren, durchlaufen wir einen Prozess vielfältiger Konditionierungen, der uns mehr und mehr einengt. Wir verlieren dieses Gefühl von Offenheit und Freiheit. Unser Funke erlischt zwar nicht, scheint aber sozusagen auf Sparflamme weiter.

Glücklicherweise können wir diese Konditionierungen wieder abstreifen. Wir können uns wieder mit unserer innewohnenden Offenheit und Klarheit verbinden und die Wärme und das Strahlen unseres inneren Funkens in aller Fülle spüren. Zu diesem Zweck müssen wir aber erst einmal verstehen, wie es überhaupt dazu kommen kann, dass wir die Verbindung zu diesen essenziellen Aspekten unser selbst verlieren.

VIER

Fehlerhafte Ich-Identifikation

Die meisten Menschen neigen dazu, manche Angelegenheiten als fixer und realer zu betrachten, als sie es tatsächlich sind. Gerade in unseren schwierigen Zeiten habe ich viele Zeitgenossen sagen hören, sie hätten Angst davor, mit ihrer Bank oder dem Finanzamt über ihre Zahlungsschwierigkeiten zu reden. Wenn sie aber dann doch den Mut dazu aufbringen, stellen sie nicht selten fest, dass man dort durchaus Verständnis für ihre Situation hat und zu helfen versucht.

Mit den sozialen und ökonomischen Problemen, mit denen sich viele heutzutage herumschlagen, war man in ähnlicher Form zu allen Zeiten konfrontiert. Nicht wenige sind aus diesen Schwierigkeiten als neue Menschen hervorgegangen. Sie haben die starren Mauern ihrer engen Sicht durchbrochen, um ihre Beziehungen zu anderen auf eine breitere Basis zu stellen: nicht als begrenztes Individuum, sondern als lebendes, sich regendes, kreatives Wesen. Wenn Sie die Möglichkeit, Ihr Herz und Ihren Geist anderen zu öffnen, schon lediglich in Erwägung ziehen, werden Sie bereits zu einem dieser außergewöhnlichen Menschen, die nicht nur in ihrem eigenen Leben, sondern auch im Alltag anderer positive Veränderungen bewirken.

Diese Art unsichtbarer Mauern gab es zu allen Zeiten und in allen Kulturen. Doch manchmal können solche Mauern auch einstürzen, obwohl sie – auf persönlicher, sozialer oder kultureller Ebene – so massiv erscheinen. Dazu möchte ich Ihnen ein kleines Beispiel aus meiner eigenen Erfahrung erzählen.

Der Zug

Nachdem mein Vater den Brief des Karmapa erhalten hatte, in dem stand, dass ich ein Tulku sei, verlief meine Kindheit in den darauf folgenden vier Jahren erst einmal mehr oder weniger wie gehabt. Den Sommer verbrachte ich in Nubri, wo es, verglichen mit großen Teilen Nepals, relativ kühl bleibt. Im Winter zog ich mit meiner Mutter, meinem Großvater und meinem jüngeren Bruder in die Einsiedelei meines Vaters Nagi Gompa, die südlich von Nubri liegt, weil die Winter dort nicht so streng sind.

Doch als ich zwölf Jahre alt war, erhielt mein Vater einen zweiten Brief, diesmal vom 8. Khamtrul Rinpoche, dem Vorsteher des Klosters von Tashi Jong in Nordindien. In dem Brief stand in recht deutlichen Worten, dass man mich nach Tashi Jong schicken solle, um dort meine Ausbildung anzutreten. Das Schreiben war weniger eine Einladung als eine Anordnung.

Um zu verstehen, warum Khamtrul Rinpoche quasi befehlen konnte, dass man mich in sein Kloster brachte, muss man ein paar Einzelheiten über den tibetischen Buddhismus wissen. Hier ist es traditionell üblich, dass ein großer Meister sein gesamtes Wissen einschließlich sehr persönlicher Einsichten an einen oder zwei fortgeschrittene Schüler weitergibt, die dann zu den Hauptlehrern der neuen Inkarnation des Meisters werden.

Mir ist bewusst, dass ein derartiges »Schulsystem« dem einen oder anderen ein wenig merkwürdig erscheinen mag. Doch wenn man sich überlegt, wie Eltern ihren Kindern ihre Wertvorstellungen und Erfahrungen sowohl verbal wie nonverbal vermitteln, scheint es vielleicht nicht mehr ganz so widersinnig. Bei dieser Art verbaler und nonverbaler Kommunikation findet ein sehr intensiver Austausch statt. Es entsteht eine intellektuelle und emotionale Verbindung, die doch über beides hinausgeht.

In meinem speziellen Fall war der 6. Khamtrul Rinpoche, Tenpa Nyima, der Hauptschüler des 1. Tsoknyi Rinpoche gewesen und hatte von ihm all seine Lehren und die dazugehörigen Erklärungen übertragen bekommen. Der 2. Tsoknyi Rinpoche wurde Schüler von Tenpa Nyima und erhielt von ihm wiederum alle wichtigen Lehren, die der 1. Tsoknyi Rinpoche gehalten und weitergegeben hatte. Es besteht also eine enge Verbindung zwischen den Linien der Khamtrul Rinpoches und der Tsoknyi Rinpoches. Dementsprechend fühlte der 8. Khamtrul Rinpoche die starke Verpflichtung, meine Ausbildung in die Hand zu nehmen.

Und so brachen mein Großvater und ich nach mehrwöchiger Vorbereitung zusammen mit einigen der Ältesten aus meinem Heimatdorf zu der langen Reise nach Indien auf. Zuerst marschierten wir acht Tage lang zu Fuß von Nubri nach Kathmandu, von wo aus wir nach einer eintägigen Busfahrt die indische Grenze erreichten. Ab hier ging es per Zug ins indische Binnenland.

Ich hatte bis dahin noch nie einen Zug gesehen. Ich kannte Züge nur aus den Erzählungen meines Großvaters, der einige Jahre zuvor mal mit einem gefahren war. Er beschrieb sie mir als eine Art Kette von mehreren aneinandergehängten Häusern, jedes etwa so groß wie unser Haus in Nubri, die Räder hatten und sich auf eisernen Schienen fortbewegten.

Der Gedanke beunruhigte mich. Wie konnte sich ein Haus auf Rädern bewegen, ohne Risse zu bekommen und auseinanderzubrechen? Mit diesem Bild im Kopf blickte ich der Aussicht, in einem Haus auf Rädern fahren zu müssen, mit Unbehagen entgegen.

Als ich dann aber den Zug real vor mir sah und erkannte, dass er nicht aus Holz und Steinen, sondern aus Metall bestand, hatte sich durch die konkrete Erfahrung meine Vorstellung von einer Reise in einem fahrenden Haus von selbst erledigt.

Damals begann ich, den Unterschied zwischen Vorstellung und Wirklichkeit zu erkennen. Dieses Erlebnis war der Anfang eines langen Lernprozesses, der mich schließlich erkennen ließ, dass das Bild, das wir von uns und unseren Möglichkeiten haben, auf falschen Vorstellungen beruht, auf Storys, die andere uns erzählen, Geschichten, die wir mit unserer regen Vorstellungskraft – auch sie eine der Gaben von Offenheit und Klarheit – reichlich ausschmücken.

KopfgeschICHten

Vom Zug stiegen wir wieder auf den Bus um, der uns in Richtung Tashi Jong mitnahm. Als wir ausstiegen, waren wir vielleicht noch zwanzig Minuten Fußweg vom Kloster entfernt. Doch selbst aus dieser Entfernung konnte ich schwach den Klang eines Muschelhorns vernehmen, das wie eine Trompete angeblasen wird und den Beginn einer Gruppenmeditation ankündigt. Während wir über die grasbewachsene, leicht regenfeuchte Ebene näher kamen, hörte ich die Mönche singen. Als ich nach tagelanger Reise diese Klänge vernahm, die mir vertraut waren aus den Jahren, die ich in bzw. in der Nähe von

Klöstern verbracht hatte, legten sich meine Ängste etwas. Obwohl ich so weit weg war von dem kleinen Haus in Nepal, in dem ich mit meiner Familie lebte, hatte ich das Gefühl heimzukommen.

Tashi Jong, was im Tibetischen »glückverheißendes Tal« bedeutet, ist ein sich ausbreitender Klosterkomplex, um den herum sich eine große Gemeinde von Exiltibetern angesiedelt hat. Der Ort ist ziemlich berühmt für seine *tokdens*, das sind Meditationsmeister, die viele Jahre im Einzel-Retreat verbringen und ihre Praxis vervollkommnen, sodass die Lehren des Buddha für sie nicht nur schöne Worte und interessante philosophische Konzepte bleiben, sondern lebendige Erfahrung werden. In den Zeiten, in denen sie nicht im Retreat sind, arbeiten viele als Lehrer, andere übernehmen eine der anderen Pflichten, die der Betrieb eines großen Klosters mit sich bringt. Während ich in Tashi Jong war, erkannte ich im Laufe der Zeit, dass diese Menschen das uns allen innewohnende Potenzial in außergewöhnlichem Maße verwirklicht hatten. Weise, gütig und geduldig, hatten sie ihren inneren Funken nicht nur genährt, sondern zur leuchtenden Flamme werden lassen, die sowohl den Schülern im Kloster wie auch den Menschen, die sich um das Kloster herum angesiedelt hatten, Inspiration und Beispiel war.

Doch Tashi Jong war auch noch aus einem Grund berühmt. Es verdankt seine Gründung nämlich dem 8. Khamtrul Rinpoche, ebenjenem Mann, der an meinen Vater geschrieben und mich hierherzitiert hatte, um meine Ausbildung anzutreten. Khamtrul Rinpoche war nicht nur einer der großen Meditationsmeister des vergangenen Jahrhunderts, sondern auch ein herausragender Gelehrter und Künstler. Er war Vorsteher einer der größten Klöster Osttibets gewesen und hatte als solcher auch zweihundert kleinere Klöstern offiziell geleitet. In den Wirren der fünfziger Jahre harrte er lange Zeit in Osttibet aus.

Nachdem er aber erkannt hatte, dass die sich bildenden Widerstandsbewegungen keine Chance hatten, fasste er schweren Herzens den Entschluss, zusammen mit sechzehn Mönchen und Tulkus nach Indien zu fliehen, um die kostbaren Lehren der Linie, deren Halter er war, zu bewahren.

Khamtrul Rinpoche hielt sich gerade nicht im Kloster auf, als wir dort eintrafen, und so lebten wir erst einmal zehn Tage bei einer Familie in der nahe gelegenen Ortschaft Bir. Ich hatte einigen Bammel davor, ihn zu treffen, denn er war eine legendäre Gestalt. Als er schließlich zurückkehrte und ich ihm zum ersten Mal gegenüberstand, war ich schwer beeindruckt von ihm, wie ich zugeben muss. Er war damals um die fünfundvierzig Jahre alt, groß und hatte kurzgeschorenes dunkles Haar. Seine Ausstrahlung hatte etwas Gebieterisches. Er besaß die Art von Charisma, wie man es mit Königen verbindet. Gleichzeitig aber sprach aus seinen Augen, dem Ausdruck seines Gesichts, der ruhigen Art, mit der er ging, sich setzte, gestikulierte, dem sanften Klang seiner Stimme ein Mitgefühl, das diesen gebieterischen Eindruck milderte. Mit ausgesuchter Höflichkeit erkundigte er sich bei meinem Großvater, wie unsere Reise verlaufen sei. Während er sich mit meinem Großvater unterhielt, sah er mich hin und wieder an und lächelte dabei, ja lachte manchmal sogar, so als wüsste er genau, dass die erste Begegnung eines Zwölfjährigen mit einem der wichtigsten Repräsentanten des tibetischen Buddhismus dem Ersteren vielleicht etwas unbehaglich sein könnte.

Und ich fühlte mich unbehaglich bei dieser Begegnung, wenn auch aus anderen Gründen, als man annehmen würde.

Ich wollte nicht Mönch werden, und ich wollte auch kein Tulku sein. Ich wünschte mir nichts sehnlicher, als wieder nach Nepal zurückzukehren und mit meinen Freunden aus unserem Dorf zu spielen.

Doch da war immer wieder dieser Glanz in seinen Augen, dieses leicht verschmitzte Lächeln, mit dem er mir zu sagen schien: »Du solltest dich bereit machen und lernen, wie man richtig spielt. Die Spiele, die du kennst, sind nichts im Vergleich zu dem großen Spiel, in dem du mitwirken wirst in diesem Dorf namens Welt.«

Einen oder zwei Tage nach Khamtrul Rinpoches Rückkehr nach Tashi Jong wurde ich formell inthronisiert. Jeder Tulku nimmt im Rahmen seiner Amtseinsetzungszeremonie auf einem Thron Platz, der seine »Lehrberechtigung« symbolisiert. Während unserer Reise nach Indien grübelte ich dauernd darüber nach, was bei dieser Zeremonie wohl alles auf mich zukommen würde. Es stellte sich aber heraus, dass die gesamte Prozedur recht einfach war. Man steckte mich in XXL-Mönchsroben, schor mir das Haar bis auf eine kleine Strähne, die während der Zeremonie zum Zeichen meiner Verpflichtung gegenüber der Lehre des Buddha abgeschnitten werden sollte. Anschließend nahm ich auf dem Thron Platz, Khamtrul Rinpoche sprach Gebete und Segensformeln und verkündete dann, dass ich die Reinkarnation des 2. Tsoknyi Rinpoche sei. Nach Abschluss der Zeremonie übergaben die Mönche aus dem Kloster und die Bewohner aus den umliegenden Dörfern zeremonielle Geschenke, und damit hatte sich die Sache. Verglichen mit den Inthronisationszeremonien, denen viele Tulkus sich sonst unterziehen müssen, war das Ganze sehr schlicht gehalten, wie es Khamtrul Rinpoches unkomplizierter, direkter Art entsprach.

Als die Zeremonie vorüber war, sagte er mir, wie glücklich es ihn mache, dass ich endlich hier sei. »Ich kenne deinen Vater«, sprach er, »und ich freue mich, dass sich meine Verbindung zu ihm durch dich jetzt fortsetzt.« Dann umarmte er mich und hob mich hoch in die Luft. Seine gütige, ungezwungene und fröhliche Art war mir eine große Hilfe. Obwohl ich erst einige wenige Tage bei ihm war, hatte ich das Gefühl, als wäre ich bei meiner Familie.

Unmittelbar nach der Inthronisierung wurde ich zusammen mit einem Mönch, drei weiteren Tulkus und einem hochverehrten *tokden* namens Tselwang Rindzin in einem kleinen Haus untergebracht. Tselwang Rindzin war in den Jahren, die ich in Tashi Jong verbrachte, mein Hauptlehrer. Klein und mit einem spärlichen weißen Bart, entschlüpfte ihm so gut wie nie ein Lächeln. Er paukte mit uns unermüdlich Orthografie, Grammatik sowie unseren Wortschatz und ließ uns Tausende Seiten Text auswendig lernen. Dennoch bewies er uns gegenüber in vielerlei Hinsicht große Freundlichkeit: Er wusch unsere Kleidung, machte unsere Betten und kümmerte sich um uns so fürsorglich wie eine Mutter. Nachts sah er immer wieder nach, ob wir uns im Schlaf nicht aufgedeckt hatten.

Doch mit meinen zwölf Jahren fieberte ich den Dingen, die da auf mich zukommen sollten, nicht gerade voll freudiger Erregung entgegen. Ganz im Gegenteil verspürte ich eine Angst, die schon fast an Panik grenzte. Meine fixen Ideen, wie das Ganze sein würde, hatten von meinem Geist und meinem Herzen Besitz ergriffen. Wenn ich mich dann aber der konkreten Wirklichkeit einer Situation gegenübersah – zum Beispiel dass ein Zug kein Haus aus Stein war, dass Khamtrul Rinpoche mich hoch in die Luft schwang und sagte, er freue sich, mich zu sehen, dass Tselwang Rindzin trotz seiner ewig gerunzelten Stirn einer der fürsorglichsten Menschen war, die ich je kennenlernen durfte –, war ich verwirrt.

Die meiste Zeit über, die ich in Tashi Jong verbrachte, nagten Zweifel an mir. Dank der Geduld meiner Lehrer, durch die Meditationstechniken, die ich dort lernte, und das Verständnis, das ich mir erwarb, lernte ich allmählich, zwischen Wirklichkeit und Vorstellung zu unterscheiden. Oder um es mit klassischen buddhistischen Begriffen auszudrücken: Ich lernte, die Wirklichkeit und das, was uns *als Wirklichkeit erscheint* (was unter anderem auch unser Selbstbild betrifft), auseinanderzuhalten.

Identifikationsgesch*ICH*ten

Viele Menschen glauben, dass sie – wie in meiner Illusion von den fahrenden Steinhäusern – auseinanderbrechen, sobald sie anfangen, sich zu bewegen. Wir fürchten, dass uns Widerstand entgegenschlägt, sobald wir auf eine ungewohnte Situation stoßen, ja, dass uns dann die ganze Härte des Schicksals trifft. Im Laufe unseres Lebens überzieht sich unser Geist mit vielen Schichten von fixen Ideen darüber, wer wir sind und was wir können oder nicht können. Verantwortlich für diesen Prozess, der meist unbewusst abläuft, sind zum einen die physiologische Beschaffenheit von Gehirn und Körper, zum anderen unsere kulturellen Prägungen sowie die Tatsache, dass wir uns mit Hilfe der Sprache ausdrücken, denn es liegt in der Natur der Sprache, die darauf aufbaut, Unterscheidungen zu machen.

Je mehr solcher Schichten wir »aufeinandermörteln«, desto komplexer und rigider wird unsere Identifikation mit dem Bild, das wir von uns selbst und unserem Umfeld haben. Gleichzeitig verlieren wir immer mehr die Verbindung mit der grundlegenden Offenheit, Klarheit und Liebe, die die Essenz unseres Wesens ausmachen. Wir lernen, uns festzulegen, wer oder was wir sind, und halten an diesen Definitionen sogar dann fest, wenn sie wenig schmeichelhaft für uns sind oder sich als destruktiv erweisen. Diese »Ich-Instandhaltungsmaßnahmen« können unser Denken, Fühlen und Verhalten auf Jahre hinaus korrumpieren.

Als Beispiel mag die Erfahrung eines meiner Schüler dienen,

der mir vor nicht allzu langer Zeit sein Herz ausschüttete: »Ich bin in den fünfziger Jahren aufgewachsen. Als Kind wurde ich dauernd gehänselt und schikaniert. Man gab mir das Gefühl, dass mit mir etwas nicht stimmte. Wo immer ich hinkam, verspottete man mich. Manchmal wurde ich auch verprügelt. Ich verstand einfach nicht, warum mir das alles passierte, bis ich mit zirka fünfzehn Jahren merkte: ›O Gott, ich steh auf *Jungs*, und jeder sieht mir das an!‹

Ich hasste mich selbst dafür. Alles, was ich bis dahin gelernt hatte, sagte, dass diese Art von Anziehung widernatürlich wäre. Ich würde dafür büßen und in der Hölle schmoren müssen.

Also ging ich den Weg des geringsten Widerstands. Ich leugnete meine Neigung. Ich tat so, als existiere sie nicht. Ich machte einen auf Macho und echter Kerl. Ich heiratete, zeugte zwei Kinder und ließ mich schließlich scheiden.

Ich kann mich in mehrfacher Hinsicht glücklich schätzen, denn sowohl meine Frau als auch meine zwei Kinder zeigten sich am Ende sehr verständnisvoll. Aber ich kann mich nicht von dem Gefühl lösen, dass mit mir etwas nicht stimmt. Ich kann nicht aufhören, mich dafür zu schämen, dass ich einer wunderbaren Frau, zwei prächtigen Kindern und so vielen Freunden und meiner Familie etwas vorgelogen habe. Ich kann nicht aufhören, mich dafür zu schämen, dass ich diese Fassade aufgebaut und damit jahrzehntelang gelebt habe.

Ich habe immer noch Angst, wenn die Leute in meinem Büro leise miteinander reden, denn sie könnten ja über mich tuscheln ...

Vielleicht bin ich ja im Grunde auch nur egozentrisch«, fuhr er fort. »Schließlich gibt es tausend Sachen, über die meine Kollegen tuscheln könnten. Ich glaube eigentlich nicht, dass ich die bürointernen Klatschspalten anführe, aber so, wie es aussieht, kann ich meine Scham, meine Angst, meine geringe

Selbstachtung und das Gefühl, dass ich nicht ›normal‹ bin, einfach nicht abschütteln.«

Wenn ich Lebensgeschichten wie diese höre, würde ich angesichts dieses gewaltigen Ausmaßes an Scham, Angst und Unglück, in das Menschen sich stürzen können, am liebsten weinen. Aber diese Leute kommen ja nicht zu mir, damit ich ihnen etwas vorheule, sondern weil sie meinen Rat hören möchten. Sie wollen wissen, wie sie an ihrem Leben etwas ändern können. Sie möchten sich mit der Wärme und Offenheit ihrer Natur verbinden, und wissen intuitiv, dass dies möglich sein muss. Sie wünschen sich – wie wohl die meisten Menschen – ein Mittel gegen ihr Leid und ihren Schmerz. Doch um dieses Heilmittel wirksam anwenden zu können, brauchen wir auch ein gewisses Verständnis dafür, wie wir überhaupt in diese missliche Situation geraten sind.

Die zwei Ebenen der Wirklichkeit ausbalancieren

Viele unserer Konflikte und Probleme entstehen nur deshalb, weil wir wissentlich oder auch nicht ständig mit zwei verschiedenen Ebenen der Wirklichkeit jonglieren. Die erste wird im Buddhismus als »absolute Wirklichkeit« bezeichnet und ist mit der Leerheit gleichzusetzen, dem mit Worten nicht zu fassenden, unendlich offenen, unbegrenzten Potenzial, aus dem alles entsteht, in dem alles endet, sich wandelt und wieder erscheint. Nur weil der Grund oder die absolute Natur der Wirklichkeit frei ist von jeglicher Begrenztheit, können Phänomene (wozu Gedanken, Gefühle und Empfindungen ebenso gehören wie materielle Objekte) überhaupt erscheinen, sich bewegen und verändern und sich schließlich wieder auflösen.

Eine Möglichkeit, sich dem Verständnis der absoluten Wirklichkeit anzunähern, bietet das Bild des Raumes, wie er zu Buddhas Zeiten aufgefasst wurde: als etwas Weites, Offenes, das selbst keinerlei Dinglichkeit besitzt, sondern vielmehr eine Art merkmalsloser Hintergrund ist, vor dem und durch den Sonne, Mond, Sterne, Tiere, Menschen, Flüsse, Bäume und so weiter erscheinen und sich bewegen können. Ohne Raum hätte nichts »Platz«, um sich zu manifestieren, gäbe es keinen Hintergrund, vor dem die Objekte sichtbar werden.

Gleichzeitig wäre es absurd zu leugnen, dass wir in einer Welt leben, in der Dinge in Raum und Zeit erscheinen, sich verändern und wieder verschwinden. Menschen kommen und gehen, Beziehungen verändern sich, Gedanken und Gefühle durchziehen endlos unseren Geist. Wir trinken ein Glas Wasser, das Wasser wird vom Körper aufgenommen, speist die Zellen und wird schließlich wieder ausgeschieden. Im Buddhismus wird diese »Welt des Wandels«, die Ebene sich ununterbrochen verändernder Erfahrung, »relative Wirklichkeit« oder als »konventionelle Wirklichkeit« genannt. Kennzeichnend für diese Erfahrungsebene ist eine dualistische Art der Wahrnehmung: Die Dinge zerfallen in Subjekt und Objekt, Freund und Feind, Selbst und Anderes, Gut und Schlecht. Auf dieser Ebene der Wirklichkeit werden Phänomene als relativ aufgefasst, weil sie in Relation, in Bezug auf andere Phänomene definiert werden. Ein »positiver« Gedanke ist durch das charakterisiert, was ihn vom »negativen« Gedanken unterscheidet, ebenso wie ein kleiner Mensch nur in Bezug auf jemanden, der größer ist, als »klein« bezeichnet werden kann. Für sich allein genommen ist dieser Mensch weder klein noch groß. Ähnlich kann ein Gedanke oder eine Emotion nicht an sich, sondern nur in Bezug auf einen anderen Gedanken bzw. eine andere Emotion als gut oder schlecht bezeichnet werden. Da dies, wie man mich gelehrt hat, die Art und Weise ist, wie die meisten Wesen die Wirklichkeit wahrnehmen, wird diese Ebene auch als Ebene der »konventionellen Wirklichkeit« bezeichnet, weil sie der »Wahrnehmungskonvention« entspricht.

Wie absolute und relative Wirklichkeit zueinander in Beziehung stehen, ist nicht ganz so einfach zu verstehen, wenn man versucht, dies mit abstrakten philosophischen Begriffen zu erklären. Leichter verständlich werden diese Dinge, finde ich, wenn man sie mit dem vergleicht, was in uns abläuft, während wir uns im Kino oder im Fernsehen einen spannenden Film ansehen. Wir sind emotional und vielleicht auch mit unserem Verstand und unseren Sinnen stark an der Handlung beteiligt, gleichzeitig *wissen* wir aber auch irgendwo in unserem Hinterkopf, dass alles nur ein Film ist. Es ist also synchron ein gewisser Abstand da, das Bewusstsein, dass dieser Film nicht unser Leben ist. Stünde hingegen das Gefühl »Ach, das ist doch bloß ein Film!« im Vordergrund, würden wir das Spektakel wohl kaum genießen und uns entsprechend hineinversetzen können.

Etwas Ähnliches passiert den meisten im Alltag – allerdings mit dem kleinen, aber feinen Unterschied, dass dieses Wissen »irgendwo im Hinterkopf« überdeckt wird. Der Film der relativen Wirklichkeit absorbiert uns vollständig. Wie aber kann das passieren und warum?

Das »bloße Ich«

Wenn wir in diese Welt hineingeboren werden, bekommen wir einen Körper mit. Dieser aber ist nicht nur unsere äußere Form, er ermöglicht uns auch die sinnliche Wahrnehmung, das Fühlen und das unterscheidende Denken. Während unserer ersten Lebensmonate sind diese Aspekte unserer körperlichen

Existenz noch ziemlich undifferenziert und diffus. Wenn wir unsere ersten tastenden Versuche unternehmen, uns mit unseren Sinnesorganen und den Empfindungen zu identifizieren, die in unserem Geist aufscheinen, verliert unser Funke ein wenig an Leuchtkraft.

In der Terminologie des tibetischen Buddhismus wird dies als *lhen-kye-ma-rig-pa* bezeichnet, ein Zustand grundlegender Unwissenheit, der zusammen mit dem Akt der Wahrnehmung auftritt und von Verwirrung und mangelnder Klarheit hinsichtlich der wahren Natur der Dinge geprägt ist. Anders ausgedrückt: Wir wissen, dass *etwas* da ist, doch wir können nicht unbedingt sagen, was es ist. Das klassische Beispiel, das im Buddhismus in diesem Zusammenhang verwendet wird, ist die Geschichte vom zusammengerollten Etwas, das jemand in der Ferne oder in der Dunkelheit sieht. Solange der Betreffende nicht näher an das Objekt herangeht oder es im hellen Licht betrachtet, vermag er nicht zu sagen, ob es sich um ein Seil oder eine Schlange handelt.

Dieses Beispiel ist eine sehr schöne Beschreibung der ersten Schicht des »Selbst«, die im Tibetischen als *dak tsam*, »bloßes Ich«, bezeichnet wird. Der erste Bestandteil, *dak*, ist eine der vielen Bezeichnungen für »ich« oder »selbst«; *tsam* hingegen hat eine Vielzahl von Bedeutungen und kann unter anderem »ungefähr« oder »in etwa« heißen.

In der Verbindung mit *dak* jedoch bekommt *tsam* eine etwas spezifischere Bedeutung, dann übersetzen wir mit »nur« oder »bloß«. Wenn wir von *dak tsam* sprechen, meinen wir eine Erfahrung, die man als eine Art »Ich« auffassen kann, eine Art kontinuierlicher Seinserfahrung, die man am besten als Strom von Empfindungen wie Wärme und Kälte, Behagen und Unbehagen, Schläfrigkeit und Wachheit beschreibt.

Auf dieser Entwicklungsstufe haben wir weder für das, was

erfahren wird, noch für das, was erfährt, Worte oder Benennungen. Dennoch sind wir auf der Ebene des bloßen Ich fähig, grobe Unterscheidungen zu treffen: Wir können zwischen hungrig und satt, der Stimme von Papa und Mama unterscheiden. Wir merken, ob wir in unserem Bettchen liegen oder herumgetragen oder -gefahren werden, ob wir allein sind oder nicht.

Doch die Unterscheidungen, die wir auf der Stufe des »bloßen Ich« treffen, sind noch recht locker. Sie verschmelzen zu einer Art Endlosfilm mit ständig wechselnder Szenerie, in den wir vollständig eintauchen. In diesem Stadium ist der Film zu hundert Prozent *unser* Film. Weder Menschen, Dinge, Klänge noch unsere Erfahrungen haben ein Eigenleben.

Das vom unterscheidenden Denken unbelastete »bloße Ich« lässt viel Raum, in dem sich ursprüngliche Liebe und Offenheit ausdrücken können. Es gab Zeiten, als meine Töchter noch ganz klein waren, da fühlte ich mich von ihnen getröstet, wenn ich sie auf dem Arm hielt. Ich staunte, wie leicht sie lächelten und wie friedlich sie schliefen. Als sie dann ein bisschen älter wurden, gingen sie auf die Dinge mit offener Neugier zu, griffen danach, berührten, beobachteten sie, saugten sie regelrecht in sich ein und erforschten sie. Wir können diese Neugier als einen aktiven Aspekt unserer angeborenen Intelligenz sehen, die wir zuvor als »Klarheit« bezeichnet haben.

Doch selbst als einem seine Töchter vergötternden Vater entging mir nicht, dass dieses Präsentsein, dieses völlige Aufgehen in der sinnlichen Erfahrung, vielleicht auch zu Problemen führen könnte. Ich wollte, dass sich meine Töchter möglichst frei entwickelten, und versuchte, mich so wenig wie möglich einzumischen. Das Zimmer meiner älteren Tochter zum Beispiel versank meist im Chaos, Kleidungsstücke und alle möglichen anderen Sachen lagen wild über den Raum verstreut. Ich sagte mir stets, sobald sie erst mal einen Freund hätte, würde sie ihre Bude schon aufräumen. Sie war ein ungebärdiges Kind und hierin ihrem Vater ziemlich ähnlich. Nie und immer hätte ich gedacht, dass sie einmal Nonne mit wenig Besitz, dafür aber einem umso größeren Sinn für Disziplin werden würde. Manchmal mache ich mir ein bisschen Sorgen um meine jüngere Tochter, denn sie ist auch ein kleiner Wildfang. Doch sie hat ein sehr offenes und freundliches Wesen. Ich habe nicht die leiseste Idee, was sie einmal werden will, vielleicht Lehrerin oder Wissenschaftlerin. Im Moment liebt sie junge Hunde, redet gern mit den Leuten, die uns zu Hause in Nepal besuchen kommen, und spielt leidenschaftlich gern. Ich versuche mein Bestes, ihr die Freiheit zu geben, die sie braucht, um zu dem Menschen zu werden, der sie einmal sein wird.

Doch die Zukunft lässt sich nicht vorhersehen. Nichts ist vorherbestimmt, und daher müssen wir alle Möglichkeiten in Betracht ziehen. Damit wir verstehen, wie sich die nächste Schicht unseres »Ich« entwickelt, müssen wir uns ein wenig näher mit dem Gesetz der Veränderung – und unserer Reaktion darauf – befassen.

Veränderung

Im Laufe der Jahre habe ich so etwas wie einen heiligen Respekt vor der Leerheit und den Ursachen für Veränderung in der relativen Welt entwickelt. Alles, womit wir tagtäglich zu tun haben, ist der Veränderung unterworfen, und manche dieser Veränderungen sind recht augenfällig: Die Lebensmittelpreise steigen. Das Schulgeld auch. Ebenso wie der Benzinpreis. Die Pläne unserer Kinder ändern sich ständig. Hemden knittern oder bekommen Flecken. Von Möbeln blättert die Farbe ab. Ihr Auto bekommt Beulen oder Kratzer, weil jemand es anfährt.

Andere Wandlungsprozesse dagegen sind weniger augenfällig: Die Zellen unseres Körpers zum Beispiel verändern sich von einem Moment auf den anderen. Die moderne Physik kann nachweisen, dass Moleküle, Atome und subatomare Teilchen sich ständig neu anordnen und Objekte, die uns als fest erscheinen – wie zum Beispiel ein Tisch, ein Füller oder ein Blatt Papier –, sich in Wirklichkeit in einer Art Fließgleichgewicht befinden.

Auch unsere emotionale Stimmungslage ändert sich, zum Beispiel wenn wir mit dem Partner, dem Kind oder einem Kollegen gestritten haben. Hormonelle Veränderungen im Körper, wie sie in der Pubertät oder zu Beginn dessen auftreten, was man so charmant »die mittleren Jahre« nennt, verändern unsere seelische Befindlichkeit.

So erzählte mir eine Frau vor kurzem: »Seit ich in den Wechseljahren bin, habe ich völlig unvorhersehbare Stimmungsschwankungen. In einem Moment bin ich offen und glücklich, im nächsten werde ich zur Zicke und finde alles und jeden zum Kotzen. Ich fange wegen jeder Kleinigkeit Streit an, und jedes Mal erscheint mir mein Standpunkt vollkommen logisch. Manchmal werde ich völlig grundlos zornig. Zu allem Überdruss ist mir in einer Sekunde eiskalt, in der nächsten läuft mir der Schweiß in Strömen herunter. Mitten im Winter muss ich die Klimaanlage anstellen, was meinen Mann auf die Palme treibt, worüber ich dann noch wütender werde.

Dann schreie ich ihn an: ›Ich bin im Wechsel!‹ Er aber begreift anscheinend nicht, was ich ihm sagen will. Er persönlich will ja nicht zugeben, dass sich auch bei ihm etwas verändert. Er wird schneller müde und ist ganz schön reizbar. Außerdem nimmt er zu. Manchmal wünsche ich mir, er hätte genauso unter den Wechseljahren zu leiden wie ich. Aber dann sag ich mir, es ist ein Glück, dass er das nicht tut. Denn sonst wäre es mit ihm überhaupt nicht mehr auszuhalten.«

Frauen in einem bestimmten Alter sind wohl imstande, die körperlichen Veränderungen, die in ihnen vor sich gehen, und deren Auswirkungen auf ihre zwischenmenschlichen Beziehungen zu verstehen. Sie sehen ein, dass diese Umstellungen ein natürlicher, wenn auch unangenehmer Teil einer biochemischen Umstellung im Körper sind.

Wer die Gesetze des materiellen Universums auch nur ansatzweise kennt, weiß, dass die Atome und Moleküle, aus denen sich die äußeren Erscheinungen zusammensetzen, sich verändern. Oft verlaufen diese Prozesse sehr subtil, manchmal aber sind sie auch recht augenfällig, zum Beispiel bei einem Riss in der Wand oder der abblätternden Farbe. Ein Geschäftsmann mag erkennen, dass die Probleme, mit denen er sich gerade herumschlägt, vermutlich mit den Problemen zu tun haben, die sein Gegenüber am Verhandlungstisch hat.

Irgendwann in unserer Kindheit erkennen wir, dass die Zeit mancher Dinge, mancher Erfahrungen einfach vorbei ist. Wir verlieren unser Spielzeug, es geht kaputt und lässt sich nicht mehr reparieren. Unsere Eltern lassen sich scheiden. Haustiere sterben und natürlich auch Menschen. Verlusterfahrungen in jeder Form sind intellektuell und emotional schwer zu verarbeiten.

Es gibt eine alte buddhistische Legende über eine Frau, deren kleiner Sohn starb. Sie weigerte sich jedoch zu glauben, dass ihr Kind tot sei. Sie rannte im Dorf von Haus zu Haus und bat um ein Heilmittel für ihren Sohn. Natürlich konnte niemand ihr helfen. Ihr Kind sei tot, erklärte man ihr. Sie müsse sich mit dem Unwiderruflichen abfinden. Ein Mann aus dem Dorf jedoch erkannte, dass ihr Geist vom Kummer verwirrt war, und gab ihr den Rat, den Buddha aufzusuchen, der gerade in der Nähe lehrte.

Sie drückte den Körper des Kindes an ihre Brust und eilte an den Ort, wo der Buddha sich aufhielt, um ihn um ein Heilmittel für ihren Sohn zu bitten. Der Buddha gab gerade vor einer größeren Menschenansammlung Belehrungen, doch die Frau bahnte sich unbeirrbar ihren Weg durch die Menge und brachte ihre Bitte vor. Der Buddha sah, wie sehr sie litt, und willigte ein, ihr zu helfen.

»Geh zurück in dein Dorf und bring mir ein paar Senfsamen aus einem Haus, wo noch niemand gestorben ist«, sagte er mit sanfter Stimme zu ihr.

Sofort eilte die Frau in ihr Dorf zurück, um alle Nachbarn um Senfsamen zu bitten. Ihre Nachbarn freuten sich, dass jemand ihr helfen wollte. Jeder, den sie fragte, willigte auf der Stelle ein. Natürlich konnte sie Senfsamen haben. Doch als sie dann nachhakte: »Ist in diesem Haus schon jemand gestorben?«, sahen die Leute sie verwundert an. Einige nickten nur still, andere sagten: »Ja.« Wieder andere berichteten, wann und unter welchen Umständen ihre Angehörigen gestorben waren.

Als sie schließlich an jedes Haus geklopft hatte, erkannte sie durch eigene Erfahrung (die tiefer geht als jede Erklärung), dass sie nicht der einzige Mensch war, der einen schweren Verlust erlitten hatte. Wandel, Verlust und Schmerz waren ein Los, das alle teilten.

Obwohl sie immer noch über den Tod ihres Kindes trauerte, erkannte sie, dass sie mit ihrem Kummer nicht alleinstand, und ihr Herz öffnete sich. Nachdem sie die Bestattungsriten für ihren Sohn vollzogen hatte, schloss sie sich dem Buddha und seinen Schülern an und widmete fortan ihr Leben dem Streben, andere auf dieselbe Stufe der Einsicht zu führen.

Nun war diese Frau, als ihr dies geschah, bereits ein erwachsener Mensch. Auf ein Kind aber wirken Veränderungen in seinen gewohnten Umständen, die durch den unvermeidlichen Wandel eintreten, in höchstem Maße beängstigend. Der einfachste Weg, mit dieser Angst fertigzuwerden, ist, etwas zu entwickeln, was sich wie ein festes Selbst anfühlt. Auch von anderen Menschen und Dingen entwickeln wir ein ähnlich fixes Bild, das sich so langsam und subtil manifestiert, dass wir es gewöhnlich gar nicht bemerken.

»Festes Ich«, »festes Du«

Auf der offenen, lernenden Ebene des Seins, die wir als »bloßes Ich« bezeichnen, sind wir sehr beeindruckbar und empfänglich gegenüber allem, was in unseren Erfahrungsbereich tritt. Doch nicht alles davon ist angenehm oder erfreulich. Wir besitzen ein feines Empfinden für *Unterschiede*, die Unterscheidung zwischen dem Ich und dem Anderem, zwischen Subjekt und Objekt.

Dieser Differenzierungsprozess setzt schon sehr früh und automatisch ein, sobald wir anfangen, die Welt zu erkunden und uns im wörtlichen wie im übertragenen Sinn an den Dingen zu stoßen: wenn wir stolpern und hinfallen, wenn Geräusche uns erschrecken, wenn wir uns einsam oder ängstlich fühlen, wenn unsere Eltern oder andere Bezugspersonen nicht da sind.

Der Differenzierungsprozess wird durch die Erwachsenen in unserer Umgebung gefördert. Sie bringen uns schon sehr früh und mit den besten Absichten bei, Unterscheidungen zu treffen. »Das ist Omi«, sagen unsere Eltern und zeigen auf die fremde Person im Raum. »Lachst du mal für die Omi?« Und: »Das ist ein Löffel. Sag schön: ›Löf-fel.‹« Und wir als Eltern sind ganz hingerissen, wenn unser Kind die Großmutter anlächelt oder »Löf-fel« sagt.

Grundsätzlich ist nichts verkehrt an dieser Phase unserer kindlichen Entwicklung und den Bemühungen der Eltern sowie der anderen Erwachsenen, uns beizubringen, wie wir die verschiedensten Objekte auseinanderhalten können. Schließlich leben wir in einer Welt voll rasender Autos, scharfer Messer und fremder Menschen, die nicht immer unser Wohl im Auge haben. Wir müssen lernen, zwischen einem Löffel und einem Messer, zwischen Omi und einer Fremden, die aussieht wie die Oma, zu unterscheiden. Wir brauchen eine Art von Bezugssystem, etwas, woran wir uns in dieser Fülle von Erfahrungen orientieren können.

Wenn wir den Fließzustand des »bloßen Ichs« verlassen und das Reich der Unterscheidungen betreten, nehmen diese Unterscheidungen in unseren Augen jedoch etwas Fixes, Wahres und Reales an. Das ist genau der Punkt, an dem eine grundlegende Verwirrung ins Spiel kommt, denn nichts in unserer Erfahrungswelt – ob Löffel, Großmutter oder unser »Selbst« – ist so fest, wahr oder real, wie wir glauben.

Wenn wir die Versunkenheit unseres Endlosfilms hinter uns lassen, wenn die Menschen, Orte und Objekte in unserer Umgebung schärfere Konturen annehmen, suchen wir mehr und mehr nach etwas, was uns ein Gefühl von Stabilität vermittelt, was sich problemlos festmachen lässt und verlässlich ist, eine Art von Ankerplatz. Mehr und mehr tendieren wir dazu, unsere Gefühle, unsere Gedanken, unsere Selbstwahrnehmung als etwas Gegenständliches wahrzunehmen, sie mit dinglicher Massivität zu versehen.

Dieser Verdinglichungsprozess bringt hervor, was im Tibetischen als *dak tenpar dzin*, kurz *dak dzin*, bezeichnet wird. Wie bereits gesagt wurde, ist *dak* die tibetische Bezeichnung für das »Ich« oder »Selbst«, *tenpar* bedeutet »für wahr (ansehen)«, und *dzin* kommt vom Wort für »greifen« oder »halten«. Wir suchen buchstäblich nach einer Art »Ichheit«, die uns in dem Drama der sich entfaltenden Erfahrungswelt als solider Mittelpunkt und Halt dienen kann.

Wird diese Übergangsphase von der fließenden Erfahrung des »bloßen Ich« zum »festen Ich« nicht mit dem nötigen Feingefühl begleitet, werden hier die Samen für künftige Probleme gelegt. Wenn hier die grundlegenden Elemente unserer wahren Natur – Offenheit, Klarheit und Liebe – nicht gestärkt werden, frieren wir später mit einiger Sicherheit innerlich ein. Man kann sich das so vorstellen, als würden wir Wasser ins Gefrierfach stellen, um Eiswürfel zu machen. Die grundlegende Natur des Wassers hat sich nicht verändert, nur ist es jetzt erstarrt und in kleine Würfelchen unterteilt. Dann differenzieren wir weiter in Subjekte und Objekte, gute und schlechte, solche, die wir mögen, und andere, die wir nicht mögen.

Anfangs setzen wir dieses »feste Ich« mehr oder weniger mit dem Körper gleich. Während wir heranwachsen, bekommt das »feste Ich« zusehends abstrakteren und begrifflicheren Charakter. Es entwickelt sich zu einer Art eigenständiger »Ichheit«, die irgendwo in unserem Körper oder auch in unserer Vorstellungswelt angesiedelt ist. Wir belegen unsere Erfahrungen mit enger gefassten, schärfer abgegrenzten Benennungen, wodurch unsere Gedanken, Emotionen und körperlichen Empfindungen einen »schweren«, dinghaften Charakter erhalten. Wir identifizieren uns mehr und mehr mit unseren Gedanken und Emotionen als Bereichen der Erfahrung, die wesensmäßig Teil unser selbst sind. Je fester, massiver dieses Gefühl von »ich« wird, desto stärkere und folgenschwerere Auswirkungen hat diese Identifikation.

Wir schreiben uns also einerseits bestimmte, scheinbar wahre oder feste Eigenschaften zu, gleichzeitig aber legen wir damit auch alles, was wir als »Nicht-Ich« oder »anderes« empfinden, fest und ordnen ihm ebenso scheinbar wahre oder feste Eigenschafen zu. Von nun an wird alles, was in unseren Erfahrungsbereich tritt, in Kategorien von Freund oder Feind wahrgenommen und unterteilt, in »Dinge«, die wir haben bzw. nicht haben, und solche, die wir wollen bzw. nicht wollen.

In dieser Phase unserer Entwicklung stellt sich eine Art innerer Spannung ein. Wir nehmen uns als Sieger oder Verlierer wahr, als Habenichts oder »Habewas«. In unseren Beziehungen beginnen wir, die Qualitäten von Offenheit, Intelligenz und Liebe von Bedingungen abhängig zu machen. Wir taxieren andere mehr und mehr danach, in welcher Form sie uns nutzen oder schaden können. Wir denken uns immer mehr Geschichten aus über uns selbst und die Menschen, mit denen wir zu tun haben, und diese Geschichten haben Einfluss sowohl auf die Entscheidungen, die wir tagtäglich treffen, als auch auf deren Folgen.

Das »kostbare Ich«

Unsere Bemühungen, uns mit einem »festen Ich« zu identifizieren, bilden das Fundament für die dritte Egoschicht, die uns auf mehrfache Weise daran hindert, unser Potenzial zu verwirklichen. Im Tibetischen wird diese dritte Schicht *dak che dzin* genannt, das heißt wörtlich »nach dem Selbst als etwas Kostbarem greifen« bzw. »das Selbst als etwas Kostbares erfassen«. Manchmal wird dieser Begriff auch mit »selbstbezogenes Ich« wiedergegeben. Leider spiegelt sich in beiden Übersetzungen, obwohl sie sprachlich richtig sind, ein nur oberflächliches Verständnis dieser Schicht des Ego wider.

Dak che dzin verweist auf einen erschreckenden Aspekt des Eiswürfel-Stadiums, das sich auf der Stufe des »bloßen Ich« eingestellt hat. Diese Sonderung in lauter getrennte Würfelchen hat zur Folge, dass der Einzelne *seine* Bedürfnisse, *seine* Wünsche, *seine* Probleme, *seine* Geschichte über die Bedürfnisse,

Wünsche und Probleme der anderen stellt. Unser »Ich« wird »kostbar« in dem Sinn, dass wir alles, was wir denken, fühlen oder tun, vorrangig seinem Diktat unterstellen.

Dieses Empfinden des Getrenntseins von der Umwelt löst zwei einander scheinbar widersprechende Reaktionen aus, die in Wirklichkeit aber zusammenhängen. Da ist zum einen der Impuls, unser Selbstbild schützen zu wollen, als wäre es ein rohes Ei, auch wenn es wenig schmeichelhaft bzw. für uns oder andere schädlich ist.

Hierzu möchte ich Ihnen eine Geschichte erzählen, die mir von einer Frau anvertraut wurde. »Vor vielen Jahren brachte meine Mutter mich zum Kinderarzt zur jährlichen Kontrolluntersuchung. Damals lag ich etwas über dem Gewicht, das für ein Mädchen meines Alters als normal galt. So nebenbei machte der Doktor meiner Mutter gegenüber eine Bemerkung, die wohl als Witz gemeint war: ›Lassen Sie die Kleine mal nicht zu nah an den Herd, nicht dass sie am Ende noch zerläuft.‹

Ich war geschockt, aber meine Mutter lachte – das heißt, sie kicherte verlegen. Sie dachte vermutlich, mein Übergewicht sei irgendwie ihre Schuld, sei ein Fehler, den sie bei der Erziehung ihrer Tochter gemacht hatte. Und vielleicht war es ja ihr Versuch, diesen Fehler wiedergutzumachen, doch von nun sagte sie jedes Mal, wenn sie mich zu Hause sah: ›Muss wohl Gelee sein, Marmelade schwabbelt nicht so.‹ Manchmal sah sie mich auch an und sagte: ›Du siehst aus wie 'ne Stopfwurst.‹

In den letzten Jahren habe ich mit Diät und Sport fast fünfzig Pfund abgenommen. Meine Mutter lebt mittlerweile nicht mehr, also bin ich vor ihren Bemerkungen sicher. Und ich weiß, dass die abfälligen Kommentare, die ich ständig wiederhole, ein Produkt meines eigenen Geistes sind.

Trotzdem schaue ich in den Spiegel und sehe das ›Gelee‹ und die ›Stopfwurst‹. Meine Familie und meine Freunde sagen mir, wie gut ich aussehe, und dass sie stolz auf mich sind. Doch in meinem Hinterkopf hänge ich den Zusatz dran: ›Obwohl du schon noch ein bisschen mehr tun könntest…‹ Und immer noch sehe ich das ›Gelee‹ und die ›Stopfwurst‹, wenn ich in den Spiegel schaue. Immer noch sehe ich ein dickes Mädchen, das zerlaufen könnte, wenn es zu nah an den Herd kommt.«

Das klingt nicht unbedingt nach »kostbar« oder »langgehegt«, oder?

Was uns zur tieferen Bedeutung von »langgehegt« bringt. Wenn wir etwas lang gehegt haben, hat es den Zenit seiner Nützlichkeit überschritten.

Wenn wir unser »Ich« hegen und pflegen oder daran festhalten, als sei es etwas Kostbares, dann halten wir an einem Bild fest, das längst überholt ist, zu nichts mehr nütze und in manchem Fällen sogar ausgesprochen schädlich.

Aber warum tun wir das?

Das feste Bild, das wir von uns und anderen haben, lässt uns unsere zwischenmenschlichen Beziehungen an Bedingungen knüpfen, was zur Folge hat, dass wir uns mehr und mehr einsam und unvollständig fühlen. Irgendwo wissen wir, dass wir eine essenzielle Verbindung verloren haben, und zwar nicht nur mit unserem Herzen, sondern mit den Herzen aller Wesen, mit denen wir uns diesen kostbaren Planeten teilen. Dann denken wir uns Geschichten aus, wie es dazu kam, dass wir diese Verbindung verloren haben, und diese Geschichten werden Teil unserer »festen« Identität. Damit rechtfertigen wir, wie wir uns selbst sehen und wie wir andere sehen und behandeln.

Und wenn unser Selbstbild und die Geschichten, die wir uns über uns selbst erzählen, noch so deprimierend sind, so sind sie uns wenigstens vertraut. Nun habe ich meine westlichen Schüler sagen hören, dass »Vertrautheit zu Geringschätzung führt«. Ich weiß nicht, ob sich das so eins zu eins in andere Sprachen übersetzen lässt. Der Grundgedanke ist auf jeden Fall der, dass wir etwas, was wir ständig vor Augen haben, irgendwann nicht mehr wertschätzen. Meine Erfahrung ist jedoch eher die, dass Vertrautheit zu Zufriedenheit führt: Je öfter wir eine Erfahrung wiederholen, desto bereitwilliger akzeptieren wir sie als normalen, natürlichen Aspekt des Lebens.

Diese »traute Zufriedenheit« konnte ich besonders bei Leuten beobachten, die alkohol- oder drogenabhängig sind. Obwohl ihnen selbst im Rausch noch klar war, dass diese Substanzen sie umbringen, ihre Lebensgrundlage und ihre Familie zerstören, wog ihnen das momentane Wohlbefinden, das ihnen die Befriedigung ihrer Sucht verschaffte, den Schaden auf, den sie durch ihr Verhalten sich und anderen zufügten. Gleichzeitig verstärkte dies wiederum die Gefühle, die sie ihrer Sucht nachgeben ließen, obwohl sie sie kaputtmachte.

»Ich fühlte mich geliebt«, erzählte mir ein Alkoholiker. »Ich fühlte mich stark und hatte das Gefühl, alles im Griff zu haben. Ich hatte kein bisschen Angst, mit anderen Leuten zu sprechen. Erst später bekam ich mit, dass die meisten meine Gesellschaft kaum ertrugen. Sie konnten meine Fahne riechen. Die Leute nickten nur höflich und versuchten, mich so schnell wie möglich wieder loszuwerden. Doch ich merkte das gar nicht. Ich spürte damals einfach nur dieses Hochgefühl, diese Sicherheit, diese Kraft...«

Das bringt uns zu dem zweiten Aspekt des »kostbaren Ich« – dem Impuls, bei einem anderen Menschen oder einem äußeren Objekt nach Erfüllung oder Bestätigung zu suchen bzw. uns darüber zu definieren. Wir suchen im Außen nach etwas, was uns angesichts sich ständig verändernder Umstände ein Gefühl von Stabilität vermitteln kann.

Vielleicht sollte man das »kostbare Ich« oder »selbstbezogene Ich« besser mit das »süchtige Ich« übersetzen? Es ist jener Teil von uns, der anhaftet und nach etwas verlangt, was außerhalb unseres inneren Funkens von Wärme, Offenheit und Neugierde liegt, um das Gefühl von Verbundenheit, Vertrautheit und Wohlbefinden zu entwickeln.

Diesen Mechanismus können wir sehr gut in Liebesbeziehungen beobachten. Wir lernen jemanden kennen und denken: »Oh, dieser Mensch ist so wunderbar! Einfach vollkommen! Er ist die Erfüllung meiner Träume!« Vielleicht gehen wir ein paar Mal aus, und immer wenn wir zusammen sind, ist es, als hinge der Himmel voller Geigen. Wir könnten nicht glücklicher sein. Doch nach einiger Zeit entdecken wir ein paar kleine Punkte, in denen wir nicht übereinstimmen, ein paar Ecken und Kanten in unser beider Persönlichkeit, die nicht so recht zusammenpassen wollen. Vielleicht kommen wir ins Streiten. Dann versöhnen wir uns und streiten wieder. Wir werfen dem anderen vor, dass er mürrisch ist, zu laut, uns nicht versteht. Oder vielleicht werfen wir uns auch vor, dass wir nicht hinreichend attraktiv oder nicht verständnisvoll genug sind. Schließlich geht die Beziehung auseinander. Wir fühlen uns unvollständig und halten neuerlich Ausschau nach jemandem, der uns heilen und ganz machen, uns das Gefühl von Festigkeit bestätigen kann.

Manchmal äußert sich das Bedürfnis, dieses Gefühl von Festigkeit bestätigt zu sehen, auch in einem gewissen »Sammeltrieb«, und da mache ich keine Ausnahme.

Vor ein paar Jahren durchlebte ich etwas, was man wohl als »Midlife-Crisis« bezeichnen könnte. Ich saß in einem Hotelzimmer in Delhi und wartete auf meinen Flug nach Paris, als mein Blick auf eine Anzeige fiel, die sogleich mein Wohlgefallen erregte. Sie zeigte einen gut durchtrainierten Jüngling mit Waschbrettbauch, einem sprichwörtlichen »Sixpack«. (Meine Leibesmitte ist mehr ein »Onepack«, ein großer Schwimmreifen, der über den Hosengürtel lappt.) Der Sixpack-Mann stand neben einer ausgesprochenen Schönheit mit wallendem Haar und breitem Lächeln, die zwei Reihen makelloser, beängstigend weißer Zähne entblößte. Zwischen sich hielten die beiden einen total angesagten Laptop. Offensichtlich sollte dem Betrachter suggeriert werden, dass auch er einen Sixpack-Bauch, eine Freundin mit wallendem Haar und extrem weißen Zähnen haben könnte, wenn er nur diesen Computer kaufte.

Aber noch hing ich nicht am Haken.

Als ich in Paris am Flughafen ankam, fiel mein Blick auf eine Reklametafel, die denselben Sixpack-Mann und die Frau mit dem wallenden Haar und den blitzenden Zähnen zeigte. In ihrer Mitte der Laptop desselben Herstellers.

Von Paris aus flog ich nach Singapur, wo ich Belehrungen geben sollte. Auch hier dieses Plakat. Von dort flog ich in die USA, und auf dem Weg vom Flughafen in die Stadt sah ich wieder das gleiche Plakat.

Ich muss gestehen: Als ich wieder dieses Plakat mit diesen glücklichen Leuten und diesem wunderbaren Computer sah, kaufte ich das Gerät. Irgendwie stellte ich mir wohl vor, es wäre damit leichter, von den verschiedenen Orten aus, die ich im Laufe eines Jahres so bereiste, Verbindung zu anderen aufnehmen zu können. Ich muss zu meiner Beschämung gestehen, dass meine Kaufentscheidung davon beeinflusst war, wie glücklich der Mann und die Frau auf dem Plakat aussahen. Ich glaubte natürlich nicht wirklich, dass ich durch den Kauf des Laptops einen Waschbrettbauch bekäme, doch irgendwo in meinem Hinterkopf kreiste so etwas wie der Gedanke: »He, man weiß ja nie.«

Leider fehlte sowohl in der Bedienungsanleitung als auch in den Garantiebestimmungen des Herstellers jeder Hinweis darauf, dass der Sand und Staub Tibets dem Gerät nicht zuträglich sein könnten. Funktionsausfall! Nach zwei Wochen Einsatz in Tibet funktionierte das gute Stück nicht mehr. Als ich wieder zu Hause in Nepal war, kaufte ich mir einen anderen Laptop.

Ich mache dem Hersteller keinen Vorwurf, dass er keine Computer bauen kann, die extremen Klimabedingungen standhalten. Wie so viele andere hatte ich ein »süchtiges Ich« entwickelt. Ich dachte, dass ein bestimmtes Produkt, ein »Ding«, dieses »Loch« von Unruhe und Unsicherheit in mir stopfen und mir ein Gefühl von Glück und Erfüllung verschaffen könnte.

Dennoch war mir dies eine große Lehre: Auch ein Tulku ist nur ein Mensch. Sicher, wir studieren eine Menge von Texten und philosophischen Systemen, profitieren von Lehren, die über die Jahrhunderte überliefert wurden, doch sind wir wie jeder andere auch anfällig für die vielfältigen Verlockungen, denen der Mensch ausgesetzt ist.

Wohl der einzige Vorteil, den Tulkus anderen Menschen gegenüber haben, ist der, dass sie sozusagen von Kindesbeinen an lernen, anderen zu helfen, wenn diese sich frei machen von allen hinderlichen Vorstellungen, die sie im Laufe des Lebens angenommen haben, und den ihnen von Geburt an innewohnenden Funken wiederentdecken. Tulkus werden dazu ausgebildet, anderen Wesen Liebe zu geben, bis diese sich schließlich selbst lieben können. Ihnen Liebe zu geben, bis auch der Letzte aufgehört hat, andere Wesen als Bedrohung oder als Feind zu sehen. Bis jeder Einzelne, in jedem Job, in jeder Beziehung, in jeder Begegnung, das Wunder, die Schönheit und das Potenzial im anderen sehen kann. Solange es noch Menschen gibt, die nicht wissen, wie sie sich von ihren Kopfgeschichten verabschieden und dieses Gefühl des Getrenntseins abstellen können, ist die Arbeit von uns Tulkus noch nicht getan.

Das ist nicht unbedingt die Art von Job, die ich mir gewünscht hatte, doch es ist die Aufgabe, die man mir gegeben hat und die zu erfüllen ich mich schließlich entschlossen habe, wenn auch auf meine eigene Art und Weise und unter Zuhilfenahme meiner Erfahrung als Ehemann und Vater. Und mit dem Wissen um eine weitere Ebene des »Ich«, die zu verstehen ich eine Weile gebraucht habe.

Das »soziale Ich«

Auch die Investition in unser »Image« ist eine der Möglichkeiten, im Außen Bestätigung und Erfüllung zu suchen. Unsere Umwelt soll uns bestätigen, wer wir sind, wer wir gern sein würden und was wir von uns selbst denken.

Diesen Anteil unserer Persönlichkeit bezeichne ich als »soziales Ich«, jenen Aspekt, jene Schicht des Selbst, die wir im Umgang mit anderen entwickeln. Im Gegensatz zu den bislang angeführten »Ichs« ist das »soziale Ich« nicht Teil des traditionellen buddhistischen Modells vom »Ich« bzw. den Schichten des Ego. Das Konzept des »sozialen Ich« entstand aufgrund persönlicher Erfahrungen und in Diskussionen mit westlichen Psychologen. Ich habe einige Jahre gebraucht, seine Dynamik zu erkennen, um sie beschreiben zu können.

Zum ersten Mal wurde ich mit dem Phänomen des »sozialen Ich« konfrontiert, als ich nach Tashi Jong kam.

Damit Sie sich ein Bild davon machen können, wie die Ausbildung aussieht, die ein Tulku gewöhnlich durchläuft, stellen Sie sich eine private oder staatliche Institution vor, die einerseits zwar die beste Ausbildung bietet, andererseits aber auch die höchsten Anforderungen stellt. Dort lernen Sie bei den besten Lehrern. Neben dem Unterricht in Orthografie, Grammatik,

Wortschatz, Geschichte, Astronomie und Kalligrafie durchlaufen Sie eine höchst anspruchsvolle Schulung in den philosophischen Grundlagen des Buddhismus. Sie studieren nicht nur die Worte des Buddha, sondern die Schriften aller großen indischen und tibetischen Meister, die ihm in seiner Lehre nachfolgen. Sie hören nicht nur Vorträge über den Wert von Tugenden wie Mitgefühl, Toleranz, Geduld und Großzügigkeit, sondern Sie lernen auch praktische Methoden, wie sich diese Qualitäten entwickeln lassen. Darüber hinaus lernen Sie ein weites Spektrum von Meditationstechniken kennen und werden in den Ritualen des tibetischen Buddhismus unterwiesen.

Seine ersten Ausbildungsjahre verbringt ein Tulku jedoch in der Hauptsache damit, die Texte bzw. die verschiedenen Gesten und Bewegungen, die zu einem Ritual gehören, auswendig zu lernen. Ziel der Übung ist, dass der Tulku auch dann noch Belehrungen oder Rituale abschließen kann, wenn der Strom ausfällt und alle plötzlich im Dunkeln sitzen (was in Indien und Nepal bisweilen vorkommt). Pro Jahr müssen Sie also eine bestimmte Anzahl von Seiten – so um die zweihundert – auswendig lernen. Dann werden Sie geprüft, wie gut der Text sitzt. Sie dürfen die Prüfung dreimal wiederholen. Wenn Sie beim dritten Mal wieder durchfallen, heißt es »Zurück zu den Büchern«.

Gleichzeitig wird Ihnen auf Schritt und Tritt eingeschärft, dass es Ihre *Pflicht* ist, nicht nur die philosophischen Aspekte und Rituale des tibetischen Buddhismus zu meistern, sondern auch eine Kultur zu bewahren, die akut vom Aussterben bedroht ist. Wenn du unaufmerksam bist, gehen die Weisheitsschätze verloren, die in mehr als zweitausend Jahren zusammengetragen wurden. Wenn du nicht korrekt sitzt, stehst, sprichst, deine Schuluniform – die rot-gelben Roben der tibetischen Mönche – nicht richtig trägst, erweist du dich als der edlen Tradition unwürdig. Du bist eine Enttäuschung für deine Lehrer, deine Familie und für eine endlose Zahl von Wesen in einer endlosen Zahl von Welten, die darauf angewiesen sind, dass *du* deine traditionelle Rolle ausfüllst. Eine kolossale Verantwortung, die da auf den Schultern eines zwölfjährigen Kindes liegt.

Als ich nach Tashi Jong kam, war ich älter als die meisten anderen Tulkus, die ihre Ausbildung schon mit acht oder neun Jahren begonnen hatten, und so fühlte ich mich ziemlich unter Druck, die verlorene Zeit aufzuholen. Ich denke, dass ich wie die meisten Kinder wollte, dass meine Lehrer mit mir zufrieden waren. Ich lernte eifrig und versuchte nach Kräften, dem Vorbild meiner »Vor-Inkarnation« nachzueifern. Wenn meine Lehrer mit mir zufrieden waren, waren sie glücklich, und wenn sie glücklich waren, war ich es auch. Ich mochte es, wenn meine Lehrer sich darüber freuten, wie diszipliniert ich war, und mich den anderen als Vorbild hinstellten: »Schaut euch Tsoknyi Rinpoche an. Was für ein guter Tulku er ist. Folgt seinem Beispiel.« Meine Lehrer zufriedenzustellen wurde für mich zu einer Art Sucht, ich wurde anfällig für die bedingte Liebe.

Dennoch meldete sich von Zeit zu Zeit ein Gefühl massiver Unzufriedenheit. Irgendwie hatte ich nicht das Empfinden, die Reinkarnation irgendeines alten Mannes zu sein. Doch ich spürte, dass ich die grundlegende Offenheit und Wärme meines kindlichen Selbst unterdrückte, wenn ich mich wie ein alter Mann benahm, um meinen Lehrern eine Freude zu machen. Ich missachtete den Jungen, der gern spielte, mit den Leuten redete, lachte, Witze machte, herumstrolchte, über Bäche sprang und manchmal auch hineinfiel. Langsam, aber sicher verlor ich die Verbindung mit dieser Offenheit, Wärme und Unbeschwertheit, die ich als Kind verspürt hatte. Von den Lehrern gelobt zu werden vermittelte zwar ein gutes Gefühl, das Verhalten, das Voraussetzung für das Lob war, aber weniger.

Ein Teil von mir wusste, dass ich mich verstellte, doch ich verstellte mich weiter, weil ich gern gelobt wurde.

Nach etwa einem Jahr fand ich es dann nicht mehr so erbaulich, wenn ich Lob bekam. Ich wusste, dass ich den Leuten etwas vorspielte und mein Verhalten, das ich nach außen zeigte, nicht zu dem passte, was ich in meinem Innersten empfand. Mit der Zeit hatte ich immer mehr das Gefühl, eine Art Doppelleben zu führen: auf der einen Seite der artige und strebsame Tulku, auf der anderen Seite der halbwüchsige junge Bursche, der es nicht mochte, stocksteif wie ein Standbild dazusitzen, der lieber Faxen machen, durchs Dorf streifen und Bekanntschaft mit Gleichaltrigen schließen wollte. Nach außen hin war ich ein Muster an Disziplin, doch in meinem Inneren führten Gedanken und Pubertätshormone einen wilden Tanz auf.

Das ist genau die Art von Falle, in die uns das »soziale Ich« gehen lässt. Konflikte sind hier sozusagen programmiert, denn das, was wir fühlen, entspricht nicht unbedingt dem, was man uns sichtbar werden zu lassen gelehrt hat. Verhielt ich mich so, wie ein Tulku sich zu verhalten hatte, war alles in Ordnung. Aber es wollte mir nicht gelingen, allzeit den »Tulku-Benimmkodex« zu befolgen. Das lag einfach nicht in meiner Natur. Ich war ein geselliger, ausgelassener Junge. Ich mochte es, mich mit Mädchen zu unterhalten, Witze zu reißen, lässig herumzuhängen und mich nicht immer so formal zu verhalten. Und so entwickelte ich allmählich einen gewissen Zorn – und fühlte mich schuldig, weil ich zornig war.

Der Wunsch, meinen Lehrern zu gefallen, mein Zorn und die Schuldgefühle, die ich hatte, weil ich zornig war, waren innig verzahnt. Und als ich älter wurde, begann ich, mich nach dem Grund dafür zu fragen.

Samen

Es mag bei der Beschreibung zwar so scheinen, als bildeten sich die einzelnen Schichten des »Ich« im Gefolge einzelner, klar abgegrenzter, durch Zeit und Umstände gesteuerter Entwicklungsschritte heraus. Doch in Wirklichkeit handelt es sich um einen fließenden Prozess, in dem die verschiedenen »Ichs« sich entwickeln und gegenseitig stützen. Das »bloße Ich«, um einen Vergleich zu gebrauchen, ist wie ein Samenkorn, das alle nötigen »genetischen Informationen« besitzt, damit sich daraus das »feste Ich« entwickeln kann, wenn die entsprechenden Bedingungen gegeben sind. Das »feste Ich« wiederum kann unter der Erde Wurzeln treiben und oberirdisch einen Stängel, Zweige, Blätter sowie Blüten oder Früchte ausbilden, die wieder neue Samen hervorbringen.

Doch Vergleiche hinken gern ein bisschen, so auch dieser, denn manche Pflanzen sind nur einjährig, andere aber kommen Jahr für Jahr wieder. Ein stimmigeres Bild ist vielleicht das Spiel von Wind und Wetter, das einmal zur Entstehung dessen führt, was man als »perfekten Sturm« bezeichnet, bei dem das Zusammenspiel unwahrscheinlichster Ereignisse zu einem besonders schweren Unwetter führt. Ein andermal aber gibt es vielleicht einen »perfekten Regenbogen« wie die doppelten Regenbögen, die man manchmal nach einem Unwetter beobachten kann.

Wenn wir tief in die Natur einer Erfahrung blicken, müssen wir feststellen, dass wir sie nicht wirklich beschreiben oder benennen können. Die Worte, die wir verwenden, greifen zu kurz. Mag auch der Same unserer Persönlichkeit im Fluss des »bloßen Ich« zu finden sein, so ist dennoch die Natur dieses Samens Leerheit, die wunderbare, fantastische Fähigkeit, jede erdenkliche Erfahrung zu machen und uns dieser Erfahrung bewusst zu sein. Wir fühlen oder denken etwas und erkennen gleichzeitig: »He, da passiert etwas!«

Wie wir dieses »Etwas« interpretieren, hängt stark von der Kultur ab, in der wir groß geworden sind, und von unserer Lebensgeschichte. Doch trotz zahlloser wechselnder Umstände, auf die wir im Laufe unseres Lebens treffen, steht zweierlei mit unumstößlicher Sicherheit fest. Erstens werden wir ein »Ich« entwickeln, um mit diesen Umständen umzugehen. Zweitens hatte das »Ich«, Ego, Selbst oder wie immer Sie es nennen wollen, in den letzten Jahren eine ziemlich schlechte Presse.

Das »nützliche Ich«

Im Umfeld von sozialen Bewegungen kommt es regelmäßig zur Mythenbildung. Auch der Buddhismus ist im Kern eine solche Bewegung. Der Buddha fordert uns mit Nachdruck auf, uns von unseren Sesseln, Sofas und Sitzkissen zu erheben und in die Gänge zu kommen: so zu leben, als hätte unser Leben eine Bedeutung. Zu der Erkenntnis zu »erwachen«, dass unsere Art, zu denken, zu fühlen und zu handeln, Auswirkungen auf die Welt hat. Viele Menschen glauben, der Buddhismus fordere, jeden Begriff von »Ich«, »Selbst« oder »Ego« aus dem Leben zu verbannen. Doch diese Vorstellung ist nicht korrekt. Genauso gut könnten Sie versuchen, Ihre Hände oder Füße »auszulöschen«.

Unsere Hände und Füße sind höchst nützliche Werkzeuge. Mit ihnen können wir auf unserer Computertastatur tippen, Auto fahren, spazieren gehen, die Geldbörse aus der Tasche fischen und im Supermarkt die Lebensmittel bezahlen. Und wenn wir sie nicht gerade durch einen Unfall verlieren oder sonst wie behindert sind, betrachten wir sie als Selbstverständlichkeit.

Zu den vielen Belehrungen des Buddha gehört die Mahnung, auch unsere »Ichs« nicht als selbstverständlich anzusehen. Vieles von dem, was wir zum Beispiel durch unsere Lebenserfahrung über das »Ich« gelernt haben, kann recht nützlich sein. So gibt es beispielsweise Situationen, in denen sich unser »soziales Ich« als ausgesprochen sinvoll erweisen kann. Es gab und gibt immer wieder Menschen, die mit dem Charisma ihres »sozialen Ich« versucht haben, andere zu offenerem und mitfühlenderem Verhalten zu bewegen. Überall auf der Welt nutzen Ärzte, Krankenschwestern, Lehrer, Angestellte und andere namenlose Helden ihr »soziales Ich«, ihr »festes Ich«, ja sogar die Geschichten ihres »kostbaren Ich«, um sich ihren täglichen Herausforderungen zu stellen. Sie nutzen diese »Ichs«, werden aber nicht von ihnen benutzt. Den Augen der Öffentlichkeit entzogen, streifen viele dieser Helden des Alltags ihre soziale Identität, ihre Kopfgeschichten, ihre Anhaftung an ihr wahres oder festes Selbst ab, um sich sanft und dankbar in die Offenheit, Wärme und den Fluss des »bloßen Ich« sinken zu lassen.

Ebendarin besteht die Herausforderung, der wir uns stellen sollen, wie der Buddha uns aufgetragen hat: Lerne, in der Offenheit des »bloßen Ich« zu verweilen, während du deine anderen »Ichs« benutzt. Das Gefühl von Offenheit und Wärme auch dann zu bewahren, wenn wir mit jemandem zu tun haben, der nicht unserer Meinung ist.

Stellen Sie sich die Entwicklung der Fähigkeit, Ihre »Ichs« zu benutzen, vor wie Zähneputzen. Wir müssen essen und trinken, um zu leben. Nun hinterlassen aber Speisen und Getränke meist einen Belag auf den Zähnen. Deswegen hören wir aber nicht auf zu essen oder zu trinken. Wir putzen uns nur einfach die Zähne. Wenn wir uns die Zähne nicht putzen, sammeln sich Essensreste zwischen den Zähnen an, und unsere Zähne verfaulen. Unsere Aufgabe ist also: Wir erhalten unseren Körper durch Essen und Trinken und unsere Zähne durch Putzen. Ähnlich verhält es sich mit unseren diversen »Ichs«: Wir müssen sie nicht entsorgen, sondern nur den Belag abschrubben, der sich im Laufe der Zeit darauf bildet.

Wenn wir darüber sinnieren, wie viele verschiedene Faktoren zusammenkommen müssen, damit überhaupt so etwas wie ein »Selbst« entstehen kann, wird sich der »Belag«, der sich auf den verschiedenen Schichten des »Ich« gebildet hat, spontan lockern und auflösen. Wir sind nicht mehr ganz so erpicht darauf, unsere Gedanken, Emotionen, Empfindungen und so weiter zu kontrollieren oder abzublocken. Wir nehmen ihr Kommen und Gehen ohne Schmerz oder Schuldgefühle wahr und sehen darin einfach die Manifestation eines Universums voller unbegrenzter Möglichkeiten.

Dadurch verbinden wir uns wieder mit unserem inneren Funken. Die ursprüngliche Liebe beginnt heller zu leuchten, und unser Herz öffnet sich anderen. Wir werden zu besseren Zuhörern, sind wacher für das, was um uns herum vorgeht. Wir reagieren spontaner und angemessener auf Situationen, die uns früher Angst gemacht oder verwirrt haben. Langsam und möglicherweise so subtil, dass wir es nicht einmal bemerken, erwachen wir zum offenen, klaren und liebenden Zustand des Geistes.

Allerdings bedarf es der Übung, um zu erkennen, was Belag und was nützlich ist. Es bedarf der Übung, um zu lernen, wie man mit einem menschlichen Körper offen und ohne Unbehagen lebt und den Herausforderungen begegnet, die mit unserer körperlichen Existenz verbunden sind. Es bedarf der Übung, um gelassen mit anderen körperlichen Wesen umzugehen, denen es an Wissen oder Gelegenheit mangelt, sich mit ihrem inneren

Funken zu verbinden, ja, die vielleicht nicht einmal wissen, dass sie diesen Funken überhaupt in sich tragen.

Unser Thema für die nächsten Kapitel werden daher Übungen sein, die uns helfen, diese Dinge zu erlernen. Zu bestimmten Übungen werden Sie vielleicht spontan Zugang finden, andere verlangen möglicherweise etwas mehr Zeit und Geduld. Lassen Sie sich daher nicht entmutigen, wenn Sie auf Schwierigkeiten stoßen. Diese Übungen wurden von großen Meditationsmeistern entwickelt und verfeinert, die viele Jahre geübt haben, um den vollen Nutzen daraus reifen zu lassen. Seien Sie freundlich zu sich selbst, während Sie diesen Weg beschreiten. Diese Freundlichkeit ist an sich bereits ein Mittel, wie Sie den Funken der Liebe in sich entzünden und anderen helfen können, ihn zu entdecken.

Es gibt ein altes tibetisches Sprichwort: »Wenn du zu schnell gehst, kommst du nicht nach Lhasa. Lass dir Zeit, und du erreichst dein Ziel.« Dieses Sprichwort aus Osttibet war Rat und Mahnung an alle, die in die Hauptstadt Lhasa in Zentraltibet pilgern wollten. Wer so schnell als möglich dort ankommen wollte und deshalb ein hohes Tempo anschlug, wurde bald von Erschöpfung oder Krankheit zur Umkehr gezwungen. Wer sich aber Zeit ließ, nachts ein Lager aufschlug, in fröhlicher Runde mit anderen beisammensaß und am nächsten Morgen ausgeruht seinen Weg fortsetzte, der kam ohne Probleme ans Ziel.

FÜNF

Methode

Bestimmte Aspekte unser selbst zu begreifen ist eine Sache, was wir mit diesem Verständnis anfangen, steht aber auf einem ganz anderen Blatt.

Anhand eines kleinen Beispiels will ich erläutern, was ich damit meine. Während meiner Jahre in Tashi Jong lebte ich von der üblichen kargen Klosterkost, und wie so viele der Schüler dort war ich ziemlich mager. Als ich im Alter von einundzwanzig Jahren meine Ausbildung in Tashi Jong abgeschlossen hatte und nach Nepal zurückging, änderten sich meine Ernährungsgewohnheiten schlagartig. Plötzlich gab es Tag für Tag Coca-Cola! Und Berge von Reis, der den Grundbestandteil der nepalesischen Küche bildet. Beides verdrückte ich mit wahrer Wonne und in beträchtlichen Mengen!

Ein Jahr nach meiner Rückkehr nach Nepal besuchte mich ein Freund aus Tashi Jong. »Rinpoche«, rief er aus, als er mich sah, »du bist ganz schön gewachsen.« Mir war schnell klar, dass er nicht von Längen-, sondern von Breitenwachstum sprach. »Was isst du denn so?«, wollte er wissen.

Ich erzählte ihm, dass ich täglich sechs bis sieben Flaschen Coca-Cola und jede Menge Reis konsumierte.

Er war entsetzt. »Damit musst du aufhören«, warnte er mich. »Solch eine Ernährung bringt dich um.« Dann klärte er mich ausführlich über die schädlichen Wirkungen von Zucker bzw. Kohlehydraten auf, den Hauptbestandteilen meiner neuen »Diät«. Ich verstand zwar nicht alles, was er sagte, aber sein ernstes Gesicht und der Tonfall seiner Stimme überzeugten mich, dass ich tätig werden und meine Ernährung umstellen musste.

Es fiel mir relativ leicht, weniger Reis zu essen, da ich ganz gut auch ohne Reis als Beilage zum Essen auskomme, doch ich brauchte fast sieben Jahre, um mir das Colatrinken abzugewöhnen. Ich hatte Coca-Cola erst relativ spät kennengelernt. Vielleicht schmeckte es mir deshalb so gut, dass ich eine starke Anhaftung daran entwickelt hatte. Coca-Cola war in gewisser Weise Teil meiner neuen Identität als Nicht-Mönch geworden. Nun sind sieben Jahre ein vergleichsweise kurzer Zeitraum, doch immerhin lang genug, dass ich mich mittlerweile gut in die Situation von Leuten hineinversetzen kann, denen es schwerfällt, ihre langgehegten Muster und Anhaftungen zu durchbrechen.

Anders ausgedrückt: Das Colatrinken aufzugeben ist eine Sache, bei unseren Vorstellungen über uns selbst wird es schon schwieriger.

Glücklicherweise haben der Buddha und die großen Meister, die seiner Lehre folgen, eine Vielzahl von Methoden ersonnen, mit denen wir dieses Problem angehen können.

Achtsamkeit

Zu den effektivsten Methoden zählen die verschiedenen Formen der *Achtsamkeitsmeditation*, die uns ermöglichen, jene Schichten des »Ich« freizulegen oder aufzuweichen, die uns an der unmittelbaren Erfahrung unseres inneren Funkens, des Herzstücks unseres Daseins, hindern.

Es gibt allerlei tiefschürfende Darstellungen und Erklärungen zur Achtsamkeitsmeditation. Verglichen damit kommen Ihnen meine Ausführungen vielleicht ein bisschen simpel vor, doch beruhen sie auf meiner eigenen praktischen Erfahrung und der meiner Schüler.

Wie das bei buddhistischen Belehrungen üblich ist, werde ich hin und wieder kleine Geschichten einstreuen, um die Theorie anschaulicher zu machen. Denn um zu verstehen, was es mit Achtsamkeit auf sich hat, muss man auch ein gewisses Verständnis jener Instanz erwerben, die achtsam ist, also der Geist. Dieses Thema wird ja auch von Wissenschaftlern und Gelehrten seit geraumer Zeit diskutiert und wohl noch viele Jahre Stoff für gelehrte Debatten abgeben.

Geist

Vor vielen Jahren besuchte Dilgo Khyentse Rinpoche, einer der größten Meister des 20. Jahrhunderts, Tashi Jong. Er war ein stattlicher, außergewöhnlich heiterer und huldvoller Mann. Selten habe ich eine so sanfte Stimme gehört wie die seine. Mein Tutor trommelte stets alle Schüler zusammen und jagte uns im Laufschritt zu Rinpoches Belehrungen. Ich war damals erst dreizehn Jahre alt, heute, nach über dreißig Jahren, erinnere ich mich bestenfalls noch an die Hälfte dessen, was er sagte. Einige seiner Ausführungen aber sind mir unauslöschlich im Gedächtnis geblieben.

»Was ist der Geist?«, fragte er. »Wo ist er? Hat er eine Farbe? Eine bestimmte Größe? Eine Form? Oder einen Aufenthaltsort?«

Nun ist das vielleicht nicht gerade die Art von Fragen, die einen Dreizehnjährigen beschäftigen, zumindest nicht in der

Form, wie Rinpoche sie gestellt hat. Aber ich denke, dass der eine oder andere, auch wenn er erst dreizehn ist, sich doch anfängt zu fragen, warum wir das denken, was wir denken, warum wir so fühlen, wie wir fühlen, oder etwas salopper ausgedrückt: warum wir auf eine bestimmte Art »ticken«.

Und wieder muss ich einen kleinen Regelverstoß beichten, den ich in Tashi Jong beging. Ich wollte versuchen, die Antworten auf Dilgo Khyentse Rinpoches Fragen herauszufinden, und begann, mir zu diesem Zweck aus der Klosterbibliothek Bücher »auszuborgen«, die Schüler meines Alters eigentlich noch nicht hätten lesen dürfen. Ich nahm daher nie das ganze Buch, sondern immer nur einzelne Seiten. (Dazu muss man wissen, dass tibetische Bücher oder *pechas* nicht gebunden sind wie westliche Bücher, sondern aus losen Blättern bestehen, die zwischen zwei Deckeln liegen.) Sobald ich sie gelesen hatte, brachte ich sie mehr oder weniger schnell in die Bibliothek zurück.

Unter den geborgten Seiten befanden sich auch Ausführungen eines anderen großen Meisters des tibetischen Buddhismus, Patrul Rinpoche. Patrul Rinpoche lebte im 19. Jahrhundert und steht bei allen Schulen des tibetischen Buddhismus in hohem Ansehen. Sein Hauptwerk *Worte meines vollendeten Lehrers* gehört zu den klarsten Anleitungen zur Verwirklichung unseres menschlichen Potenzials, die es überhaupt gibt.

Die Seiten stammten aber nicht aus diesem Werk, sondern aus einer kleineren und weniger bekannten Schrift über Meditation. In diesem Text stieß ich auf einen Satz, der mich nach der Lektüre wie vom Donner gerührt zurückließ. Er löste in mir etwas aus, was man als »blitzartige Erkenntnis« beschreibt, jene Art von Erfahrung, bei der wir mit Herz, Verstand, ja sogar mit den Sinnen unmittelbar begreifen, was der andere meint. Grob übersetzt lautete dieser Satz: »Was den Geist sucht, ist der Geist.«

Ich brauchte viele Jahre, um diese blitzartige Einsicht in Worte zu fassen, die auch für jemand anderen verständlich waren. So einfach wie möglich ausgedrückt, ist das, was wir als »Geist« bezeichnen, nichts Gegenständliches, sondern ein sich ständig änderndes Geschehen, das auf verschiedenen, miteinander verbundenen Ebenen stattfindet. Eine Ebene, unser Alltagsbewusstsein oder relatives Gewahrsein, konzentriert sich auf die diversen Arten der relativen Erfahrung, die wir tagtäglich machen, wenn wir Auto fahren, mit Freunden, Ehepartner, Kindern oder Kollegen zu tun haben, und versuchen, die Schwierigkeiten zu meistern, vor die uns diese Welt stellt, die von sozialen, politischen und ökonomischen Problemen geprägt ist. Dieses relative Gewahrsein bzw. der relative Geist neigt dazu, sich ständig im Kreis zu drehen und immer gleiche Botschaften abzuspulen.

Die zweite, umfassendere Ebene ist das Gewahrsein unseres relativen Bewusstseins und identisch mit der grundlegenden Offenheit und Klarheit, von der zuvor die Rede war.

Beide Aspekte des Geistes sind miteinander verbunden, ein bisschen wie Geschwister, die einander die Arme entgegenstrecken. Der relative Geist sucht in Zeiten der Bedrängnis Führung und Hilfe beim umfassenderen, offeneren Gewahrsein, das Lösungen »sieht«, die unser Alltagsbewusstsein nicht zu erblicken vermag.

Auf einer bestimmten Ebene erkennt unser alltäglicher oder relativer Geist vielleicht nicht die Möglichkeiten, die er hat, um mit den täglichen Herausforderungen fertigzuwerden. Dennoch ahnt er, manchmal dunkel, manchmal klarer, dass eine offenere, wärmere, weisere Form von Bewusstheit möglich ist, und macht sich, wenn auch widerstrebend, auf die Suche danach. Die Praxis der Achtsamkeitsmeditation bringt uns in Kontakt mit diesem höheren Gewahrsein.

Achtsam und aufmerksam

Häufig wird das tibetische *drenpa*, »eines Objekts, einer Bedingung, einer Situation gewahr werden«, mit »Achtsamkeit« übersetzt. Etwas genauer bezeichnet *drenpa* den Aspekt des Bewusstseins, der uns unsere Aufmerksamkeit auf ein Objekt richten lässt.

Gewöhnlich werden wir all dessen gewahr, was unsere Aufmerksamkeit in Anspruch nimmt. Manchmal sind die Gedanken und Emotionen, die wir dabei erfahren, so unangenehm, dass wir sie lieber verdrängen und uns dem Tagesgeschäft zuwenden. Diese Form des »Gewahrseins« praktizieren wir die meiste Zeit. Besonders intensiv aber, wenn unser Geist um bestimmte Probleme kreist: »Wie ernähre ich meine Familie?«, »Wie soll ich all die Rechnungen bezahlen?«, »Lässt sich die Beziehung noch kitten oder sollen wir uns besser trennen?« und so fort. Diese Art des Gewahrseins, die man als »Alltagsbewusstsein« bezeichnen könnte, ist nur der erste Schritt hin zur Achtsamkeitspraxis.

Bloßes Gewahrsein aber genügt noch nicht, wir brauchen auch Wachsamkeit, wenn wir wirklich achtsam sein wollen. Empfinden wir Unbehagen, Sorgen oder Schmerz, so müssen wir sie erkennen und uns fragen: »Was passiert hier gerade?«

Dieser Aspekt von Achtsamkeit wird im Tibetischen als *shezhin* bezeichnet, was man am besten wohl als »wissendes Gewahrsein« übersetzt. *Shezhin* ist das Herz der Achtsamkeitspraxis, der wache Aspekt des Bewusstseins, der den Geist selbst, der sich eines Objekts gewahr ist, beobachtet. Viele Menschen sind sich zwar der Gedanken, Emotionen, Empfindungen und so weiter bewusst, die sie bei der Bewältigung der Alltagsgeschäfte haben, doch nur wenige richten ihre Aufmerksamkeit auf den Geist, der dieser Erfahrungen gewahr ist.

Ein Beispiel: Bei meinem ersten Besuch in den USA in den neunziger Jahren luden mich ein paar Freunde zum Abendessen in ein schickes Hotel in San Francisco ein. Ich hatte meine Roben an, was in Nepal oder Indien für einige neugierige Blicke gesorgt hätte. Mönche und Lamas gehen nämlich für gewöhnlich nicht in Restaurants. Es ist ihnen zwar nicht verboten, gilt aber als nicht »angemessen«.

Die Kellnerinnen und Kellner in diesem Restaurant nun waren ausgesprochen aufmerksam. Sie führten uns an unseren Tisch, nahmen unsere Bestellungen auf und zogen sich daraufhin zurück – das war so ganz anders als das, was ich aus anderen Ländern kannte. Entweder war weit und breit kein Kellner zu sehen, der sich für uns zuständig gefühlt hätte, oder die Kellner wichen einem nicht von der Seite in dem Bemühen, dem kostbaren Gast nur ja jeden Wunsch von den Augen abzulesen.

Als wir das Restaurant betraten, fürchtete ich, dass die Leute mich wegen meiner Kleidung anstarren und für eine Art Alien halten würden. Doch zu meiner Überraschung schenkte man meinem Outfit keine besondere Aufmerksamkeit. Man begrüßte uns, führte uns an unseren Tisch und nahm unsere Bestellungen auf. Das Essen wurde schnell serviert, und die Kellner zogen sich zurück. Wenn ich aber etwas brauchte – zum Beispiel noch ein bisschen Wasser oder Gewürze (Ich muss gestehen, dass ich chilisüchtig bin.) – und mich suchend umsah, war in Sekundenschnelle eine Kellnerin da und fragte mich: »Haben Sie einen Wunsch, Sir?« Ich sagte ihr, was ich wollte, sie brachte es und war wieder verschwunden.

Die Kellner und Kellnerinnen in diesem Restaurant standen nicht dauernd da und fixierten uns – doch sie waren achtsam und aufmerksam. Sie hatten zugleich *drenpa* und *shezhin*.

Ich beobachtete sie nun meinerseits, wie sie an den anderen Tischen servierten. Wie sie Teller und Tabletts trugen, das Zusammenspiel mit ihren Kollegen, die Art, wie sie ihre Gäste bedienten, all das zeigte, dass hier ein hohes Maß an Achtsamkeit herrschte. Man könnte sagen, dass die Art, wie sie ihre Arbeit verrichteten, eine mehr oder weniger perfekte Achtsamkeitsmeditation war: ein Gewahrsein der Umgebung, verbunden mit der Wachheit für alles, was ihre Arbeit erforderte. Ich bin mir ziemlich sicher, dass sich die wenigsten von ihnen als Buddhisten bezeichnen würden, dennoch praktizierten sie einige der Grundprinzipien des Buddhismus, indem sie Gewahrsein für ihre Umgebung und ein waches Interesse an den Bedürfnissen anderer an den Tag legten. Sie übten sich auf ihre Art in Bewusstheit.

Geist und Bewusstsein

Der Buddhismus unterscheidet traditionell zwischen acht Arten von Bewusstsein. Das hört sich zugegebenermaßen viel an, doch unserer Art, zu denken und zu untersuchen, mangelt es nun mal häufig an Schärfe und Genauigkeit. Die buddhistischen Meister der Vergangenheit aber widmeten, ähnlich heutigen Wissenschaftlern, ihre gesamte Energie der Erforschung unserer Wahrnehmung der Außenwelt bzw. aller geistigen und körperlichen Phänomene sowie ihrer Verarbeitung. Nach langen Untersuchungen und Diskussionen kamen sie zu dem Ergebnis, dass wir über acht »Kanäle« oder Typen von Bewusstsein verfügen, über die wir Informationen aufnehmen, verarbeiten und interpretieren.

Die fünf ersten Kanäle entsprechen den fünf Arten von Sinnesbewusstsein. Heutzutage würden wir wahrscheinlich einfach von den fünf Sinnen sprechen: Gesichts-, Geruchs-, Gehör-, Geschmacks- und Tastsinn. Doch den buddhistischen

Meistern ging es wie den heutigen Wissenschaftlern um den *Prozess*, in dem die einzelnen Sinneseindrücke aufgenommen, unterschieden und als Daten an die Ebenen des Geistes weitergereicht werden, die zu höheren Graden von Gewahrsein und Interpretation fähig sind. Jedes einzelne Sinnesbewusstsein »weiß« auf seine spezifische Weise, dass *etwas* geschieht. In den Augen entsteht ein »Sehbewusstsein«, wenn sie eines »Sehobjekts« gewahr werden, in den Ohren entsteht ein »Hörbewusstsein«, wenn sie eines Tons gewahr werden, und so fort.

Jede der fünf Arten von Sinnesbewusstsein sendet also seine Botschaften »eine Etage höher« – und hier fängt es an, interessant zu werden.

Die Botschaften jedes Sinnesbewusstseins gehen bei einer Instanz ein, die als *»sechstes Bewusstsein«* bezeichnet wird und nicht mit dem verwechselt werden darf, was wir landläufig als »sechsten Sinn« bezeichnen. Stellen Sie sich das sechste Bewusstsein als eine Art Signalempfänger oder wie eine Telefonzentrale vor. Es bewertet oder interpretiert die Daten, die hereinkommen, nicht. Seine Hauptaufgabe besteht darin, dem Bewusstsein mitzuteilen, dass da draußen *etwas* vorgeht, etwa »Ah, da riecht was« oder »Ah, da ist ein Geräusch«.

Die Klassifikation dieser Hör-, Riecheindrücke und so weiter als gut oder schlecht, angenehm oder unangenehm und dergleichen ist, so habe ich das gelernt, die Aufgabe des *siebten Bewusstseins*, das durch vielfältige soziale, kulturelle und individuelle Einflüsse geprägt ist – ähnlich, wie wir in sozialen Netzwerken Anfragen annehmen und ablehnen oder Computersoftware personalisieren.

Das *achte Bewusstsein* ist eine Art Datenvorratsspeicher, in dem alle Muster und alle Programme, die wir je auf unserem System »installiert« haben, vorgehalten werden, inklusive einer kompletten Liste sämtlicher Änderungen, die wir unter gesellschaftlichem oder persönlichem Druck vorgenommen haben. Das achte Bewusstsein speichert ausnahmslos jede einzelne Facette unserer Erfahrungen – jeden Gedanken, jedes emotionale Muster, jeden Sinneseindruck – ähnlich der Festplatte eines Computers.

Der Zweck der Achtsamkeitsmeditation

Die Achtsamkeitsmeditation dient unter anderem dem Zweck, mehr Stabilität in die sechste Bewusstseinsebene zu bringen, indem wir registrieren, was in unserem Geist vorgeht, ohne zu bewerten oder zu interpretieren. Man könnte in diesem Zusammenhang von »unschuldigem« oder »authentischem Gewahrsein« sprechen, das es uns ermöglicht, die Muster aufzulösen, zu denen sich unsere Sinneseindrücke, Erinnerungen, Gedanken und Emotionen verdichtet haben, sodass wir mehr und mehr zu unserem inneren Funken zurückfinden.

Hierzu wieder eine kleine Geschichte: Ich lernte einmal eine Frau kennen, die sich scheiden ließ, weil sie entdeckt hatte, dass ihr Mann eine Geliebte hatte. Diese Geliebte nun trug immer ein bestimmtes Parfüm. Noch Jahre nach der Scheidung, die für meine Schülerin sehr schmerzvoll gewesen war, reagierte sie mit Panik, wenn sie das Parfüm im Kaufhaus, im Aufzug oder an einer Kollegin roch. Natürlich lag das nicht daran, dass das Parfüm selbst irgendwelche negativen Eigenschaften besessen hätte.

Nun ist diese Situation noch vergleichsweise einfach zu handhaben. Man kann ein anderes Parfüm benutzen bzw. sich beruhigen, weil man ihm ja nicht lange ausgesetzt ist. Doch es gibt Situationen, die wir nicht so einfach vermeiden können, zum Beispiel das Sprechen vor Publikum, obwohl sie unter Umständen in uns sehr heftige Reaktionen auslösen.

Können wir die sechste Bewusstseinsebene stabilisieren, verschaffen wir uns eine kleine Verschnaufpause, ehe die siebte Bewusstseinsebene anfängt, sich einzumischen. Diese kleine Pause bewirkt, dass wir eine Erfahrung anders interpretieren können und nicht zwangsläufig nur mit einem individuellen Erlebnis assoziieren.

Das Herz erwecken

Als ich anfing, vor allem in Amerika und Europa herumzureisen und Belehrungen zu geben, bekam ich mit, dass man dort viel über Achtsamkeit redete. Allerdings bestätigte sich bald der Eindruck, dass viele die Achtsamkeitsmeditation als eine Art geistiger oder emotionaler Entspannungstechnik betrachteten, die Unruhezustände und unangenehme Gefühle beseitigen sollte. Ich hörte von allerlei Formen der Achtsamkeitspraxis: achtsames Essen, achtsames Reden, achtsames Gehen und so fort. Anscheinend waren alle diese Techniken auf ihre Art ganz nützlich und halfen den Leuten, ruhiger zu werden und sich besser zu konzentrieren. Ich verstand allerdings nicht so recht, was das mit dem zu tun hatte, was man mich über den tieferen Sinn der Achtsamkeitspraxis gelehrt hatte.

Übung in Achtsamkeit, so wie sie im tibetischen Buddhismus gelehrt wird, bedeutet nicht, dass man sich nur langsam bewegt zum Beispiel beim Teetrinken: Jetzt geht die Hand gaaanz laaangsam zur Tasse, ergreift sie, führt sie zum Mund, wir schmecken den Tee, schlucken ihn gaaanz laaangsam und achtsam hinunter und setzen die Tasse wieder ab.

Wieder zurück in Asien, fragte ich einen meiner Lehrer,

Adeu Rinpoche, was er über diese Art der Achtsamkeitspraxis dachte. Adeu Rinpoche war einer der größten Meister des tibetischen Buddhismus unserer Zeit. Er war nach dem Überfall Chinas auf Tibet und die darauffolgende chinesische Besatzung des Landes etwa zwanzig Jahre im Gefängnis gesessen. Und doch meinte Adeu Rinpoche, der Gefängnisaufenthalt sei eine der besten Meditationsklausuren gewesen, die er je gemacht hatte. Er musste Zwangsarbeit verrichten, und doch hatte er, wie er sagte, das Glück, große Meister zu treffen, die gleich ihm im Gefolge der politischen Wirren inhaftiert worden waren. In der Stille der Baracken, in die man sie gesteckt hatte, erhielt er von ihnen zahlreiche Unterweisungen.

Ich war etwa zwanzig, als ich Adeu Rinpoche bei meiner ersten Tibetreise kennenlernte. Das war kurz nachdem er aus der Haft entlassen worden war. Er war sehr groß, hatte eine gebieterische, man könnte fast schon sagen »königliche« Ausstrahlung, die auch durch das jahrelange Reinigen der Gefängnistoiletten und das Verrichten anderer niedriger Arbeiten nicht gelitten hatte. Während meines Besuchs hielt ich mich stets in seiner Nähe auf. Bald begriff ich, dass seine beeindruckende Präsenz nichts mit seiner Stimme, Größe oder anderen körperlichen Eigenschaften zu tun hatte. Er strahlte eine Offenheit und Wärme aus, die in jedem, der mit ihm in Berührung kam, ein tiefes Gefühl von Heiterkeit und Geborgenheit weckten. Er hatte so ziemlich jeden Aspekt der Lehre Buddhas gemeistert und war dadurch natürlich eine herausragende Persönlichkeit mit einem brillanten Geist. Doch er gehörte zu den wenigen Menschen, in deren Nähe man sich ebenso großartig fühlte.

Dieses Geschenk der Brillanz, das er allen machte, die mit ihm zu tun hatten, wurzelte unter anderem auch darin, dass er jede Frage bereitwillig beantwortete (und in seinem immensen

Wissen, was die buddhistischen Lehren anging, sowie seinem Gespür für die Art der Antwort, die eine bestimmte Frage erforderte, um dem Fragenden Nutzen zu bringen). Nie tat er eine Frage als dumm oder belanglos ab oder sagte dem Betreffenden, er solle doch dieses oder jenes Buch lesen, wenn er zu dem Thema mehr wissen wolle.

Um nun aber zum Ausgangspunkt zurückzukommen: Ich fragte ihn also, was er denn von den verschiedenen Formen westlicher Achtsamkeitspraxis hielte, denen ich auf meinen Reisen begegnet war. Er erklärte mir, dass das, was in vielen modernen Kulturen als Achtsamkeitspraxis angesehen werde, sozusagen nützliche »Babyschritte« seien. Vielen Menschen, so meinte er, sei die Hetze mittlerweile zur ständigen Gewohnheit geworden. Sie versuchen immer, möglichst viel in möglichst kurzer Zeit zu erledigen. Diese führe häufig dazu, dass ihnen die Verbindung zwischen dem, *was* sie tun, und dem Grund, *warum* sie es tun, verloren ginge, sich also eine Kluft zwischen der Handlung und der ihr zugrunde liegenden Motivation auftäte.

»Denk immer daran«, sprach er zu mir, »dass der Hauptzweck jeder Praxis ist, das Herz zu erwecken.«

Als ich ihn um weitere Unterweisungen zu diesem Punkt bat, erklärte er mir, dass das letztendliche Ziel der Achtsamkeitsmeditation sei, alle Wesen von den Denk- und Verhaltensmustern zu befreien, die sie daran hindern, die Offenheit, Weisheit und Wärme zu erfahren, die die Essenz unserer wahren Natur und die Essenz von Bodhicitta sind. Der Weg zu dieser Freiheit führt ausschließlich über die eigene Erfahrung. »Babyschritte« mögen auf diesem Weg ein nützlicher Anfang sein, doch die meisten Menschen, die zu meinen Belehrungen kamen, waren keine Babys mehr. Es war an der Zeit, sie »Erwachsenenschritte« zu lehren.

Die vier Grundlagen der Achtsamkeit

Auf der relativen Ebene des Gewahrseins wird unser Geist ständig in alle möglichen Richtungen gezerrt, ähnlich einem Luftballon, den der Luftzug bald hierhin und bald dorthin weht. Als Anfänger in der Achtsamkeitsmeditation müssen wir uns daher stets vergegenwärtigen, dass es einer leichten, wohldosierten Anstrengung bedarf, um unsere Aufmerksamkeit und Wachheit auf einen bestimmten Bereich der Erfahrung zu lenken. Wir können nicht »*einfach so* achtsam sein«. Unsere Achtsamkeit braucht ein Objekt, einen Fokus.

In den vierzig Jahren, die der Buddha lehrend umherzog, beschrieb er vier Objekte der Sammlung, die uns ermöglichen, achtsamer und wacher zu werden, uns mit unserem inneren Funken vertraut zu machen und diesen Funken allmählich zu Bodhicitta, dem voll erwachten Herzen, werden zu lassen. Diese vier Objekte der Sammlung wurden in Laufe der Zeit als die »Vier Grundlagen der Achtsamkeit« bekannt. Es gibt viele unterschiedliche Darstellungen dieser Praxis.

Die ersten drei Grundlagen sind relativ leicht zu verstehen. Achtsamkeit auf den *Körper* bedeutet zu erkennen, dass wir einen menschlichen Körper mit all seinen Stärken, aber auch mit all seiner Zerbrechlichkeit haben. Achtsamkeit auf die *Gefühle* bedeutet im Wesentlichen, dass wir in wachem Gewahrsein unserer Emotionen verweilen, ohne sie zu bewerten. Ähnlich verweilen wir bei der Achtsamkeit auf die *Gedanken* in wachem Gewahrsein der Gedanken, die im Geist erscheinen.

Die vierte Grundlage wird meist mit »Achtsamkeit auf die *Geistobjekte (dharmata)*« übersetzt. Das Wort »Dharma« kommt aus dem Sanskrit und hat eine Vielzahl von Bedeutungen: »Gesetz«, »Regel«, »Pflicht«; in einem allgemeineren Sinn kann es auch »Wahrheit«, »Natur der Dinge« oder einfach »wie die

Dinge sind« heißen. Was die Achtsamkeitsmeditation angeht – so wie ich sie gelernt habe –, meint man mit *dharmata* die Dinge, wie sie sind. Doch zu diesem Punkt kommen wir später.

Wenn wir uns aufmachen, unsere individuellen Glasbrücken zu überqueren, ist es am einfachsten, wenn wir unsere Aufmerksamkeit, unsere Wachheit, unsere Güte und Wärme auf den Aspekt unserer Erfahrung richten, der am deutlichsten mit unserem »Ich«-Gefühl verbunden ist.

SECHS

Achtsamkeit auf den Körper

Wenn Sie dieses Buch lesen, stehen die Chancen gut, dass Sie über einen menschlichen Körper verfügen. Es ist schon erstaunlich, wie schnell wir diese offenkundige Tatsache im Alltagsgetümmel aus den Augen verlieren. Es ist so leicht, sich in seinen Gedanken und Emotionen zu verlieren und dabei dieses wirklich bemerkenswerte System von Muskeln, Knochen, Organen und so weiter zu übersehen, das die physische Grundlage für unser Denken, Fühlen und Handeln bildet.

Wenn wir uns in Achtsamkeit auf den Körper üben, steigen wir ganz sanft in die Meditation ein, indem wir zunächst einmal einfach die Tatsache würdigen, dass wir einen Körper *haben*, der uns als elementare Grundlage der Erfahrung dient. Das ist ein bisschen so, als würden sich Körper und Geist die Hand schütteln zur Begrüßung. »Geist, das ist der Körper. Körper, das ist der Geist.« – »Angenehm. Wie geht es dir?«

Wir könnten damit anfangen, dass wir einfach nur registrieren: »Da ist ein Bein. Da ist ein Zehe.« Oder wir können registrieren, dass da ein Herz ist, das schlägt; dass da Lungen sind, die sich ausdehnen und wieder zusammenziehen; dass Blut durch unsere Adern strömt. Wir können auch unsere körperlichen Empfindungen registrieren: das Gefühl von Kälte oder Wärme, Schmerzen in Knien, Rücken, Schultern und so weiter. Sinn und Zweck der Achtsamkeit auf den Körper ist es, dass wir uns auf lockere und sanfte Weise der physischen Seite unserer Natur bewusst werden, ohne sie zu werten oder uns mit ihr zu identifizieren.

Einfach nur diese körperlichen Aspekte wahrzunehmen kann uns in einen entspannten, geerdeten Zustand versetzen, jenes Gefühl reinen Da-Seins, dessen wir meist nicht gewahr sind.

Bei der Achtsamkeit auf den Körper nehmen wir uns einen Moment Zeit, um die Tatsache zu würdigen, dass wir in einem Körper leben. »So fühlt es sich an, wenn er ruht ... so fühlt es sich an, wenn er sich bewegt ... so fühlt es sich an zu sitzen ... so fühlt es sich an zu stehen ... so fühlt es sich an, wenn meine Hand auf einem Tisch liegt.« Unser Geist ist ganz mit dem Hier und Jetzt beschäftigt und wird eins mit dem reinen Gewahrsein eines Körpers, der ruht oder sich bewegt – den elementaren Formen unseres Da-Seins, an die wohl die meisten von uns schon lange keinen Gedanken mehr verschwendet haben. Die schlichte Tatsache, *dass* wir fünf Finger haben, kann uns mit Staunen und Wertschätzung erfüllen, wenn wir erst einmal aufgehört haben, darüber zu spekulieren, ob wir schöne, lange oder kurze Finger haben.

Sitzhaltung

Wie also fangen wir nun an, Achtsamkeit auf den Körper zu entwickeln? Eine Möglichkeit ist, dass wir zunächst einmal eine bequeme und stabile Sitzhaltung einnehmen, sofern uns das möglich ist.

Wenn wir beginnen, eine der Formen der Achtsamkeitsmeditation zu praktizieren, haben wir zunächst meist Schwierigkeiten, uns zu konzentrieren. Unsere Aufmerksamkeit springt herum wie ein aufgescheuchtes Karnickel. Für die Rastlosigkeit ist zunächst einmal unsere mangelnde Übung verantwortlich, doch dieses Manko können wir in gewissem Umfang kompensieren, indem wir eine Körperhaltung einnehmen, in der wir uns besser auf Körper und Atem zu konzentrieren vermögen.

Bei der Körperhaltung haben Sie die Wahl zwischen zwei Varianten: Die eine ist etwas legerer, die andere ein wenig formeller. Im Folgenden wird zunächst die formelle Variante beschrieben, die als »Sieben-Punkte-Haltung des Vairocana« bekannt ist.

Punkt 1: Nehmen Sie eine stabile Sitzhaltung ein, die Sie dort verankert, wo Sie praktizieren. Setzen Sie sich auf den Boden bzw. auf ein Sitzkissen und überkreuzen Sie Ihre Beine so, dass jeder Fuß auf dem Oberschenkel des anderen Beines liegt. Diese Position nennt man »Lotussitz«. Wenn Sie den vollen Lotussitz nicht einnehmen können, legen Sie nur einen Fuß auf dem Oberschenkel des anderen Beines ab und schieben den anderen Fuß unters Bein. Falls Sie weder den vollen noch den halben Lotussitz einnehmen können, sitzen Sie einfach im Schneidersitz. Sollte für Sie das Sitzen mit gekreuzten Beinen auf dem Boden bzw. auf einem Kissen, dem Bett oder Sofa zu unbequem oder aus anderen Gründen nicht möglich sein, setzen Sie sich einfach so hin, dass Ihre Füße flach auf dem Boden ruhen.

Punkt 2: Legen Sie Ihre Hände so in den Schoß, dass der Rücken der einen Hand in der Innenfläche der anderen ruht. Es spielt keine Rolle, welche Hand oben liegt, und Sie können auch jederzeit wechseln. Eine andere Möglichkeit ist, die Hände einfach mit den Innenflächen nach unten auf den Beinen abzulegen.

Punkt 3: Zwischen Oberarmen und Oberkörper sollte ein

gewisser Abstand sein. Wenn Sie die Arme ganz leicht seitlich abspreizen, ist es leichter, voll und unbehindert zu atmen.

Punkt 4 betrifft die Haltung der Wirbelsäule, die möglichst gerade sein sollte. Ein gerader Rücken ist der wichtigste Indikator für geistige Wachheit. Dabei sollten Sie Ihren Rücken nicht so durchstrecken, dass Sie nach hinten überhängen, noch sollten die Schultern nach vorn hängen, sodass Sie einen Buckel machen. Stellen Sie sich vor, wie Sie Ihre Wirbel einen nach dem anderen zu einer schönen, geraden Säule aufrichten.

Punkt 5 beschreibt die Kopfhaltung. Das Kinn ist weder so eng angezogen, dass es auf den Kehlkopf drückt, noch zeigt es so nach oben, dass der Kopf im Nacken liegt und die Halswirbel gestaucht werden. Wenn Ihr Kopf sich weder zu stark seitlich noch nach vorn oder hinten neigt, haben Ihre Halswirbel am meisten Platz. Dann stellt sich in der Wirbelsäule und anderen Körperregionen ein Gefühl der Freiheit und Beweglichkeit ein.

Punkt 6 hat mit der Mundpartie zu tun: Wenn wir uns einen Augenblick Zeit nehmen und in unsere Mundregion hineinspüren, werden wir vermutlich feststellen, dass wir Lippen, Zunge, Zähne und Kiefer gewöhnlich fest aufeinanderpressen. Manche sind in diesem Bereich so verspannt, dass sie mit den Zähnen knirschen, die Lippen zu einer schmalen Linie quetschen und tiefe Stirnfalten entwickeln. Umgekehrt sperren wir den Mund auch nicht weit auf, als müssten wir einen Pingpongball schlucken. Die gesamte Mundpartie ist natürlich entspannt wie kurz vor dem Einschlafen. Ob Sie die Lippen einen Spalt weit offen lassen oder ganz schließen, spielt keine Rolle. Wichtig ist nur, dass die Mundregion nicht angespannt ist.

Der siebte und letzte Punkt schließlich betrifft die Augen. Wenn sie mit der Meditation beginnen, finden viele es leichter, eine gewisse Sammlung und geistige Stabilität zu entwickeln, während sie die Augen geschlossen halten. Für den Anfang ist das in Ordnung. Ich habe jedoch die Feststellung gemacht, dass Meditierende, die die Augen geschlossen halten, häufig so ruhig werden, dass ihr Geist herumzuwandern beginnt. Manche schlafen sogar ein. Nachdem Sie also ein paar Tage praktiziert haben, sollten Sie die Augen offen lassen, damit Ihr Geist wach und klar bleibt. Fallen Sie jedoch nicht ins andere Extrem und versuchen Sie nicht, jedes Blinzeln zu unterdrücken. Halten Sie Ihre Augen ganz normal offen, wie Sie es gewöhnlich tun. Denken Sie immer daran, dass der entscheidende Punkt bei der Achtsamkeitsmeditation ist, aufmerksam und wach zu sein.

Um Achtsamkeitsmeditation zu praktizieren, können Sie neben der eben beschriebenen Sieben-Punkte-Haltung auch die etwas lockerere Drei-Punkte-Haltung einnehmen. Diese bietet sich an, wenn es Ihnen aus irgendwelchen Gründen nicht möglich ist, die formelle Haltung einzunehmen (zum Beispiel wenn Sie im Auto unterwegs sind, kochen, einkaufen oder körperlich eingeschränkt sind). Die drei Punkte sind einfach: Halten Sie Ihre Wirbelsäule gerade, entspannen Sie alle Muskeln, die Füße ruhen flach auf dem Boden.

Und es gibt noch einen letzten Punkt, der oft unerwähnt bleibt: Atmen Sie.

Gerade in stressigen Situationen vergessen wir oft zu atmen. Wenn das passiert, geht auch unsere Achtsamkeit verloren. Wir richten unsere ganze Aufmerksamkeit auf unser Problem und vergessen unseren Körper. Wir vergessen unseren Geist. Wir vergessen unser Herz. Wir vergessen ganz, was wir sein könnten, und werden zum Spielball der Umstände.

Durchkämmen

Eine stabile, bequeme Sitzhaltung ist der Ausgangspunkt für unsere Praxis, da sie Körper und Geist ausrichtet und harmonisiert. Die Praxis selbst umfasst verschiedene Methoden. Die erste dieser Methoden ist eine einfache Technik, die man als »Durchkämmen« oder »Scannen« bezeichnen könnte, quasi als Händedruck, mit dem sich Körper und Geist begrüßen.

Gehen Sie mit Ihrer Aufmerksamkeit den Körper vom Scheitel bis zur Sohle durch. Konzentrieren Sie sich dabei nicht zu stark auf einzelne Bereich. Richten Sie nur kurz Ihre Aufmerksamkeit darauf.

An manchen Stellen werden Sie vielleicht körperliche Missempfindungen registrieren, das ist völlig normal. Aber halten Sie sich bei dieser Übung nicht mit solchen Eindrücken auf. Versuchen Sie auch nicht, deren Ursachen herauszufinden. Nehmen Sie das unangenehme Gefühl einfach zur Kenntnis und gehen Sie zum nächsten Körperteil weiter. Sie schütteln sozusagen jedem die Hand: »Das ist meine Stirn. Wie geht's, Stirn? Das ist meine Nase. Wie geht's, Nase?«

Damit unsere Achtsamkeitspraxis einen Nutzen hat, müssen wir aber lernen, mit jedem Gefühl, jeder Empfindung, auf die wir beim Durchkämmen des Körpers stoßen, höflich umzugehen. Wer weiß, vielleicht wird ja eines Tages der Begriff »Achtsamkeit« durch »Höflichkeit« ersetzt. Damit das geschehen kann, müssen wir die Inseln des Unbehagens in unserem Geist überwinden und unsere Gefühle und Empfindungen mit den Geschichten zusammenbringen, die sich um sie spinnen.

Registrieren

Neben der Praxis des systematischen Scannens können wir einfach nur registrieren, was uns als Erstes zu Bewusstsein kommt, wenn wir die Aufmerksamkeit auf den Körper richten, unsere Hand beispielsweise, unser Bein oder unser Fuß. Für mich funktioniert die Praxis des schlichten Registrierens sehr gut. Ich bemerke etwas und lasse meine Aufmerksamkeit alle Details aufnehmen. Allein ein Phänomen oder etwas Gegenständliches mit all seinen Facetten zu registrieren und die Tatsache, dass ich die Fähigkeit habe, sie solcherart wahrzunehmen, erzeugt ein Gefühl von Wertschätzung. Ich erkenne, dass ich diese Gegebenheiten lange Zeit nicht gebührend beachtet habe.

Der Akt des Registrierens selbst geschieht völlig mühelos. Weder müssen wir sentimental werden, wenn wir die Linien in unserer Hand, die Fältchen um unsere Augen oder die Hornhaut an unseren Füßen registrieren, noch müssen wir uns angestrengt darauf konzentrieren. Wir berühren lediglich mit unserem Geist sanft unsere Hände, unsere Füße, unsere Nase.

Versuchen Sie das jetzt mal ein oder zwei Minuten lang. »Berühren« Sie Ihren Körper sanft mit Ihrer Aufmerksamkeit.

Möglicherweise bekommen Sie dabei ein paar Rückmeldungen, Geschichten, die sich um den Körper ranken: wie müde er ist, wie alt, wie faltig, dass es da und dort zwickt, dass er nicht so funktioniert, wie er soll. Doch diese Rückmeldungen beweisen, dass Sie einen Körper *haben* und wunderbarerweise am Leben sind.

Ich habe einige Menschen kennengelernt, die an den Rollstuhl gefesselt sind. Manche von ihnen konnten ihren Körper kaum spüren. Doch durch moderne technische Hilfsmittel war es ihnen möglich, zu atmen, Nahrung zu sich zu nehmen und mit ihrer Umwelt zu kommunizieren. In ihren Augen lag ein

Leuchten, das mich sehr inspirierte. In der Auseinandersetzung mit ihrem schweren Schicksal zogen sie aus der schlichten Tatsache, dass sie lebten, ein Gefühl des Triumphs. Genau darum geht es bei der Achtsamkeitspraxis: Wir würdigen die Tatsache, dass wir leben. Diese einfache Feststellung lässt ein Gefühl des Glücks in uns entstehen: Wir spüren, dass uns ein weites Feld von Möglichkeiten offensteht, und fühlen uns mit anderen Wesen auf sehr elementare Weise verbunden. Wir leben, und weil wir leben, haben wir die Möglichkeit, etwas zu tun, was nicht nur auf unser eigenes, sondern auf das Leben zahlloser anderer Wesen Auswirkungen hat.

Doch was immer Sie während Ihrer Meditation registrieren, lassen Sie Ihre Aufmerksamkeit nur so lange darauf verweilen, wie es ohne Anstrengung möglich ist. Versuchen Sie nicht, Ihre Aufmerksamkeit für längere Zeit oder auf einem bestimmten Objekt festzuhalten. Haben Sie Geduld. Dieser Effekt wird sich allmählich und ganz von selbst einstellen, sobald Sie mit dieser Art der Achtsamkeitspraxis ein wenig vertrauter geworden sind.

Bewegung

Eine weitere Form der Achtsamkeit auf den Körper ist, seine Bewegungen zu beobachten. So beobachten wir beispielsweise, wie wir unserer Hände öffnen oder im Raum bewegen. Wird es uns zu eintönig, unsere Hände zu betrachten, können wir unsere Aufmerksamkeit auf die Bewegung von Armen und Schultern richten.

Ich bin im Stillsitzen nicht besonders gut. Vielleicht liegt das daran, dass ich Kinder habe und Kinder immer umtriebig sind – und gern Sachen machen, die ihre Eltern schon mal nervös werden lassen. Mir ist nur allzu bewusst, dass ich selbst als Kind meinen Eltern das Leben nicht gerade leicht gemacht habe mit meiner abenteuerlustigen Art.

Doch die Praxis der Achtsamkeit ist ja selbst ein großes Abenteuer, daher finde ich persönlich es leichter, Achtsamkeit auf den Körper zu praktizieren, während ich mich in irgendeiner Form bewege. Dann registriere ich, wie sich mein physischer Körper auf andere Formen zubewegt, die sich hier und jetzt mit mir im Raum befinden. »Aha, mein Fuß ist an dieser Stelle des Bodens... oh... mein Bein ist in der Nähe des Tisches... wow... jetzt ist es neben dem Stuhl...« – und so weiter.

Wenn wir bei der Erfahrung der Bewegung verweilen, kann sich ein Gefühl schlichter Dankbarkeit einstellen, dass wir uns überhaupt bewegen können. Wir entwickeln darüber hinaus ein waches Gewahrsein des Raumes, in dem unser Körper sich bewegt und andere Formen erscheinen. Auf ganz natürliche Weise entsteht so eine Art von Harmonie zwischen Ihnen und dem Raum, der Sie umgibt – fast, als würden Sie mit den Objekten der materiellen Wirklichkeit tanzen.

Probieren Sie diese Praxis ein oder zwei Minuten lang aus.

Manchmal allerdings übertreiben es die Leute mit dieser Form von Achtsamkeit ein bisschen. Vor einiger Zeit beobachtete ich einen Mann, der gaaanz laaangsam ging. Ich fragte ihn, ob auch alles in Ordnung sei mit ihm. (Das ist der Vorteil, wenn Sie ein kleiner, ziemlich kahlgeschorener Brillenträger mit roter Robe sind. Dann dürfen Sie fremden Menschen solche Fragen stellen.)

Der Mann klärte mich auf: »Ich praktiziere achtsames Gehen.«

Es stand mir in diesem Moment nicht zu, ihn zu korrigieren. Doch ich erinnerte mich wieder, dass es in Tashi Jong viele Leute gab, die jahrelang mehr oder weniger reglos in Höhlen saßen und meditierten. Kamen sie aber zurück ins Kloster, sah man sie meist irgendwo herumeilen, um ihre diversen Pflichten zu erledigen. Sie konzentrierten sich darauf, den Klosterbetrieb sicherzustellen, die jungen Mönche zu unterrichten und sich um jene Menschen zu kümmern, die sich ans Kloster um Hilfe wandten. Doch sie stolperten nie und schienen über die Wege, die die verschiedenen Gebäude verbanden, förmlich zu schweben. Sie waren ganz von dem Wunsch erfüllt, anderen zu helfen. Das ist letztlich auch Sinn und Zweck der Achtsamkeitspraxis: fähig werden, zu helfen, zu dienen, zu lieben.

Natürlich dürfen Sie langsam gehen oder essen, wenn Ihnen das hilft, Achtsamkeit auf den Körper zu praktizieren. Doch sollten Sie dabei nicht vergessen, warum Sie das tun: um zu helfen, zu dienen und zu lieben.

Form

Achtsamkeit auf den Körper wird manchmal auch als »Achtsamkeit auf die Form« bezeichnet. In diesem Fall dehnen wir unsere Aufmerksamkeit auf alle Formen aus: die Möbel in unserem Zimmer, andere Gegenstände im Raum, draußen auf der Straße, im Restaurant, im Zug und so weiter. Im Wesentlichen ist dies eine Praxis, bei der wir uns in der relativen Wirklichkeit verankern, in der wir leben.

Unsere gewöhnliche visuelle Wahrnehmung ist ein wenig »vernebelt«. Wir nehmen den Küchentisch nicht wirklich wahr. Wir sehen unsere Hände nicht wirklich deutlich. Sie werden zu einer Art abstraktem Objekt. Die Achtsamkeit auf den Körper oder allgemeiner die Achtsamkeit auf die Form kann uns also nicht nur helfen, uns besser zu erden, sie ermöglicht uns auch, unsere Wahrnehmung zu schärfen.

Nehmen Sie sich jetzt einen Moment Zeit, sich, wo immer Sie sich gerade befinden mögen, auf eine Form zu konzentrieren. Welche Form das ist, spielt keine Rolle. Es kann Ihre Hand sein, ein Tisch, das Buch, das Sie in der einen, oder der iPod, den Sie in der anderen Hand halten.

Registrieren Sie es ...

Sehen Sie es an ...

Okay, die Minute ist um.

Wie war diese Erfahrung?

Haben Sie sich ein wenig präsenter, ein wenig geerdeter gefühlt? Oder gar ein bisschen verunsichert?

Jede dieser Reaktionen kann auftreten, wenn wir anfangen, Achtsamkeit auf den Körper und die Welt der Formen zu praktizieren. Es braucht Zeit, um mit alten Gewohnheiten zu brechen. Einfach nur zu sehen und unser bloßes Gewahrsein auf das Gesehene zu richten ist anfangs manchmal eine echte Herausforderung. Aber mit der Zeit fallen uns solche Versuche leichter.

Wenn wir uns auf diese Weise üben, können wir unsere Aufmerksamkeit, unsere Wertschätzung, auf den Raum, in dem wir sitzen, auf die Welt und das ganze Universum der Form ausdehnen: die Bäume vor unserem Fenster, das Gras, die Blumenbeete. Selbst wenn wir nur auf einem Stuhl in unserer Kammer sitzen, können wir ein Gefühl der Wertschätzung dafür entwickeln, dass wir Teil eines weit größeren Reiches von klaren, in diesem Moment vorhandenen Formen sind. Und wenn wir uns von unserem Stuhl erheben, nehmen wir dieses Gewahrsein, diese Wachheit, diese Wertschätzung mit uns.

Staunen

Als Kinder sind wir verliebt in das Wunder des Lebendigseins. Wir sind fasziniert von unserem Körper, fasziniert von all den Sachen ringsherum. Und in gewisser Weise ist die Achtsamkeit auf den Körper ein großer Schritt auf dem Weg, uns neu in das schiere Wunder des Lebendigseins zu verlieben. Doch wie wir eine Brücke nicht mit einem einzigen Schritt überqueren können, vermögen wir auch dieses Ziel nicht sofort zu erreichen. Wir müssen unsere Erfahrungen schrittweise machen und erst gehen lernen, bevor wir laufen können.

Als Vater konnte ich allerdings an meinen Töchtern sehen, dass sie zu laufen versuchten, kaum dass sie gehen gelernt hatten. Und dabei rannten sie geradezu in den Ärger hinein, was wir ja alle schon getan haben. Als Kinder laufen wir vielleicht auf einer stark befahrenen Straße unserem Ball hinterher. Später als Erwachsene jagen wir möglicherweise einer bestimmten Person nach, die uns nichts Gutes will, oder einer gesellschaftlichen Rolle, für die wir nicht geschaffen sind.

Achtsamkeit auf den Körper kann uns helfen, wenn wir diesen Impuls – losrennen zu wollen – besser in den Griff bekommen oder uns zumindest fragen möchten, wovor wir da wegrennen bzw. wem oder was wir eigentlich nachlaufen. Sie ist der erste Schritt, um unserer Identifikation mit unseren verschiedenen »Ichs« und den Geschichten ein Ende zu setzen, Storys, mit denen wir uns einlullen und die uns meist nur hindern, unser unglaubliches Potenzial zu entfalten.

Eine dieser Kopfgeschichten hat mir ein Schüler erzählt, der eines Tages völlig verzweifelt in das Zimmer seines Lehrers kam. »Mein unterer Rücken ist total verspannt«, rief er, »und ich bin so verkorkst, dass ich nie Kontakt zu anderen Menschen bekommen werde. Ich werde immer ein Außenseiter sein. Ich bin einfach kommunikationsgestört.«

Der Lehrer sah ihn an und meinte: »Dein unterer Rücken ist verspannt.«

»Ja!«, rief der Schüler. »Deswegen finde ich keinen Kontakt zu anderen Menschen. Ich empfinde kein Mitgefühl. Ich werde immer einsam sein.«

Der Lehrer sah ihn wieder an und meinte: »Dein Rücken ist verspannt.«

»Das habe ich doch gesagt«, entgegnete der Schüler verzweifelt. »Deshalb bin ich von anderen abgeschnitten. Es ist schrecklich.«

Der Lehrer schwieg eine Weile, sah ihn noch einmal an und sagte: »Dein Rücken ist verspannt. Alles andere sind einfach nur Geschichten.«

Doch woher kommen diese Geschichten?

SIEBEN

Der subtile Körper

Ich war jung und stand noch ganz am Anfang meiner Ausbildung, als mich mein Haupttutor Tselwang Rindzin mit einem Aspekt unserer Natur bekannt machte, der mir half zu verstehen, warum ich mich in Tashi Jong immer unwohler fühlte.

Mehrere Jahre lang hatte ich an Magen- und Mundgeschwüren gelitten, meine Kopfhaut war grindig und entzündet. Ich konnte nicht schlafen und nicht essen. Ich konnte mich nicht entscheiden: Sollte ich tun, was immer nötig war, um der Probleme Herr zu werden, oder wäre es nicht besser, mich gleich in ein Loch zu verkriechen, um zu sterben?

Schließlich erklärte mir Tselwang Rindzin, dass meine Schwierigkeiten mit einem Aspekt unserer Natur zusammenhänge, der im Buddhismus als »subtiler Körper« bezeichnet wird. Am besten kann man den subtilen Körper wohl als Sitz und Ursprung unserer Emotionen beschreiben. Als solcher kann er massiv auf den physischen Körper einwirken.

Es war spät am Nachmittag, als mein Tutor mich aufforderte, mich zu setzen, weil er mit mir reden wollte. Die anderen Tulkus, die sich zusammen mit mir seine kleine Hütte teilten, waren draußen und plauderten mit ein paar Mönchen. Ich konnte ihre fröhlichen Stimmen hören, während ich neben ihm auf dem Bett saß und durch ein kleines Fenster in das goldene Licht der tiefstehenden Sonne schaute.

»Ich habe dich genau beobachtet«, hob er an. »Vielleicht war ich mit dir ein wenig strenger als mit den anderen Schülern, weil du erst spät hierhergekommen bist und die Tsoknyi-Linie so wichtig ist.«

Der Schweiß brach mir aus, und ich harrte ängstlich der Dinge, die da wohl auf mich zukommen würden. Ich war mir absolut sicher, dass er mir eine Standpauke halten würde, die sich gewaschen hätte. Immerhin hatte er mich erwischt, als ich gerade ins nächste Dorf verschwinden wollte, um mir Filme anzusehen. Außerdem hatte er Wind davon bekommen, dass ich gelegentlich mit den Mädchen im Dorf redete.

»Deine Studien sind bisher ganz gut verlaufen«, fuhr er fort. »Du hast ein ganz gutes intellektuelles Verständnis des Ich erworben und weißt, dass es manchmal auch zum Hindernis werden kann, die Lehren des Buddha wirklich zu praktizieren. Aber...«

Er hielt inne.

Die Sonne ging langsam unter, und mir lief ein Schauer den Rücken hinunter.

»Ich sehe auch«, sagte er, als er schließlich den Faden wiederaufnahm, »dass du unglücklich bist. Und das hat dich krank gemacht und auch ein wenig ungehorsam werden lassen.«

Seine Miene war so streng wie eh und je, und ich dachte, jetzt müsste ich die erwartete Strafpredigt über mich ergehen lassen. Stattdessen milderte sich sein strenger Blick. Eine kaum merkliche Veränderung seiner Körperhaltung verriet mir, dass er etwas anderes im Sinn hatte.

»Ich denke«, fuhr er fort, »dass es jetzt an der Zeit ist, dich ein paar Dinge zu lehren, die nicht Teil der traditionellen Ausbildung sind.«

Ich stellte mich möglichst gleichgültig, um meine Neugier nicht zu verraten, während ein seltenes Lächeln auf sein Gesicht trat.

»Du weißt, dass du einen physischen Körper hast«, fing er an zu erklären. »Und du hast verstanden, wie der Geist die Vorstellung von einem Ich erzeugt. Aber es gibt eine Ebene ... (hier hielt er einen Moment inne, um nach dem richtigen Wort zu suchen) der Erfahrung, die zwischen diesen beiden liegt. Diese Ebene ist der subtile Körper.«

Er seufzte.

»Den subtilen Körper zu beschreiben ist so schwer, wie den Geschmack von Wasser darzulegen. Du weißt, dass du Wasser trinkst, wenn du Wasser trinkst. Du spürst das Verlangen nach Wasser, wenn du Durst hast. Du spürst die Erleichterung, wenn der Körper seine Feuchtigkeit aufnimmt. Doch kannst du jemand anderem den Geschmack von Wasser beschreiben?

Genauso verhält es sich mit dem Gefühl emotionaler Ausgeglichenheit. Kannst du es jemand anderem beschreiben? Oder das befreiende Gefühl, wenn man sie erlebt? Ich weiß es nicht«, murmelte er. »Aber ich will es versuchen.«

Subtile Anatomie

Der tibetische Buddhismus lehrt, dass sowohl die emotionalen Muster, die über unser inneres Gleichgewicht oder Ungleichgewicht bestimmen, als auch die körperlichen und psychischen Symptome, die infolge eines dauerhaft gestörten Gleichgewichts auftreten, Funktionen unseres subtilen Körpers sind.

Aus den Schriften und öffentlichen Belehrungen ist wenig über den subtilen Körper zu erfahren, da dieses Thema als Gegenstand der höheren Lehren des tibetischen Buddhismus gilt. Ich bin jedoch der Ansicht, dass ein gewisses Grundverständnis des subtilen Körpers und des Einflusses, den er auf unser Handeln, unser Denken und speziell unsere Emotionen ausübt, unabdingbar ist. Anderenfalls wird es schwer, die Schichten unseres Geistes richtig zu verstehen, die uns daran hindern, dass wir uns mit uns selbst, unseren Mitmenschen und unseren Lebensumständen auf offene, warmherzige Art verbinden. Zudem sind ohne ein solches Grundverständnis die meisten Meditationstechniken nicht mehr als simple Übungen zur Ausdehnung unserer Komfortzone, wodurch letztlich nur unser »Ich«-Gefühl verfestigt wird.

Im Prinzip ist der subtile Körper eine Art Schnittstelle zwischen Geist und physischem Körper, über die die beiden Seinsaspekte miteinander kommunizieren. Traditionell wird dieses Zusammenwirken anhand des Bildes von Glocke und Klöppel erklärt, wobei der Klöppel für den subtilen Körper und das Geflecht der Gefühle steht, der Mantel der Glocke hingegen für den physischen Körper. Schlägt der Klöppel gegen die Glocke, zeigt der physische Körper mit seinen Nerven, Muskeln und Organen eine Reaktion. Es ertönt gleichsam ein Laut.

Nun ist der subtile Körper natürlich etwas komplexer als eine Glocke. Er besitzt drei »Organe«, die zueinander in Beziehung stehen. Das erste bezeichnet man im Tibetischen als *tsa*, ein System von »Leiterbahnen« oder »Kanälen«, so die gebräuchliche Übersetzung. Wer sich mit Akupunktur beschäftigt, wird Parallelen feststellen zwischen diesen Kanälen und den Meridianen, wie man sie häufig in Lehrbüchern zur Akupunktur beschrieben findet. Andere sehen vielleicht eher Gemeinsamkeiten zwischen den *tsa* und dem Nervensystem des physischen Körpers. Tatsächlich besteht hier eine enge Verbindung.

Diese Kanäle sind das Trägermedium für das, was wir als »Lebensfunken« bezeichnen könnten. Auf Tibetisch werden diese »Funken« als *tigle* bezeichnet, was gewöhnlich mit »Tropfen« übersetzt wird – ein Ausdruck, der uns eine gewisse Vorstellung von dem vermitteln soll, was durch diese Kanäle fließt.

Heutzutage können wir uns diese »Tropfen« wie Neurotransmitter vorstellen, »chemische Botenstoffe« des Körpers, die unsere körperliche, geistige und emotionale Verfassung beeinflussen. Einige dieser Neurotransmitter sind mittlerweile gut bekannt: Ein Mangel an Serotonin kann beispielsweise zu Depression führen. Wenn wir Glück empfinden, geht dies auf die Ausschüttung von Dopamin zurück. Epinephrin, besser bekannt als Adrenalin, wird produziert, wenn wir unter Stress stehen, ängstlich oder besorgt sind. Neurotransmitter sind winzige Moleküle, deren Wirkmechanismus ausgesprochen subtil ist, obwohl sie spürbare geistige und körperliche Veränderungen bewirken.

Durch diese Kanäle transportiert werden die *tigle* von einer Energie, die auf Tibetisch *lung* heißt, was so viel wie »Wind« bedeutet – die Kraft, die uns körperlich, geistig und emotional bald in die eine, bald in die andere Richtung treibt. Nach buddhistischer Auffassung ist jede Form von Bewegung, Gefühl und Gedanke nur durch *lung* möglich: kein *lung*, keine Bewegung. Das *lung* hat seinen Sitz in einem Bereich, der etwa vier Finger breit unterhalb des Nabels liegt (vergleichbar dem Tan-t'ien im Qi Gong). Von hier aus fließt es in die Kanäle und verteilt als Trägersubstanz die Lebensfunken oder Lebensenergie, die unser psychophysisches System aufrechterhält.

Da wir aber den subtilen Körper weder sehen noch berühren können, woher wissen wir dann, dass es ihn gibt?

Unangenehme Situationen akzeptieren

Ich brauchte ein paar Jahre, bis ich eine Antwort auf diese Frage gefunden hatte. Und das auch nur dank eines eher peinlichen Erlebnisses, das mir widerfuhr, als ich zum ersten Mal in Nordamerika war, um ein Seminar zu geben.

Der Flug von Nepal nach Kalifornien war sehr lang gewesen, und als ich endlich ankam, musterte mich die Frau, die das Seminar organisiert hatte, von oben bis unten.

»Rinpoche, Sie sehen ja gar nicht gut aus!«, rief sie. »Soll ich Ihnen einen Physiotherapeuten besorgen?«

Dankbar willigte ich ein.

Sie vereinbarte einen Termin, und ein paar Tage später erhielt ich Besuch von einer Physiotherapeutin. Ich fand sie ein wenig beängstigend, wie ich zugeben muss, mit ihrer schwarzen, nietenbesetzten Lederkluft, doch darum geht es hier nicht. Sie sagte, ich solle mich auf die eine Hälfte des Doppelbettes legen, das in meinem Zimmer stand. Dann fing sie an, ihre Hände über meinem Körper kreisen zu lassen, wobei sie mich hin und wieder leicht mit einer sanften, kitzelnden Bewegung streifte. Ich spürte zwar eine Art Prickeln, doch ich hatte eigentlich gehofft, ich würde so etwas wie eine Massage bekommen, um die Verspannungen in meinen Muskeln zu beseitigen. Nach einer halben Stunde sagte sie, ich solle mich auf den Rücken legen (was gar nicht so leicht war, weil ich mich ein wenig in meinen Roben verhedderte). Wieder ließ sie ihre Hände über mir kreisen. Allmählich wurde ich ein bisschen sauer, und schon entstand die schönste Kopfgeschichte.

»Sie hat gesagt, sie wolle mich eine Stunde lang behandeln«, dachte ich bei mir. »Jetzt ist schon eine halbe Stunde vorbei, und sie hat keinen einzigen Muskel massiert. Na ja, vielleicht muss sie erst herausfinden, wo genau meine Verspannungen sitzen. Dann wird sie sie schon wegmassieren.«

Sie ließ ihre Hände wieder ein wenig kreisen und machte leichte, kitzelnde Berührungen. Dann nahm sie meinen rechten Arm und bewegte ihn im Kreis auf und ab. In dem Moment schoss es mir durch den Kopf: »Was für eine Therapie soll das denn sein? Meinen Arm kann ich gerade noch allein bewegen!«

Plötzlich fauchte sie mich von der anderen Hälfte des Doppelbettes an: »Rinpoche, entweder mache ich die Arbeit oder Sie!« Ich begriff nicht so recht, was sie von mir wollte. Dann machte ich die Augen auf und sah, dass mein Arm steif und gestreckt im rechten Winkel vom Körper abstand. Mein wütender innerer Dialog, all die Erwartungen, all die negativen Emotionen hatten meinen Arm regelrecht erstarren lassen. Die Lederdame hatte längst losgelassen, doch mein Arm stand immer noch in der Luft.

Das Ganze war mir höchst peinlich. Sofort ließ ich meinen Arm sinken.

Sie arbeitete noch ein wenig an meinem Arm, dann war die Zeit um. Sie fragte mich, ob ich eine weitere Behandlung wünschte, und ich brummelte was von »in ein paar Tagen«.

Als sie weg war und ich noch einmal nachdachte über das, was passiert war, begriff ich, welch innige Verbindung zwischen subtilem und physischem Körper besteht. Mein Körper war vollständig unter die Kontrolle meiner Emotionen geraten.

Es war eine Offenbarung für mich, so unmittelbar am eigenen Leib zu erfahren, was der subtile Körper bewirken kann. Obwohl mir diese Erfahrung zunächst unangenehm war, konnte ich sie am Ende schätzen – mag sein, dass ich ein wenig schwer von Begriff bin. Ich respektiere zwar die Lehren der Meister der Vergangenheit, aber solange ich etwas nicht aus eigener Erfahrung kapiert habe, leuchten sie mir nicht ein.

Eine Frage des Gleichgewichts

Idealerweise befindet sich der subtile Körper in einem Zustand des Gleichgewichts. Die Kanäle sind offen, die Windenergie ist in ihrem »Stammsitz« gesammelt und verteilt sich ungehindert durch die Kanäle. Die Funken des Lebens durchströmen uns mühelos. Wir verspüren ein Gefühl von Leichtigkeit, Schwung, Offenheit und Wärme. Obwohl unser Stundenplan dicht gefüllt ist, uns eine lange Zugfahrt oder ein wichtiges Treffen bevorsteht, fühlen wir uns ruhig und zuversichtlich. Wir sind heiter, was immer der Tag auch bringen mag. Wir sind einfach »grundlos glücklich«.

Doch können wir morgens auch aufwachen, dieselben äußeren Umstände – dasselbe Bett, dasselbe Zimmer, dieselben Aufgaben – vorfinden und uns bleischwer fühlen, zornig, niedergeschlagen, sorgenvoll. Am liebsten würden wir im Bett liegen bleiben, und wenn wir dann doch aufstehen, verstecken wir uns hinter unserer Zeitung oder dem Computer. Wir sind »grundlos unglücklich«. Genauer gesagt, sind wir aus einem Grund unglücklich, den wir nicht nennen können.

Dies ist einer der Gründe, warum der subtile Körper als »subtil« bezeichnet wird. Das Zusammenspiel von *tsa*, *lung* und *tigle* ist nicht so leicht zu erkennen. Wir werden meist erst auf diese Zusammenhänge aufmerksam, wenn sich ein Ungleichgewicht als ausgewachsenes emotionales, mentales oder körperliches Problem bemerkbar macht. Gewöhnlich werden wir uns der Muster, die sich auf der Ebene des subtilen Körpers herausbilden, nicht unmittelbar bewusst. Sie können im Laufe der Zeit aber so mächtig werden, dass sie sich eines Tages mit einem Paukenschlag bemerkbar machen, wenn wir uns nicht vorher darum kümmern.

Die Ursachen für ein gestörtes Gleichgewicht

Es gibt zwei Hauptursachen, die das Gleichgewicht des subtilen Körpers beeinträchtigen können. Die erste Ursache sind

Störungen der Energiekanäle *(tsa)*, die zweite ist eine aufgewühlte Energie *(lung)*.

Die *tsa* können – meist infolge eines Schocks oder einer traumatischen Erfahrung – blockiert oder verlegt werden. Vor ein paar Jahren flog ich von Pokhara, das in einer tieferen Region Zentralnepals liegt, nach Muktinath, einem hochgelegenen Bergdorf im Himalaja. Das Flugzeug war ziemlich klein. Es hatte vielleicht achtzehn Sitzplätze, die überwiegend mit ausländischen Touristen besetzt waren. Die meisten von ihnen befanden sich auf Pilgerreise.

Ich flog nach Muktinath, um mir das dortige buddhistische Nonnenkloster anzusehen. Die Tempel und sonstigen Gebäude waren baufällig und die Lebensbedingungen der Nonnen erschreckend. Es gab weder genügend finanzielle Mittel noch fachkundige Handwerker, um die Gebäude instand zu halten.

Das Flugzeug sollte um 8.00 Uhr starten, um nicht in die starken Winde zu kommen, die sich so gut wie immer im Laufe des Tages entwickeln. Doch seinerzeit konnte man den Flugverkehr in Nepal bestenfalls als unregelmäßig bezeichnen. Flugzeuge starteten oft Stunden später als vorgesehen. Schließlich hoben wir mit dreieinhalbstündiger Verspätung ab – also lange nachdem die Winde eingesetzt hatten.

Als wir zwischen zwei hohen Bergen hindurchflogen, wurde unsere kleine Maschine fast eine halbe Stunde lang von heftigen Turbulenzen geschüttelt. Viele Passagiere schrien vor Angst oder weinten, weil sie glaubten, dass sie sterben müssten. Ich wandte eine Technik an, die mir half, mich ein wenig zu beruhigen: Statt die Auf-und-ab-Bewegungen des Flugzeugs zu registrieren, schaute ich aus dem Fenster und fixierte einen der Berge. Ich muss zugeben, dass mir die Angst genauso im Nacken saß wie den anderen Passagieren. Die Angst und der Schock hatten meine *tsa* »verknoten« lassen. Obwohl wir wohlbehalten landeten, betete ich, dass sich eine andere Möglichkeit ergeben möge, nach Pokhara zurückzukehren – mit dem Bus oder dem Auto, was auch immer. Doch die einzige Möglichkeit damals war das Flugzeug. Auf dem Rückflug, mit vielen ausländischen Touristen in dieselbe kleine Maschine gepfercht, schwitzte ich meine Roben total durch. Ich krallte mich regelrecht in meine Armlehne. Das beruhigte mich zwar ein wenig, doch natürlich wusste ich, dass all das nichts nutzen würde, wenn das Flugzeug tatsächlich abstürzte.

In traumatisierenden Situationen wie dieser wird unser Verstand kopflos, und unser inneres Kanalsystem verknotet sich. Es bilden sich Muster, die nicht nur auf unsere emotionalen, sondern auch auf unsere körperlichen Reaktionen Auswirkungen haben.

Wiederholen sich im Laufe eines Lebens bestimmte negative Erfahrungen, so kann sich unseren *tsa* ebenfalls ein Störmuster einprägen. So erzählte mir beispielsweise eine Frau, als sie noch ein Kind war, hätten die Erwachsenen in ihrem Umfeld immer gesagt: »Halt deinen Mund… beschwer dich nicht und sei still.« Daher schnürte sich ihr, wann immer sie später sagen wollte, was sie dachte oder fühlte, die Kehle zu, und der Mund wurde ihr trocken. Sie ist mit einem Mann verheiratet, der sie misshandelt, aber sie kann darüber nicht sprechen. Jedes Mal, wenn sie eine Notrufnummer anrufen will, werden ihre Finger steif, und die Stimme versagt ihr.

Ein aufgewühltes *lung* ist die zweite Ursache, die das Gleichgewicht des subtilen Körpers stören kann. Dies ist eine »Nebenwirkung«, die bei der Entwicklung der verschiedenen Schichten des »Ich« häufig auftritt. Sobald wir in die Welt des »festen Ich« (und damit automatisch des »festen anderen«) eintreten, werden wir anfällig für Hoffnung und Angst, Anziehung und Abneigung, Lob und Tadel.

Da wir sozusagen abgeschnitten sind von dem grundlegenden Funken ursprünglicher Liebe, Klarheit und Offenheit, der unsere wahre Natur ist, fangen wir an, uns außerhalb nach Erfüllung umzusehen – durch Leistung, Anerkennung, Beziehungen und Besitz. Doch weil das, was wir suchen, in den meisten Fällen enttäuschend ist und, falls wir es finden, die Leere in uns nicht ausfüllen kann, suchen wir weiter, strengen uns noch mehr an. Die Folge ist, dass das *lung*, unsere innere Energie, aufgewühlt und in Unruhe versetzt wird. Das macht uns rastlos und gehetzt. Der Puls steigt, und wir können nicht mehr richtig schlafen.

Diese rastlose Energie nährt sich selbst. Ohne es zu merken, gehen, reden, essen wir schneller. Oder wir leiden an Kopf- oder Rückenschmerzen, Ängsten und nervösen Störungen. Selbst wenn wir eigentlich schlafen oder ein kleines Nickerchen machen könnten, hindert unsere innere Unruhe uns daran, ein wenig Entspannung zu finden. Unser *lung* treibt uns, etwas zu tun, aber wir wissen nicht, was.

So hat mir einer meiner Schüler erzählt, ein Freund hätte ihm, als er mitten in einem arbeitsintensiven Projekt steckte und körperlich ziemlich erschöpft war, angeboten, sich doch in der Hängematte draußen vor dem Haus auszuruhen. Es war ein milder Sommertag, er war umgeben von duftenden Blumen und zwitschernden Vögeln.

»Doch ich konnte einfach nicht schlafen«, sagte er. »Etwas ging dauernd in meinem Kopf um. Dauernd hatte ich das Gefühl, dass ich meine Zeit verschwendete und mich besser an die Arbeit machen sollte. Da waren Telefonanrufe und Mails, die beantwortet werden musste. Ich hatte einen Haufen Arbeit.«

»Dieses ›Etwas‹«, erklärte ich ihm, »ist dein *lung*. Es steckt in einem bestimmten Muster fest. Das *lung* ist ein bisschen blind. Eine subtile innere Unruhe, die weder in deinem Geist noch in deinem Körper zu Hause ist, lässt dich nicht zur Ruhe kommen, ganz egal, wie müde du bist.«

Diese subtile innere Ruhelosigkeit kann schwerwiegende Konsequenzen haben, wenn wir das Problem nicht rechtzeitig angehen. Ein gestörtes *lung* kann zu Herzproblemen oder anderen körperlichen Schwierigkeiten führen. Wir sind von einer fieberhaften Unruhe befallen, unsere Augen brennen, unsere Haut spannt. Nachts liegen wir schwitzend und schlaflos im Bett, wälzen uns herum, um eine bequeme Lage zu finden, während unser *lung* auf Hochtouren läuft und alle möglichen Gedanken, Emotionen und körperlichen Empfindungen produziert. Manchmal finden wir vielleicht sogar eine rationale Begründung für unsere Unruhe – Termindruck, Streit, Geldsorgen oder gesundheitliche Probleme –, doch selbst wenn die scheinbare Ursache gefunden ist, löst sich unsere Rastlosigkeit nicht auf.

Wird diese Energie übermächtig, führt sie zu Erschöpfung, Antriebslosigkeit und Depressionen. Dann fühlen wir uns ausgebrannt, lustlos und können uns nicht einmal zu den simpelsten Aktivitäten aufraffen. Wir schlafen immer öfter auch tagsüber, doch im Schlaf werden wir von schlechten Träumen heimgesucht.

Ist das Gleichgewicht des subtilen Körpers gestört, staut sich das *lung* – meist in der oberen Körperhälfte, zum Beispiel in Kopf oder Brust. Einer meiner Bekannten hatte so starke Schulter- und Nackenschmerzen, dass er seine Freunde bat, sich auf seinen Rücken zu stellen und ihn mit den Füßen zu massieren, während er auf dem Bauch lag. Doch auch dies war nur eine Notlösung und musste jeden Tag wiederholt werden.

Oft führt ein gestörtes energetisches Gleichgewicht zur Entstehung von Mustern, die scheinbar ein Eigenleben führen. Die *tsa* werden blockiert, das *lung* fängt an, auf Hochtouren zu zirkulieren. Die *tigle*, die »Lebensfunken«, stagnieren oder kreisen in fixen Mustern ähnlich Flugzeugen, die auf ihre Landegenehmigung warten. Im Lauf der Zeit kontrollieren diese Muster unser Denken, Fühlen und Verhalten, ohne dass wir es auch nur bemerken.

Da diese Muster in unserem subtilen Körper »sitzen«, müssen wir vorsichtig und mit derselben freundlichen, sanften und wachen Aufmerksamkeit an sie herangehen, mit der wir uns unserem physischen Körper zugewandt haben. Wir fangen damit an, dass wir auf die Alarmsignale des subtilen Körpers achten, wobei wir uns klarmachen, dass sie nur ein Teilaspekt unserer Erfahrung sind.

ACHT

Lerne, das Pferd zu reiten

Eine der Analogien, mit denen Tselwang Rindzin mir an einem längst vergangenen Nachmittag im schwindenden Abendlicht die Beziehung zwischen Geist und subtilem Körper zu erklären versuchte, war das Bild von Ross und Reiter. Ist der Reiter zu nervös oder angespannt, macht er das Pferd scheu. Ist das Tier aber zu wild, macht es den Reiter kopflos.

Dieses Bild von Ross und Reiter habe ich einmal auch im Gespräch mit einem meiner Schüler verwendet, der ein Pferdeliebhaber ist und oft ausreitet. Daraufhin erzählte er mir, was er über den Umgang mit scheuenden Pferden gelernt hatte.

»Pferde flüchten Hals über Kopf vor allem, was sie als Bedrohung ansehen«, sagte er. »Sie rennen einfach blind drauflos. Sie sind panisch und völlig durcheinander. Darum muss der Reiter dem Pferd ruhig zureden, wenn es durchgeht, und es beruhigen.

Die beste Methode, mit einem nervösen Pferd umzugehen«, fuhr er fort, »ist, ihm sanft und unmissverständlich zu verstehen zu geben, was man von ihm will. Achten Sie darauf, dass das Pferd Sie versteht. Lassen Sie ihm Zeit. Üben Sie keinen Druck auf das Tier aus, wenn es durcheinander ist. Sobald es begriffen hat, lassen Sie es gut sein. Das Pferd fühlt sich gut, wenn es gemacht hat, was Sie wollten. Pferde lernen nur auf diese Art.«

Auf diese Art lernt auch unser subtiler Körper: durch sanfte, freundliche Anweisungen und die Bereitschaft loszulassen, sobald er wieder im Gleichgewicht ist.

Doch wie funktioniert das in der Praxis?

Verklebungen entfernen

Was wir auf emotionaler Ebene an Unzufriedenheit, Hektik, Rastlosigkeit und dergleichen erfahren, hat seinen Ursprung in der irrigen Annahme, Ross und Reiter wären identisch. Die Arbeit am subtilen Körper beginnt also damit, dass wir erst einmal versuchen, das eine vom anderen zu unterscheiden, und uns klarmachen, dass Gefühle nicht unwiderruflich festschreiben, wer oder was wir *sind*. Unsere Ich-Identitäten mögen vielleicht durch Muster des subtilen Körpers beeinflusst sein, doch wir sind nicht identisch mit diesen Mustern. Das Pferd ist nicht der Reiter, der Reiter ist nicht das Pferd.

Oft sind unser Selbstbild und unsere Selbstwahrnehmung scheinbar unauflöslich an Muster gebunden, die sich im subtilen Körper gebildet haben. Diese Muster äußern sich meist in störenden Emotionen. Der »Kleber«, der unser Selbstbild und diese Muster so fest aneinanderschweißt, ist unsere Gewohnheit, das »feste Ich« als etwas Absolutes zu sehen, obwohl es nur relative Wirklichkeit besitzt.

Hören wir uns dazu an, was mir eine Krankenschwester berichtet hat, die viele Jahre lang in der Notaufnahme eines Krankenhauses tätig war.

»Im Laufe der Zeit bekam ich immer mehr das Gefühl, ich müsse etwas tun, um diesen Menschen ihre Schmerzen zu nehmen. Mein Verstand und meine Berufserfahrung sagen mir zwar, dass die Ursachen für diese Schmerzen nicht bei mir liegen. Doch in fünfundzwanzig Jahren hat sich irgendwie die Vorstellung in mir festgesetzt, dass ich dafür verantwortlich bin, welchen Verlauf die Krankheit bzw. der Schmerz nimmt – ob die Schmerzen nachlassen, ob Schmerz und Verwirrung zunehmen oder der Patient vielleicht sogar stirbt.

Wenn ein Patient stärkere Schmerzen bekommt oder stirbt, habe ich das Gefühl, dass das meine Schuld ist, dass ich nicht genug getan habe oder meine Sache hätte besser machen müssen. Kurz und gut, ich fühlte mich für alles verantwortlich, was mit den Patienten geschah.

Durch die Belehrungen über den subtilen Körper habe ich gelernt, mit dieser Identifikation in Dialog zu treten und etwas Licht hineinzubringen. Ich rede mit den Stellen meines subtilen Körpers, wo diese Verantwortungsmuster sitzen. Ich erkenne allmählich, dass sie nicht ›ich‹ sind, zumindest nicht zu hundert Prozent. Dass es sich vielmehr um Ablagerungen im Gedächtnis handelt, das, was Sie manchmal ›mentale Rückstände‹ nennen, die man anerkennen, spüren, akzeptieren und in einem Strom offenherziger Zuwendung auflösen muss.

Sie haben uns ja viele ›technische‹ Erläuterungen zum subtilen Körper gegeben, doch was am stärksten bei mir hängen geblieben ist, ist ein kleiner Satz, den Sie gesagt haben, als Sie die Arbeit mit Emotionen beschrieben: ›Schatz, wir müssen miteinander reden.‹

Das hat mich so sehr daran erinnert, wie mein Mann und ich miteinander und mit unseren Kindern umgehen. Er ist so menschlich, so einfach. Ich wäre nie auf die Idee gekommen, dass ich mit meinen Emotionen genauso umgehen könnte wie mit meiner Familie. Dieser kleine Satz aber hat mir die Augen geöffnet. Mein Mann ist nicht ich. Meine Kinder sind nicht ich. Ebenso wenig sind meine Emotionen ich. Doch statt zornig oder grollend auf sie loszugehen, kann ich einen verständnisvollen Dialog mit ihnen beginnen:

›Schatz, wir müssen miteinander reden.‹«

Den Dialog eröffnen

Wie oft haben wir diesen Satz schon gehört? Doch wie selten haben wir ihn als Einstieg in einen Dialog mit unserer eigenen Erfahrung genutzt!

Um die mentalen Rückstände zu lösen und zu entfernen, die der Stoff für unsere Ich-Identifikationen sind, müssen wir eine gewisse Achtsamkeit gegenüber unserer Neigung entwickeln, uns mit unseren Gefühlen zu identifizieren. Wir müssen verstehen, dass unsere Emotionen nur einen Teil und nicht die Gesamtheit unserer Erfahrungen ausmachen. Genau das ist es, worum es bei der Achtsamkeit auf Gefühle geht. Sie ist eine Methode, unseren subtilen Körper zu beruhigen und davor zu bewahren, dass er sich alten Gewohnheiten folgend mit unseren Emotionen identifiziert und damit gleichsetzt.

Versuchen Sie es einmal mit dieser Praxis, wenn Sie das nächste Mal eine heftige Emotion aufsteigen fühlen. Sagen Sie sich, dass egal, was Sie im Augenblick verspüren mögen, dies nicht Ihr ganzes »Ich« ausmacht, sondern nur ein kleiner Ausschnitt des Spektrums Ihrer Erfahrungen ist. Tun Sie das auf eine sanfte, begütigende Art und Weise. Gehen Sie nicht auf die Empfindung bzw. das Muster los, das dieser Emotion zugrunde liegt, sondern bereiten Sie ihr in Ihrem Geist einen Ort, an dem sie zur Ruhe kommen kann.

Ein erster Anfang wäre es, sich mit Ihren *tsa* zu unterhalten, den Energiekanälen.

Ein kleines Beispiel. Nach meinem denkwürdigen Flug nach Muktinath, auf dem ich so sehr durchgerüttelt wurde, begann ich aufgrund meiner Lehrtätigkeit viel in der Welt herumzureisen. Bei jedem Flug erfasste mich dieselbe Panik. Ich war regelmäßig schweißgebadet und krallte mich an meiner Armlehne fest, obwohl ich nun mit viel größeren und besseren Maschinen flog und wir auch nie in solche Turbulenzen gerieten wie damals in Nepal. Drei Jahre lang versuchte ich jedes nur erdenkliche Mittel – beten, meditieren, aus dem Fenster schauen, lesen –, doch jedes Mal packte mich diese Angst, die sich in mir festgesetzt hatte.

Schließlich kam ich auf die Idee, doch einfach mit meinen *tsa* zu reden: Ich konnte diese Empfindung als Gefühl akzeptieren, als Teil meiner Erfahrung, die nicht mein gesamtes »Ich« ausmachte. Als ich beschlossen hatte, diese Angst als Gefühl zu akzeptieren, begann ich ein freundliches Gespräch mit ihr: »Hallo. Ich weiß, warum du hier bist. Wenn du willst, kannst du auch gern bleiben. Ich möchte dir nur sagen, falls es dich interessiert, dass das heute eine völlig andere Situation ist. Wie gesagt, du kannst gern bleiben, wenn du magst, aber es gibt keinen Grund zu bleiben, wenn du nicht willst.«

Muster, die sich unseren *tsa* eingeprägt haben, sind natürlich umso mächtiger, je erregter unser *lung* ist. Wir müssen also auch lernen, mit dem *lung* zu arbeiten.

Was wir wissen müssen, um mit dem aufgewühlten *lung* zu arbeiten, ist, dass wir nicht das *lung* spüren, sondern den Druck, den es auf die *tsa* ausübt und der sich als Emotion oder körperliche Empfindung äußern kann. Spüren wir, wo bzw. wie der »Schuh drückt«, so zeigt uns das, wo ein Überschuss an *lung* vorhanden ist respektive wo es sich staut. Wir schließen die Augen und richten unsere Aufmerksamkeit eine Zeit lang auf den Bereich, wo wir die größte Unruhe oder das größte Unbehagen fühlen.

Schmerzt Ihr Nacken?
Sind Ihre Schultern verspannt?
Rast Ihr Herz?
Schwitzen Sie stark?
Fühlt sich Ihr Kopf schwer an?
Widerstehen Sie hierbei der Versuchung, Ihrem »Pferd« die

Zügel anzulegen. Ein anderer Reiter hat mir einmal geschrieben: »Ich muss oft darüber nachdenken, wie viele Gedanken und Gefühle ich meinem Pferd übermittle, wenn ich es reite, und wie es jedes einzelne Signal aufnimmt und darauf reagiert. Ich weiß, es möchte, dass ich ruhig bleibe, es führe und ihm das Gefühl von Sicherheit gebe, wenn es nervös wird.«

Doch wie vermitteln wir dieses Gefühl von Ruhe und Vertrauen, woher kommt es?

Aus unserem inneren Funken.

Eine Frau, die an chronischer Polyarthritis litt, beschrieb dies so: »Ich schaue in die Essenz jeder Empfindung, die aufsteigt, und sehe, dass das, was ich gerade erfahre, nicht mein ganzes Ich ist. Sicher, ich spüre Schmerzen, doch ich fühle auch Liebe für meinen Mann, meine Kinder und Enkelkinder. Das ist mir eine große Hilfe. Diese Schmerzgefühle sind nur Teil einer umfassenderen Erfahrung. Schmerz ist lediglich ein Aspekt, die Liebe ist viel größer. Ich will mit meinem Mann, den Kindern und Enkelkindern zusammen sein. Ich genieße es, sie alle um mich zu haben. Natürlich entgeht ihnen nicht, dass ich Schmerzen habe, und sie helfen mir im Haushalt. Doch sie wissen, dass ich trotzdem meinen Anteil erledigen will, und respektieren das. Und ich respektiere, dass sie das respektieren. Daraus hat sich eine ganz neue Situation ergeben. Ich war durch und durch Mutter und sah es als meine Aufgabe an, mich um alle und alles zu kümmern. Jetzt hilft jeder irgendwie mit.

Am liebsten würde ich losheulen, wenn eines meiner Enkelkinder mich fragt: ›Oma, soll ich den Tisch abräumen?‹ Oder: ›Oma, soll ich das Geschirr abtrocknen?‹

Dieser Zusammenhalt, diese Rücksichtnahme war zuvor in unserer Familie nicht unbedingt üblich. Nun sind sie zu einer Selbstverständlichkeit geworden.

Mit all den Veränderungen, die bei uns vorgehen, stelle ich

fest, dass meine Schmerzen allmählich leichter werden. Meine Knochen tun nicht mehr so weh.

Vielleicht ist es ja ein wenig selbstsüchtig von mir, meiner Familie zu verschweigen, dass ich nicht mehr so starke Schmerzen habe. Doch wenn ich sehe, wie alle zusammenkommen, um – wie soll ich sagen? – ihr Herz zu entdecken, ihre Verbundenheit, dann macht mich das glücklich. Das gibt mir das Gefühl, als Mutter und Großmutter etwas bewirkt zu haben. Vielleicht bleibt all das ja nur auf unsere Familie beschränkt, doch ist es nicht schön, sich vorzustellen, dass die Kinder und Enkelkinder etwas von dieser Freundlichkeit in die Welt hinaustragen?

Ich bin schon alt und werde das vielleicht nicht mehr miterleben. Doch ich stelle mir gern vor, dass es so kommen könnte.«

Vasenatmung

Was dieser Frau und vielen anderen Menschen geholfen hat, mit ihren Emotionen besser umzugehen, ist eine Meditationstechnik, die uns ermöglicht, das *lung* wieder zurück in sein Zentrum, an seinen natürlichen »Sitz« zu bringen. Dazu benutzen wir eine bestimmte Atemtechnik, denn unser Atem ist das physische Gegenstück zur Windenergie des *lung*.

Diese Atemtechnik trägt den Namen »Vasenatmung«. Man atmet dabei noch tiefer als bei der sogenannten Tiefen- oder Zwerchfellatmung, wie sie in vielen Yogakursen oder vergleichbaren Übungssystemen gelehrt wird.

Die Technik selbst ist recht einfach. Atmen Sie langsam und vollständig aus, als wollten Sie mit Ihren Bauchmuskeln die Wirbelsäule berühren. Atmen Sie anschließend langsam wieder ein und stellen Sie sich vor, wie Ihr Atem an eine Stelle strömt, die vier Finger breit unterhalb Ihres Nabels in gerader Linie über dem Schambein liegt. Dieser Bereich ist ein bisschen wie eine Vase geformt, daher der Name dieser Atemtechnik. Natürlich strömt Ihr Atem nicht wirklich dort hinunter, aber indem Sie Ihre Aufmerksamkeit auf diesen Bereich richten, werden Sie feststellen, dass Sie tiefer als gewöhnlich einatmen und sich die Vasenregion etwas weiter anfühlt.

Während Sie weiter einatmen und Ihre Aufmerksamkeit auf den Bereich unterhalb des Nabels richten, wird Ihr *lung* allmählich nach unten in die Vasenregion fließen und dort bleiben. Halten Sie den Atem ein paar Sekunden lang in der Vasenregion fest – doch nicht so lange, dass Sie stoßartig ausatmen müssen – und atmen Sie dann langsam wieder aus.

Machen Sie drei oder vier langsame Atemzüge wie eben beschrieben: vollständig ausatmen, einatmen in die Vasenregion. Atmen Sie nach der dritten oder vierten Einatmung nicht vollständig aus, sondern versuchen Sie, am Ende der Ausatmung etwas Luft – vielleicht zehn Prozent – in der Vasenregion zu halten. Stellen Sie sich dabei vor, ohne Zwang oder Druck auszuüben, dass Sie ein bisschen *lung* an seinem natürlichen Sitz festhalten. Probieren Sie die Vasenatmung gleich jetzt aus.

Atmen Sie vollständig aus, atmen Sie sanft und langsam ein und lenken Sie den Atem in die Vasenregion. Wiederholen Sie das drei- oder viermal. Behalten Sie bei der letzten Ausatmung ein bisschen Luft in der Vasenregion. Praktizieren Sie das etwa zehn Minuten lang.

Wie haben Sie das Ganze empfunden? Hatten Sie ein unangenehmes Gefühl dabei? Manche Leute berichten, sie hätten mit der Vasenatmung Schwierigkeiten. Andere sagen, sie hätten ein noch nie gekanntes Gefühl von Ruhe und Zentriertheit verspürt.

Wenn Sie die Vasenatmung täglich zehn oder vielleicht sogar zwanzig Minuten lang praktizieren, kann sie zu einer sehr direkten Methode werden, wie Sie sich in Achtsamkeit auf Ihre

Gefühle schulen und lernen können, mit Ihren Gefühlen auch dann zu arbeiten, während Sie Ihren täglichen Pflichten nachgehen. Ist unser *lung* an seinem natürlichen Sitz gesammelt, finden Körper, Gedanken und Emotionen allmählich zu einem gesunden Gleichgewicht zurück. Ross und Reiter bilden ein locker und zwanglos verbundenes Gespann, keiner will den anderen kontrollieren oder scheu machen. Muster unseres subtilen Körpers, die Angst, Schmerz, Sorge, Rastlosigkeit und derlei mehr verursachen, lösen sich allmählich auf, sodass ein wenig Raum zwischen dem Geist und den Emotionen entsteht.

Ziel der Vasenatmung ist es, dass wir lernen, den ganzen Tag und bei allen Tätigkeiten – beim Gehen, Sprechen, Essen, Trinken, Autofahren – diesen kleinen Rest von Luft in der Vasenregion zu halten. Manchen wird dies schon nach kurzer Zeit zur Gewohnheit, andere müssen etwas länger üben.

Ich muss zugeben, dass ich selbst nach jahrelanger Übung bisweilen die Verbindung zu meiner »Heimatbasis« verliere, vor allem wenn ich es mit sehr hektischen Menschen zu tun habe. Ich neige selbst ein wenig zur Betriebsamkeit, und der Umgang mit anderen »Hektikern« erzeugt eine Art von Resonanz in meinem subtilen Körper. Ich schwinge mich sozusagen auf ihre rastlose, unzentrierte Energie ein und werde selbst ein bisschen ruhelos, nervös und manchmal sogar unsicher. Dann mache ich das, was ich einen »Erinnerungsschnaufer« nenne: vollständig ausatmen, in die Vasenregion atmen, wieder ausatmen und bisschen Luft am Sitz des *lung* lassen.

Neu ausrichten

Wenn wir versuchen, mit Hilfe der beschriebenen Techniken das Gleichgewicht unseres subtilen Körpers wiederherzustellen, so ist dies anfangs vielleicht ein wenig verwirrend, denn die alten, unharmonischen Muster sind längst zu einem festen Bestandteil unseres Selbstbilds geworden.

»Tatsächlich hat es mir gefallen, dass ich immer auf vollen Touren lief«, meinte eine meiner Schülerinnen einmal. »Das gab mir das Gefühl, dass ich etwas leistete in meinem Beruf. Mir entging dabei völlig, was ich meinem physischen Körper antat, ebenso, dass ich mit meinen Kollegen ziemlich rüde umsprang. Ich genoss es sogar, sie herumzukommandieren. Ich habe nie bemerkt, wie viel Verbitterung und Spannungen ich dadurch verursachte.

Doch eines Tages sagte eine Frau, mit der ich an einem Projekt arbeitete, mir so richtig die Meinung. ›Du bist das letzte Aas‹, warf sie mir an den Kopf. ›Du schaffst Probleme, die gar nicht existieren, nur um jedem zu zeigen, wie wichtig du bist. Aber ich spiele deine Spielchen nicht länger mit.‹

Ich war natürlich ziemlich schockiert. Nicht nur von ihrer direkten Art, sondern auch, weil ich überhaupt nicht bemerkt hatte, wie unmöglich ich geworden war, völlig überzeugt von meiner eigenen Wichtigkeit.

Nachdem ich eine Zeit lang über alles nachgedacht hatte, wurde mir klar, dass ich einfach nur dachte, ohne diese exzessive Energie nichts zuwege bringen zu können. Dass ich mich ohne sie nicht mehr ausdrücken könnte, vielleicht nichts mehr fühlen würde. Dass ich so unbeweglich und ausdruckslos wie ein Stein sein würde.

Nach jenem Zusammenstoß, dem noch ein paar ähnliche folgten, begriff ich, dass ich mit dieser Ansicht falschlag. Meine Art, die Dinge anzupacken, und meine Fokussierung – das war es, was mich in einen Stein verwandelt hatte.

Doch es ist schwer, sich zu ändern, wenn man seine Angelegenheiten jahrelang auf eine bestimmte Art gehandhabt hat.

Das ist, als müsse man ein Wendemanöver bei einem Schlachtschiff vollziehen. Genauso habe ich mich gesehen: als Schlachtschiff. Ich möchte nicht behaupten, dass ich nun zum leichten Segelboot geworden bin. Doch von etwas leichterer Bauart bin ich jetzt, glaube ich, schon. Zumindest lasse ich mich problemloser wenden und auf einen neuen Kurs bringen.

Ich weiß nicht, ob die Analogie so stimmt, aber ich glaube, dass ich zu mir sehr hart war und diese Härte auf andere übertrug. Ich bin jetzt offener für andere Meinungen und habe nicht mehr das Gefühl, dass es bei jeder kleinen Entscheidung um Leben oder Tod geht.

Tatsächlich hat diese erste Konfrontation, auch wenn sie zunächst einmal ein Schock für mich war, mir geholfen, mich zurückzunehmen. Ich muss nicht mehr die wichtigste Person im Raum sein, wie ich mir viel zu lange eingebildet habe. Jetzt entspannt es mich eher, wenn ich den Leuten einfach zuhöre und sie nicht gleich mit meiner Meinung überfahre.«

Wenn wir Achtsamkeit auf unsere Gefühle praktizieren und anfangen, mit unserem subtilen Körper zu arbeiten, werden wir feststellen, dass wir auf einfachere Art weit mehr erreichen, als wir je für möglich gehalten hätten. Entscheidend bei der Arbeit mit dem subtilen Körper ist, dass wir lernen, unsere Emotionen wahrzunehmen und willkommen zu heißen. Dass wir uns weder von ihnen kontrollieren lassen noch versuchen, sie in den Griff zu bekommen oder zu unterdrücken, sondern in Dialog mit ihnen treten.

Anders formuliert: Wir lernen bei der Arbeit mit dem subtilen Körper, dass unsere Emotionen, wie auch immer sie aussehen mögen, nicht die Gesamtheit unseres Seins ausmachen. Sicher, sie sind Teil unserer Erfahrung, aber eben nur ein Teil.

Wir können mit ihnen arbeiten, mit ihnen atmen, sie in unseren »vier Wänden« willkommen heißen. Aber letztendlich sind sie nur auf der Durchreise. Verschiedene Bedingungen haben dazu geführt, dass diese Emotionen im Augenblick da sind, doch sie sind keine Dauergäste.

Letztendlich soll die Praxis des Buddhismus uns helfen, die Wahrheit zu erkennen – und die Wahrheit ist, dass unser Alltagsleben sich zwar auf der Ebene der relativen Wirklichkeit abspielt, die durch das temporäre Aufeinandertreffen bestimmter Ursachen und Bedingungen hervorgebracht wird, einen Augenblick bestehen bleibt, um sich dann wieder aufzulösen. Auf der absoluten Ebene jedoch ist die Wirklichkeit einfach nur ein Zustand unvorstellbarer Freiheit und Offenheit. Gleichzeitig ergänzen relative und absolute Wirklichkeit einander. Wir können uns nicht daran festhalten, dass wir feste Eigenschaften oder Merkmale besitzen, die bestimmen, wer wir sind. Hin und wieder müssen wir uns auf die schlichte Tatsache zurückbesinnen, dass es letztendlich unmöglich ist, unser Sein anhand äußerer oder innerer Faktoren zu definieren, und uns erlauben, in dieser Offenheit zu ruhen.

Diese Sicht unser selbst hat gewisse Ähnlichkeit mit einem Hotelaufenthalt. Wir wissen, dass das Hotel nicht uns gehört, doch wir haben dort ein Zimmer, in dem wir für ein paar Tage bleiben. Wir genießen unseren Aufenthalt, und wir sind ordentliche Gäste. Wir brennen keine Löcher in den Teppich und klauen keine Handtücher. Ähnlich müssen wir uns in der relativen Wirklichkeit verhalten, in der wir leben. Wir entleihen daraus, was wir zum Leben brauchen, aber wir wissen, dass diese Produkte nicht unser dauerhafter Besitz sind. Wenn wir dies beherzigen, lebt es sich viel leichter, unabhängig davon, wie unsere Lebensumstände aussehen. Wir können mit Schwierigkeiten in unserem Leben besser umgehen und denen, die Hilfe brauchen, mutiger und entschlossener helfen.

NEUN

Unser inneres Tempolimit

Ich habe es immer genossen, wenn meine Reisen mich in Universitätsstädte führten wie Boulder, Colorado. Die jungen Männer und Frauen, die sich in den Studentencafés treffen, vermitteln den Eindruck von »Saftigkeit«, von Lebendigkeit und Lebensfreude. Man spürt die Begeisterung förmlich, mit der sie sich austauschen, über ihre Empfindungen sprechen oder kontrovers diskutieren.

Zwischendrin aber geschieht es, dass mein Blick auf eine Person fällt, die vor der Zeit gealtert scheint und sich in einer Ecke über seine Mitschriften oder ein Buch beugt. Ich habe mich immer gefragt, wie es so weit kommen kann. Wie geht es zu, dass der lebendige Funke in manchen Menschen so schnell verlöscht?

Eine Antwort darauf fand ich, als ich vor einigen Jahren auf dem Flug von New York nach Kalifornien die Unterhaltung zwischen einem Vater und seiner Tochter mithörte, die beide in der Reihe hinter mir saßen. Das Mädchen war vielleicht zwölf oder dreizehn Jahre alt und weinte fast während des gesamten Fluges, weil ihr Vater ihr ständig Vorwürfe machte. Er erging sich in endlosen Tiraden, wie verantwortungslos das Mädchen sei, weil es sich zu wenig Zeit für ihre Hausaufgaben nehme, viel zu oft mit ihren Freundinnen telefoniere, viel zu viel Zeit mit Musikhören verbringe und so weiter, und so fort. Oberflächlich betrachtet schien es, als wolle er seiner Tochter einen guten Rat erteilen, doch sein Ton war eiskalt und fordernd. »Du musst disziplinierter sein«, wiederholte er ständig, »sonst wird nie etwas aus dir. Wie willst du es so zu etwas bringen? Das Leben ist ein einziger Konkurrenzkampf. Wenn du dich jetzt nicht anstrengst, wirst du es später bitter bereuen.«

Volle sechs Stunden, während des ganzen Flugs von New York nach Kalifornien, hielt er dem Mädchen Vorträge. Ich hörte ihm zu und dachte, dass er ihr eher Angst einflößte, statt ihr Verantwortungsbewusstsein zu vermitteln. Denn genau das lernen wir, wenn man uns beibringt, dass wir uns im Leben vor allem hohe Ziele setzen und auf Biegen und Brechen etwas erreichen müssen; und diese Angst wird Teil des Musters, das sich dem subtilen Körper einprägt.

Natürlich ist es gerade für junge Menschen schwer, diese doppelbödige Botschaft zu entschlüsseln. Auch Erwachsene haben ihre Schwierigkeiten damit, das rechte Gleichgewicht zwischen dem, was die Vernunft gebietet, und den subtilen Mechanismen der Emotionen zu finden. Die Muster, die unser Erleben bestimmen, werden durch unser soziales und kulturelles Umfeld geformt und immer wieder verstärkt.

Tag für Tag, Augenblick für Augenblick strömt eine Flut von Informationen auf uns ein. So viele Anforderungen ziehen unsere Aufmerksamkeit auf sich. Wie schon gesagt: In vielerlei Hinsicht ist unser Leben wie der Bildschirm eines Nachrichtensenders – im Hauptfenster der Nachrichtensprecher, ein Interview in einem anderen Fenster, im dritten läuft der Börsenticker, im vierten vielleicht noch ein Nachrichtenbeitrag, und am unteren Rand kommen die neuesten Sondermeldungen per Lauftext durch.

Während wir versuchen, mit dieser Masse an Information fertigzuwerden, entsteht in unserem Geist sowie in unserem physischen und subtilen Körper ein Ungleichgewicht. Wir glauben, etwas Wichtiges zu verpassen, wenn wir nicht immer alles im Blick haben. Und so machen wir uns selbst Druck und versuchen, mehrere Pflichten zugleich zu erfüllen. Wir hetzen, hetzen, hetzen, um unsere Aufgabe schnell bewältigt zu haben, uns der nächsten zuzuwenden und der übernächsten und der danach. Diese ständige Unrast zieht einen großen Teil unserer geistigen, emotionalen und physischen Energie ab. Und wir werden immer unproduktiver, emotional instabiler und verwirrter.

Mit dem Auto zur Arbeit

Von daher ist es wichtig, unsere Gedanken, Gefühle und körperlichen Empfindungen ins Gleichgewicht zu bringen. Wir müssen finden, was ich gern als »inneres Tempolimit« bezeichne – unseren idealen Drehzahlbereich, der uns erlaubt, unsere täglichen Obliegenheiten zu erfüllen, ohne dass wir geistig, emotional oder körperlich einen »Strafzettel« wegen Geschwindigkeitsüberschreitung riskieren.

Lassen Sie mich an einem Beispiel aus meinem Leben erläutern, was ich damit meine. Vor ein paar Jahren habe ich für Adeu Rinpoche an einem Projekt gearbeitet, das zum Ziel hatte, diverse Texte der Drukpa-Kagyü-Linie möglichst vollständig wieder zusammenzutragen. Diese Texte waren im Lauf der Jahre über verschiedene Regionen Tibets sowie über Nepal, Indien und Bhutan verstreut worden, zum Teil waren sie unvollständig, bei anderen hatten sich beim Erstellen von Abschriften bzw. der Abschrift von der Abschrift Fehler oder Unklarheiten eingeschlichen. Meine Aufgabe war es, das Textmaterial zu ordnen und wieder in die korrekte Fassung zu bringen. Alles in allem waren es circa 113 Bände mit durchschnittlich 300 Seiten, die gesichtet und neu ediert werden mussten.

Jeden Tag fuhr ich von daheim mit dem Auto über kurvenreiche, teilweise unbefestigte Straßen, auf denen gewöhnlich ein reger Verkehr von Autos, Lastwagen, Rikschas und Fußgängern herrschte. Ich brauchte etwa eine Dreiviertelstunde nach Bodnath, wo mein Arbeitsplatz in einem verfallenen Bürogebäude lag.

Bei der Arbeit an diesem Projekt fühlte ich mich zusehends gestresst. Mein »soziales Ich« hatte vollkommen die Kontrolle über meine Aktivitäten übernommen. Ich wollte dieses Projekt unbedingt zu einem erfolgreichen Abschluss bringen, nicht nur, um die Texte zu erhalten, sondern auch, um in den Augen meines Lehrers gut dazustehen. Vielleich war auch mein »kostbares Ich« ein klitzekleines bisschen beteiligt, denn ein erfolgreicher Projektabschluss wäre auch eine Art persönlicher Befriedigung.

Mit der Zeit jedoch hatte ich immer mehr das Gefühl, dass mir das Projekt über den Kopf wächst. Schließlich waren da noch meine Aufgaben als Leiter eines Klosters. Zudem beaufsichtigte ich den Wiederaufbau mehrerer Nonnenklöster in Nepal und Tibet und hatte meine Familie, die mich brauchte. Ich begann Fehler zu machen, Texte mussten deswegen neu abgeschrieben, gesetzt und gedruckt werden.

Eines Tages, ich war gerade auf der Fahrt nach Bodnath, wurde mir bewusst, wie »speedig« ich war, wie angespannt, weil ich so schnell wie möglich ins Büro kommen wollte. Wenn ich im Büro ankam, war ich schon völlig erschöpft. Also fing ich an, mir gut zuzureden: »Okay, du machst nur eine Fahrt mit einem Auto. Ob es jetzt 45 Minuten, eine Stunde oder zwei Stunden dauert, bis du ankommst... kein Grund, hektisch zu werden. Fahr doch einfach mit der üblichen Geschwindigkeit und mach dir keine Sorgen um den Verkehr, um die Kühe oder Ziegen. Es ist egal, wie lange du brauchst.« Ich beschloss, einfach ganz normal ins Büro zu fahren, ohne zu rasen und mir Druck zu machen. Und siehe da: Ich kam etwa zur selben Zeit an wie immer, nur ohne das Gefühl von Hetze und Erschöpfung.

Die Erfahrung, dass ich durch Zureden mein inneres Tempo drosseln konnte, war ein großer Buddha-Moment. Ich begriff, dass es nicht der Berg an Arbeit oder der Termindruck waren, die an mir zehrten, sondern das gewohnheitsmäßige Überschreiten meines inneren Tempolimits. Das hieß nun nicht, dass ich künftig langsamer fahren, mich nicht mehr um Termine scheren oder sonst etwas an meinen äußeren Bedingungen ändern musste. Ich musste lernen, damit umzugehen, wenn die Herausforderungen des Lebens die Muster meines subtilen Körpers verstärkten.

Jeder Mensch steht wohl von Zeit zu Zeit unter Druck. Ein Mann, der für eine Wirtschaftsprüfungsgesellschaft arbeitete, erzählte mir einmal, dass seine Chefin täglich bestimmte Zahlen von ihm verlange, die er aber nicht gleich vorlegen konnte, weil er dazu aus verschiedenen Abteilungen Daten zu Marketingkosten, Werbeaufwendungen und aktuellen Verkaufszahlen benötigte. Im Laufe der Zeit entwickelte er (wie viele seiner Kollegen) eine klammheimliche Wut auf seine Chefin. Dann aber erkrankte sie an Krebs und starb, obwohl sie sich mehreren Operationen und Therapien unterzogen hatte.

Als ich nachfragte, meinte er: »Ob ich wusste, dass sie krank war? Ja. Dachte ich, dass der Leistungsdruck, dem sie ausgesetzt war, Ursache ihrer Krankheit war? Vielleicht. Möglicherweise spielten auch andere Faktoren eine Rolle wie zum Beispiel eine gewisse genetische Veranlagung für Krebs, die durch den Stress verschlimmert wurden.

Wollte ich, dass sie stirbt? Nein. Ich hoffte, sie würde in den

Ruhestand gehen. Ich hoffte, sie würde begreifen, dass sie sich in einer schwierigen Position befand. Dass sie ihren Vorgesetzten klarmachte, wie unrealistisch ihre Forderungen waren. Die meiste Zeit war kaum mit ihr auszukommen, aber ein Teil von mir wusste immer, dass sie sich einfach nur bemühte, die Vorgaben ihrer Chefs zu erfüllen. Doch so viel Mühe sie sich auch gab, offensichtlich war es nie genug, und das hat sie umgebracht.

Ich muss zugeben, dass ich die meiste Zeit einen ziemlichen Hass auf sie hatte. Doch den Tod habe ich ihr nicht gewünscht. Sie stand unter enormem Druck und hat den Leuten, die für sie arbeiteten, viel Kopfzerbrechen gemacht. Wir haben uns alle ständig überfordert, immer schneller und schneller gearbeitet, und dann kam es natürlich zu Fehlern.

Sie nahm diese Fehler zu persönlich, und das war es, was sie meiner Meinung nach umgebracht hat.«

Das eigene Tempolimit finden

Ich konnte feststellen, dass auch die Leute, die mit mir zusammenarbeiteten, ruhiger und produktiver wurden, wenn ich mein inneres Tempolimit beachtete. Meine Anweisungen waren klarer, es gab weniger Fehler, und alle, die an diesem Projekt beteiligt waren, hatten mehr Spaß an der Arbeit. Als ich zu rasen aufgehört hatte, stellten die Menschen in meiner Umgebung es gleichfalls ein. Allem Anschein nach entdeckten mit einem Mal alle ihr höchstpersönliches inneres Tempolimit. Eine Art kollektiver Seufzer der Erleichterung ging durchs Büro, weil der »Boss« seine Ansprüche zurückgeschraubt hatte. Mir fiel außerdem auf, dass alle auch körperlich entspannter bei der Arbeit waren.

Natürlich ist das innere Tempolimit von Mensch zu Mensch verschieden. Um es herauszufinden, müssen wir zunächst einmal unsere Gedanken, Emotionen und körperlichen Empfindungen als Teil des Lebensflusses erkennen und lernen, wie wir sie in Einklang bringen können.

Um unser individuelles Tempolimit zu finden, sollten wir uns damit beschäftigen, *wie* wir an bestimmte Aufgaben herangehen, statt uns zu fragen, wie viel wir mit welchem Einsatz schaffen können. Heißen wir unsere Aufgaben freundlich willkommen oder versuchen wir, sie schnell »abzuarbeiten«? Lassen wir an einer Kreuzung dem Fahrer eines anderen Wagens mit freundlicher Geste die Vorfahrt? Bedanken wir uns, wenn er uns die Vorfahrt lässt? Solche kleinen Akte der Freundlichkeit verändern die Art und Weise, wie wir mit uns und anderen umgehen. Wir lernen, unseren Fokus, der infolge jahrelangen »Trainings« nur auf unser eigenes geschäftiges, mit tausend Sachen auf einmal befasstes Leben ausgerichtet ist, ein wenig in Richtung auf die Bedürfnisse anderer Menschen zu verschieben, die gleich uns versuchen, tausenderlei auf einmal zu tun.

Wir können unseren individuellen Rhythmus mit Hilfe verschiedener Formen der Achtsamkeitsmeditation entdecken. Diese Techniken – auf manche wurde bereits eingegangen, andere werden an späterer Stelle noch beschrieben – erlauben uns, uns langsam und auf sanfte, freundliche Weise mit dem inneren Funken von Offenheit, Klarheit und Wärme zu verbinden, der der mittelpunktlose Mittelpunkt unseres Seins ist. Wir wissen, dass wir auf dem besten Weg zu einem gesunden Gleichgewicht sind, wenn innere Unruhe, Hektik und Anspannung abnehmen und wir in allem, was wir tun, gelassener werden. So wurde zum Beispiel einer meiner Schüler, der für eine PR-Agentur arbeitet, mit einem Projekt beauftragt, das eigentlich »schon gestern hätte fertig sein« sollen. Zuerst war er am Rotieren, doch allmählich begriff er, dass er, wenn er sich mehr Zeit nahm, nicht nur weniger überdreht war, sondern auch bessere Arbeit leistete, wovon wiederum seine Firma profitierte.

»Ich war auch nicht mehr so zornig«, erzählte er mir. »Ich hatte nicht mehr dauernd Angst, dass ich meinen Job verliere. Ich konzentrierte mich auf das Projekt und nicht auf den Terminplan. So wurde ich mit dem Projekt zwar nicht ›schon gestern‹ fertig, doch das, was ich ablieferte, war ausgereifter und wies weniger Fehler auf. Und ich war stolz auf meine Leistung.

Ich merkte auch, dass sich mein Verhalten meinen Kollegen gegenüber geändert hatte. Zuvor hatte ich sie oft einfach ignoriert. Ich hatte das Gefühl, keine Zeit für ein Sozialleben zu haben. Es ging mir auf die Nerven, wenn sie ihre Schwätzchen hielten. Für mich war das reine Zeitverschwendung. Nun höre ich auch bei solchen Plaudereien auch mal zu oder beteilige mich daran. Bei dieser Gelegenheit habe ich zum Beispiel ein paar neue Recherchetechniken fürs Internet gelernt und ein paar neue Begriffe, mit denen ich bestimmte Zusammenhänge besser ausdrücken kann.

Am wichtigsten finde ich aber, dass sich auch die Haltung meiner Kollegen mir gegenüber verändert hat. Sie machen keinen großen Bogen mehr um mich, wenn ich an etwas arbeite, sondern fragen, ob sie mir irgendwie helfen können, machen Vorschläge, und ich höre ihnen zu und bedanke mich für ihre Hilfe.

Das Klima im Büro ist jetzt viel entspannter, jeder hat das Gefühl, dass wir alle auf ein gemeinsames Ziel hinarbeiten.«

Ein Teufelskreis

Die Gewohnheit, das innere Tempolimit zu überschreiten, kann zum selbstzerstörerischen Teufelskreis werden. Auf subtiler Ebene entsteht so ein emotionales und intellektuelles Hindernis, das unsere Schaffenskraft untergräbt. Meist bemerken wir erst dann, dass wir in solch eine Falle geraten sind, wenn man uns mit der Nase darauf stößt.

Dann liegt es an uns, wofür wir uns entscheiden: Machen wir weiter wie gehabt oder ändern wir unser Muster?

Einigen Leuten macht es Spaß, einen Konfrontationskurs zu fahren, daher bleiben sie beim Status quo. Andere sehen ein, dass ein derartiges Verhalten ihren beruflichen bzw. persönlichen Interessen nicht förderlich ist. Und so nehmen sie, wenn vielleicht auch nur zögerlich oder widerstrebend, eine Kurskorrektur vor.

Ein solcher Richtungswechsel kann unser ganzes Leben verändern. Eine junge Frau, die in leitender Stellung für einen Wohlfahrtsverband arbeitete, wollte gern an die Spitze dieser Organisation aufsteigen. Irgendwann aber merkte sie, dass ihr persönlicher Ehrgeiz im Widerspruch zu den Zielen der Organisation stand.

»Ich wollte wichtig und bedeutend sein«, gab sie zu. »Ich wollte, dass jeder mich kennt. Doch war das in irgendeiner Weise hilfreich für den Verband? Nicht mal ansatzweise, wie ich einsehen musste. Ich fragte mich, was ich wollte und welche Bedürfnisse die Leute hatten, die sich hilfesuchend an uns wandten. Irgendwann wurde mir klar, dass deren Bedürfnisse wichtiger waren als meine. Ich hatte mich auf die Überholspur begeben, weil ich gern die Verbandsleitung übernehmen wollte. Tag für Tag rieb ich mich in dem Bemühen auf, Verbandsleiterin zu werden, dabei verlor ich die eigentlichen Ziele ganz aus den Augen.«

Erschöpfung ist eines der Warnzeichen, die uns anzeigen, dass wir unser inneres Tempolimit überschritten haben. Wir können nicht mehr abschalten, nicht mehr schlafen, nicht einmal mehr träumen. Ein weiteres Warnzeichen ist es, wenn wir jede Art zwangloser, sozialer Interaktion vermeiden. Wir haben das Gefühl, keine Zeit mehr für einen kleinen Schwatz am Kaffeeautomaten oder Wasserspender zu haben. Wir denken uns Entschuldigungen aus, um uns nicht mit Freunden zum Mittag- oder Abendessen treffen zu müssen.

Einer meiner Schüler beschrieb das so: »Mein soziales Leben kam völlig zum Erliegen. Einladungen zum Essen schlug ich mit einer höflichen Ausrede aus und erzählte den Leuten, ich sei beruflich momentan sehr eingespannt. In Wahrheit war ich einfach nur hektisch.

Aber warum war ich hektisch? Weil ich die totale Panik schob. Ich hatte Angst, jemand anders könnte vielleicht bessere Leistungen erbringen als ich, und in diesem Umfeld ist es nicht leicht, etwas Neues zu finden, wenn man seinen Job verloren hat. Falls ich arbeitslos werden sollte, würde ich mein Haus verlieren. Meine Kinder müssten vielleicht ins Heim. Ich konnte vor lauter Sorgen nachts nicht mehr schlafen. Vermutlich habe ich einige Entscheidungen getroffen, die nicht unbedingt im Interesse der Firma waren, aber ich musste schließlich zusehen, wie ich mein Haus abbezahlte und meine Kinder ernährte.

Irgendwann aber fing ich an, wieder mehr auf andere zuzugehen. Ich nahm Einladungen zum Essen an, und als ich mich mit den Leuten unterhielt, merkte ich, dass ich nicht allein dastand. Viele hatten damals Angst. Wir unterhielten uns, aßen und tranken etwas (mit Maßen). Das Beste war, dass wir uns zusammentaten. Wir kamen dahinter, dass unser Privatleben genauso wichtig war wie unser Beruf. Dass ›Vorwärtskommen‹ nicht nur heißt, befördert zu werden (was in diesem Beruf sowieso eine Ausnahme ist). Vorwärtskommen heißt auch, dass man zu den Leuten, die einem nahestehen, eine Beziehung entwickelt. Wir haben beschlossen, dass wir alle einen

Gang runterschalten und mehr Zeit mit unseren Freunden, dem Partner und der Familie verbringen.«

Ich finde es sehr inspirierend, wie dieser Mann und seine Freunde so etwas wie eine Selbsthilfegruppe gegründet haben, um an einem emotionalen Muster zu arbeiten, das ihr Leben beherrschte, und so zu neuer Offenheit und Energie fanden. Diese Geschichte hat mich daran erinnert, wie leicht unsere Gedanken und Gefühle sich verengen können und wie schnell wir dann etwas tun, was uns und anderen schadet.

Wenn das geschieht, wirkt ein bisschen Klarheit wahre Wunder.

Hoffnung und ein Hamburger

Vor ein paar Jahren war ich zu Besuch in San Francisco und wollte gerade in einen Coffeeshop am Union Square gehen. Ich mag die Stadt wirklich gern, denn sie ist einer der wenigen Orte auf der Welt, wo ich mich ohne die »Amtskleidung« eines tibetisch-buddhistischen Lehrers nur in Jeans und T-Shirt bewegen kann. Meine Vorträge halte ich natürlich in den traditionellen Roben, doch wenn ich keine Lehrverpflichtungen habe, laufe ich gern als »Normalo« in üblicher Straßenkleidung herum. So kann ich quasi inkognito mit anderen »Durchschnittsmenschen« plaudern. Ich kann den Leuten sozusagen »den Puls fühlen« und erfahre etwas über die Hoffnungen und Ängste, die die Menschen wirklich bewegen, sodass ich bei meinen Belehrungen besser darauf eingehen kann. Trage ich dagegen mein traditionelles Gewand, so haben selbst private Gespräche unter vier Augen oder mit kleinen Schülergruppen immer etwas Gezwungenes. Die Menschen sind irgendwie gehemmt und stellen meist nur solche Fragen, die philosophische oder praktische Aspekte des Buddhismus betreffen. Bin ich aber »in Zivil« unterwegs, reden die Leute viel eher frei von der Leber weg, sodass ich nicht nur mehr über ihre wirklichen Anliegen erfahre, sondern sogar noch den einen oder anderen Begriff aus ihrer Sprache aufschnappen kann. Ich habe die Erfahrung gemacht, dass es die Menschen, die zu meinen Belehrungen kommen, immer sehr positiv aufnehmen, wenn ich sie in ihrer Sprache begrüßen und ein paar Worte oder Sätze sagen kann. Dies eröffnet einen direkten Pfad zu ihrem Herzen und ihrem Geist.

An jenem fraglichen Vormittag in San Francisco hatte ich also gerade mein Hotel verlassen und war auf dem Weg in den nächsten Coffeeshop. Ich näherte mich der Eingangstür, als ich jemanden laut schreien hörte. Ich sah mich um und erblickte einen Obdachlosen, der einen Müllsack mit Füßen vor sich herstieß und auf mich zukam. Ich hatte keine Angst vor ihm. Ich blieb stehen und sah ihn an. Er hielt meinem Blick stand und meinte: »Du siehst aus wie ein anständiger Mensch.«

Eben hatte er sich noch wie ein völlig Verrückter benommen, doch als er mir in die Augen schaute, merkte ich, dass sein Blick ziemlich klar war. Er fragte: »Hast du ein bisschen Geld für mich?«

Ich sagte mir, dass es wohl wenig sinnvoll wäre, ihm einfach Geld in die Hand zu drücken, und so fragte ich ihn: »Möchten Sie vielleicht etwas essen oder trinken?«

»Ja«, gab er zurück.

»Und was?«, wollte ich wissen.

»Einen Hamburger«, meinte er.

Leider gab es Hamburger nur in einem Lokal weiter unten in der Straße.

»Hier gibt es keine Hamburger. Möchten Sie mit reinkommen und sich was anderes aussuchen?«

»Von mir aus.«

Kaum hatten wir den Coffeeshop betreten, fiel sein lautes, seltsames Verhalten schlagartig von ihm ab. Wäre nicht sein etwas ungepflegtes Äußeres gewesen, hätte man ihn für einen Gast wie jeden anderen halten können.

Vor uns stand eine lange Warteschlange, wie das an einem Samstag- oder Sonntagvormittag üblich ist. An die fünf Minuten stand er einfach hinter mir, ohne irgendetwas zu tun. Er stand einfach nur da.

Dann fragte ich ihn: »Was möchten Sie denn essen?«

Und wieder sagte er: »Einen Hamburger.«

»Nein«, erklärte ich ihm geduldig, »hier gibt es keine Hamburger. Nehmen Sie doch ein Sandwich.«

Nun waren wir an der Reihe. Es entging mir nicht, dass die Bedienung mittlerweile von unserer Diskussion ein wenig genervt war und meinen Begleiter argwöhnisch musterte. Also nahm ich eines der fertig abgepackten Sandwiches und gab es ihm. Eilig rannte er aus dem Café, kaum war er draußen, fing er wieder an zu brüllen und gegen die Mauern zu trommeln. Ich hatte inzwischen bezahlt und an einem der Tische Platz genommen, um meinen Kaffee zu trinken.

Plötzlich hörte ich, wie jemand von draußen gegen die Scheibe klopfte. Ich sah hinaus und erkannte den Obdachlosen von vorhin. Er sagte etwas, was ich nicht verstehen konnte, und machte mir Zeichen. Ich ging hinaus, und fragte ihn, was er denn wolle.

»Wasser«, murrte er.

Mir wurde bewusst, dass ich unter dem ungeduldigen und argwöhnischen Blick der Kassiererin ganz vergessen hatte, ihn zu fragen, ob er auch etwas trinken wolle. Doch vor der Theke hatte sich bereits wieder eine lange Schlange angesammelt. Mein Mitgefühl reichte nicht aus, um mich noch einmal anzustellen. Also gab ich ihm drei Dollar und fragte: »Können Sie sich selbst Wasser kaufen?«

»Ja«, meinte er und zog mit dem Geld ab.

Ich kehrte an meinen Tisch zurück und überlegte, wie sein Verhalten sich von einer Minute auf die nächste derart wandeln konnte. Eine bestimmte Zeit lang war es ihm offensichtlich möglich, klar zu denken, zu sprechen und sich »normal« zu verhalten. Doch ab einem bestimmten Punkt überschritt er geistig, emotional oder vielleicht auch physisch sein inneres Tempolimit. Es trug ihn aus der Spur, und er geriet in einen selbstzerstörerische Endlosschleife.

Man gerät leicht in eine Teufelskreis wie diesen, aber das heißt nicht, dass wir für alle Ewigkeiten in seinen zerstörerischen Bahnen kreisen müssen. Wir haben bereits gesehen, wie wir solche Muster auflösen können, indem wir mit dem subtilen Körper und unseren Emotionen arbeiten. Doch die Untersuchung unserer Gedanken schenkt uns einen noch höheren Grad an Klarheit und Offenheit.

ZEHN

Den Geist mit Geist betrachten

Die meisten Menschen empfinden ihre Gedanken als etwas sehr Reales, das sie entweder festhalten wollen oder das ihnen Angst macht. So oder so, in beiden Fällen verleihen wir den Gedanken Macht über uns. Und diese Macht ist umso größer, je »wahrer« unsere Gedanken unserer Ansicht nach sind.

Die dritte Grundlage der Achtsamkeit, oft als »Achtsamkeit auf den Geist« oder »Achtsamkeit auf die Gedanken« bezeichnet, besteht nun darin, dass wir gewahr werden, welche Namen und Etiketten wir unseren Erfahrungen aufkleben. Wie oft haben wir uns schon gesagt: »Ich bin zu dick«, »Ich bin hässlich«, »Ich bin müde«, »Ich bin ein Versager« oder »Der Typ, mit dem ich arbeite, ist ein Volltrottel«?

Als ich damals in Tashi Jong meine schwierige Zeit hatte, etikettierte ich mich selbst als »krank«. Diese Selbstdiagnose wurde mir von – durchaus wohlmeinenden – Ärzten bestätigt, obwohl sie sich nicht einig wurden, was die Ursache meiner »Krankheit« betraf. Gut, ich hatte stressbedingte körperliche Beschwerden und bekam verschiedene Medikamente verordnet. Doch keines half, bis ich ein langes, gutes Gespräch mit Tselwang Rindzin hatte, der mir zu verstehen half, dass die Ursache meiner »Krankheit« in einem Ungleichgewicht meines subtilen Körpers lag.

Sein Rat und seine Anweisungen holten mich aus diesem Zustand heilloser emotionaler Verwirrung heraus. Ich muss gestehen, dass ich mir nach diesem Gespräch noch mal ein paar Bücher aus der Bibliothek »lieh«. Darin las ich, dass wir Menschen dazu neigen, unsere Gefühle und Ansichten zu etikettieren und durch dieses Benennen unsere Situation festzuschreiben. Dadurch aber machen wir sie fester und dauerhafter, als sie eigentlich ist.

So erzählte mir eine Frau, die zu einem meiner Seminare gekommen war, im Einzelinterview, dass sie im Leben zwar viel erreicht hätte, sich aber zutiefst nach einer dauerhaften Beziehung sehne. Dieser Wunsch sei so stark, dass sie ihn sich nicht einmal in der Meditation genauer ansehen könne.

Als ich sie fragte, welche Gedanken sie hätte, wenn sie diesen starken Wunsch nach einer Partnerschaft in sich spürte, saß sie erst ein paar Augenblicke schweigend da und sagte dann: »Ich bin nicht liebenswert.«

Nach einer weiteren Pause fügte sie leise flüsternd hinzu: »Vielleicht denke ich auch, dass mich die Leute für eine Versagerin halten, weil ich nie eine längere Beziehung hatte.«

Ich stellte ihr einige weitere Fragen in dieser Richtung, die schließlich ein ganzes Bündel von Gedanken und Erinnerungen freilegten. Als sie klein war, hatten ihr Vater und ihre Mutter ihr ständig gesagt, sie sei plump, habe eine viel zu große Nase und viel zu buschige Augenbrauen. Außerdem sehe sie aus, als ob sie schiele. »Du wirst nie einen Mann bekommen«, hieß es. »Dabei ist das deine Hauptaufgabe im Leben. Aber wir werden versuchen, eine gute Hochzeit für dich zu arrangieren und einen Mann zu finden, der dich nicht zu oft schlägt. Mehr kannst du nicht erwarten. Bei deinem Aussehen bringt dich nicht einmal der beste Heiratsvermittler an den Mann.«

Insgeheim wünschte sie sich, Lehrerin oder Ärztin zu werden. »Aber wer würde eine solche Frau schon heiraten?«, fragte sie, was weniger als Frage denn als Feststellung gemeint war.

Bestimmte Entwicklungen in ihrem Heimatland machten es aber dann doch noch möglich, dass sie ihre Wünsche zumindest teilweise verwirklichen konnte. Sie wurde Lehrerin. »Aber welcher Mann will von einer so hässlichen und plumpen Frau wie mir schon etwas wissen?«

Hinter ihrem sehnlichen Wunsch nach einer Beziehung versteckte sich also eine ausgewachsene Kopfgeschichte. Als wir sie in ihre einzelnen Elemente zerlegten, verringerte sich auch der emotionale Druck, den dieser Wunsch auf sie ausübte. Natürlich verschwand er nicht schlagartig, aber er war wenigstens leichter zu ertragen.

Die Frau war nicht hässlich, wie ich fand. Sie war auch nicht plump. Außerdem war sie hochintelligent. Vielleicht entsprach sie nicht dem gängigen Schönheitsideal, doch ihre Intelligenz, ihre ganze Haltung und die Klarheit, mit der sie über ihr Problem sprach, verliehen ihr einen einzigartigen Charme. Sie erinnerte mich in gewisser Hinsicht an den Ringkämpfer aus der bereits erzählten Fabel, der vergessen hatte, dass er einen Edelstein in seiner Stirn trug. Sie strahlte eine Wärme und Offenheit aus, die jedem außer ihr selbst sofort auffielen.

Unser Gespräch entwickelte sich von ihrer Seite zu einer Art Meditation, bei der sie tief in ihren Geist sah, um verborgene Muster freizulegen. Spontan und anstrengungslos begann sie, auf ihr Einsamkeitsproblem Weisheit und Methode anzuwenden. Dies ist ein ganz entscheidender Punkt. Die einzelnen Aspekte ihrer unglücklichen Situation zu betrachten und die Gedanken und Gefühle, die ihr Leben bisher überschattet hatten, auf einer unmittelbaren Ebene zu erkennen und zu akzeptieren war nichts anderes als Meditation. So vermochte sie, diese Gedanken und Gefühle neu zu bewerten und in kleinere Teile »herunterzubrechen«, die sie gut bearbeiten konnte.

Im Laufe unseres Gesprächs änderte sich, zumindest für den Moment, ihr Blickwinkel. Sie war nicht länger ein Mensch, der im Spiegel von Einsamkeit und Sehnsucht gefangen war. Sie *war* der Spiegel.

Gegen Ende unserer Unterhaltung atmete sie plötzlich tief durch. »Mir ist gerade ein Gedanke gekommen«, sagte sie. »Vielleicht ist es meiner Mutter wie mir ergangen. Vielleicht kam auch sie sich hässlich und nicht liebenswert vor. Ich kann mich jedenfalls nicht erinnern, sie je glücklich oder lächelnd gesehen zu haben. Ich kann mich auch nicht erinnern, dass meine Eltern je miteinander gelacht oder sich umarmt und geküsst hätten. Die Mädchen, mit denen ich aufgewachsen bin, die hübschen, die einen Mann bekommen haben ...«

Sie verstummte für einen Augenblick.

»War ihr Leben wirklich so toll?«, fragte sie.

Sie schloss die Augen, um nachzudenken.

»Wie mag es ihnen jetzt ergehen? Sind sie glücklich? Oder fühlen sie sich auch einsam?«

Es war außergewöhnlich, mitverfolgen zu können, was hier geschah. Weil sie sich ihren geheimen Schmerz eingestand, konnte ihr Gewahrsein sich so weit ausdehnen, dass sie sich ihren Schmerz anzuschauen vermochte, ohne mit derselben Heftigkeit zu reagieren, wie sie es getan hatte, als sie ihn noch verleugnete. Umgekehrt half ihr dieses Gewahrsein, das Etikett, das man ihr aufgeklebt und das sie akzeptiert hatte, abzutrennen und in kleinere Elemente zu zerteilen, sodass dieser Absolutheitsanspruch entfiel. Zumindest in diesem einen Augenblick begann ihre Kopfgeschichte zu bröckeln.

»Vielleicht bin ich ja doch liebenswert«, meinte sie. »Vielleicht bin ich gar nicht hässlich. Vielleicht habe ich all das nur geglaubt, weil man es mir so oft gesagt hat.«

Einen kurzen Moment lang stahl sich ein strahlendes Lächeln auf ihr Gesicht. Zumindest für einen Augenblick hatte sie eine Last abgeworfen, die viele Jahre auf ihr gelegen hatte. Es war wunderbar zu sehen, wie sich ihre Überzeugung, hässlich und nicht liebenswert zu sein, wandelte, wie sie sich plötzlich mit anderen auf eine Art und Weise verbunden fühlte, die über Sehnsucht, Neid oder Angst hinausging. In diesem Moment konnte sie einen neuen Blickwinkel einnehmen, verband sich mit ihrem inneren Funken und kam mit dessen Offenheit, Klarheit und ursprünglicher Liebe in Berührung.

Eben um diesen Prozess geht es bei der Achtsamkeit auf die Gedanken: Wir richten unsere Aufmerksamkeit auf unsere Gewohnheit, Erfahrungen mit fixen Etiketten zu versehen. Im Gegensatz zu körperlichen Empfindungen und Emotionen, die sich meist recht lebhaft bemerkbar machen und daher ein gutes Konzentrationsobjekt abgeben, sind unsere Gedanken nämlich eher flüchtig.

Newsticker

Wenn wir unsere Aufmerksamkeit zum ersten Mal auf unsere Gedanken richten, wirken sie häufig wie ein wahrer Sturzbach an Wertungen, Erinnerungen und Konzepten, die auf uns herniederprasseln. Meist sind sie eng mit unserem subtilen Körper verbunden. Arbeiten wir mit unserem subtilen Körper, so lockern wir die direkte Verbindung zwischen den Mustern unseres subtilen Körpers und den Gedanken oder Ich-Identifikationen, die mit ihnen einhergehen. Wir schaffen dazwischen ein wenig Raum.

Die Geschwindigkeit, mit der Gedanken auf dem Bildschirm unseres Geistes erscheinen und wieder verschwinden, lässt an außer Kontrolle geratene Newsticker denken, die Eilnachrichten wie Maschinengewehrsalven abfeuern. Ehe wir die erste Nachricht noch lesen können, erscheint schon die nächste und noch eine und noch eine. Unser Gewahrsein wird überrannt von flüchtigen Eindrücken, halb verdauten Gedanken, Satzfetzen und Ideen, die schon wieder entschwunden sind, bevor sie sich überhaupt richtig haben bilden können. Angestrengt versuchen wir, mit der Fülle der »Nachrichten« Schritt zu halten.

Dieser »Newsticker-Effekt« ist gewöhnlich das Erste, worauf wir als Anfänger stoßen, wenn wir beginnen, unsere Achtsamkeit auf unsere Gedanken zu richten. Das konnte ich bei meinen Schülern auf der ganzen Welt feststellen. Und auch die Reaktionen auf diesen Effekt sind fast überall gleich.

Manche versuchen, den Newsticker abzustellen, in der Hoffnung, so zu geistiger Ruhe, Offenheit und Frieden zu gelangen. Leider ist dieser Ansatz wenig hilfreich, denn er erzeugt ein Gefühl geistiger und emotionaler Anspannung, das sich schließlich in körperlichen Verspannungen speziell im Oberkörper niederschlägt. Unsere Augen rollen nach oben, während Nacken und Schultern steif werden.

Manchmal stellen wir auch fest, dass wir uns vom Newsticker haben fortreißen lassen, und versuchen, unsere Aufmerksamkeit zurück auf das reine Beobachten der Gedanken zu zwingen. Wir möchten die Scrollgeschwindigkeit des Newstickers herunterbremsen, indem wir uns auf einen Gedanken nach dem anderen zu konzentrieren suchen.

Gegen diese typischen Reaktionen gibt es verschiedene Mittel. Wenn Sie sich vorwerfen, dass Sie dauernd abschweifen, dann sehen Sie sich diese Gedanken an. Oder versuchen Sie,

Ihre Aufmerksamkeit stattdessen auf körperliche Empfindungen und Emotionen zu richten. Ist Ihr Kopf heiß? Schlägt Ihr Herz ein wenig schneller? Sind Hals oder Schulter steif? Lassen Sie einfach Ihr Gewahrsein auf diesen oder ähnlichen Empfindungen ruhen. Sie können auch versuchen, einfach nur in reinem Gewahrsein beim Rasen des Newstickers zu verweilen und zu beobachten, wie schnell Ihre Gedanken kommen und gehen. An diesem Punkt ist entscheidend, dass Sie sich mit der Aktivität des Alltagsbewusstseins vertraut machen, dem, was der Geist ständig tut. Beobachten Sie es, ohne zu werten.

Manchmal kann aber auch der gegenteilige Effekt auftreten: Der Newsticker »hängt sich auf«. Wie eine Schallplatte, die einen Sprung hat, spult er ständig die gleiche Nachricht ab, die im subtilen oder emotionalen Körper gespeichert ist: »Das war so gemein, was er da gesagt hat. Das werde ich ihm nie verzeihen.« – »Der Abgabetermin rückt immer näher. Ich werde nie rechtzeitig fertig!« – »Jetzt bin ich schon mehrere Monate arbeitslos. Wie soll ich nur meine Familie ernähren, meine Rechnungen zahlen und mein Haus behalten?«

Wenn wir uns in Achtsamkeit auf die Gedanken üben – unsere entspannte Aufmerksamkeit auf sie richten –, werden wir allmählich feststellen, dass selbst solche Gedanken, auf die wir uns so richtig fixieren, von anderen Gedanken unterbrochen werden, etwa: »Ich habe Hunger«, »Ich bin einsam«, »Es ist so heiß hier drin«, »Es ist so kalt hier drin«. Oder: »Kann der Typ da vorn nicht endlich aufhören, dauernd von Achtsamkeit zu labern? Warum erzählt er nicht mal was, was mir wirklich hilft?«

Wenn wir unsere Aufmerksamkeit mehr und mehr auf unsere Gedanken selbst richten, statt uns von ihnen verärgern, verwirren oder ablenken zu lassen, wird ihr Kommen und Gehen uns zusehends in Staunen versetzen. Wir lernen, den Prozess des Denkens zu schätzen – die Tatsache, dass wir die Fähigkeit haben, eine derartige geistige Aktivität zu entfalten.

Zusammenfassend kann man sagen, dass wir durch Achtsamkeit auf die Gedanken erkennen können, wie unsere gewohnheitsmäßige Tendenz, unsere Gedanken als etwas Festes und Wahres zu betrachten, unser Selbstbild wie unser Weltbild formt. »So wie Meere, Seen und Flüsse ganz natürlich Wellen hervorbringen«, wie einer meiner Lehrer einmal sagte, »ist das Denken Ausdruck der Fähigkeit unseres Geistes, Wertungen, Erinnerungen, Tagträume und Ideen zu produzieren.«

Wie beim wachen Gewahrsein auf den Körper oder auf die Gefühle hat auch die Achtsamkeit auf die Gedanken nichts mit Analysieren zu tun. Wir registrieren einfach nur: »Oh, sieh da, ein Gedanke. Schwupps, nun ist er wieder weg. Da kommt ein neuer Gedanke. Da geht er wieder.«

Da manche Gedanken kaum wahrnehmbar sind, ist es für den Anfang besser, in einer Umgebung zu praktizieren, die wenig Ablenkung bietet. Die meisten Menschen finden es auch leichter, körperlich eine stabile Haltung wie die bereits beschriebene Sieben- bzw. Drei-Punkte-Haltung einzunehmen.

Nehmen Sie sich etwas Zeit, um den Körper zur Ruhe zu bringen. Eine Möglichkeit hierzu ist die Übung der Achtsamkeit auf den Atem.

Anschließend registrieren Sie die Gedanken, die Ihnen durch den Kopf gehen. Machen Sie das höchstens zwei Minuten lang.

»Das nervt mich.«
»Ach verdammt, ich habe ganz vergessen, dass ich …«
»Das war vielleicht ein Idiot.«
»Wieso hab ich bloß diese Mail geschrieben?«
»Ich kann meine Rechnungen nicht zahlen.«
»Ich bin krank.«

»Ich bin so alt.«

»Ich hasse mich.«

Was Ihnen auch durch den Kopf geht, registrieren Sie es einfach nur. Lassen Sie es kommen. Lassen Sie es gehen. Wenn es bleibt, lassen Sie es.

Beenden Sie die Praxis wieder. Atmen Sie, bewegen Sie sich, wenden Sie sich wieder Ihren Aufgaben zu.

Sie dürfen sich gratulieren. Sie haben gerade Ihren Geist in Aktion beobachtet.

Zeit und Abstand

Wenn wir anfangen, eine wachere und aufmerksamere Haltung gegenüber den Gedanken zu kultivieren, die uns durch den Kopf schießen, wird die wilde Jagd der Gedanken sich allmählich beruhigen. Unsere mentalen Newsticker werden kleiner und rasen nicht mehr ganz so schnell über den Bildschirm unseres Geistes. Wir identifizieren uns nicht mehr ganz so bereitwillig mit unseren Gedanken und entwickeln ihnen gegenüber eher eine Haltung, die uns etwas denken lässt wie »Okay, das ist es eben, was im Moment erscheint«. Der Gedankenstrom, der die Geschichten zementiert, die wir uns selbst erzählen, rauscht etwas weniger laut und stark. Wir lösen unsere Ich-Identifikationen auf einer tiefer gehenden Ebene auf, als wir das bei der Arbeit mit unseren Emotionen und körperlichen Empfindungen getan haben.

Ein weiterer, noch bedeutsamerer Effekt dieser Art von Arbeit mit den Gedanken ist, dass sich allmählich eine gewisse Distanz einstellt zwischen unseren Gedanken und dem Geist, der sich dieser Gedanken gewahr ist. Achtsamkeit auf die Gedanken ist in gewisser Weise vergleichbar damit, als würden wir uns im Fernsehen oder im Kino einen Film anschauen. Auch wenn auf der Leinwand gerade die »Action abgeht«, so sind wir doch nicht *in* dem Film. Zwischen uns und dem, was wir ansehen, ist ein gewisser Raum. Wenn wir in der Meditation unsere Gedanken beobachten, erfahren wir genau denselben Raum zwischen unserem Gewahrsein und unseren Gedanken. Wir schaffen aber diesen Raum nicht erst, er war immer schon da. Wir erlauben uns jetzt nur, ihn zu sehen.

Wenn wir eine Zeit lang geübt haben, werden wir feststellen, dass sich der reißende Strom der Gedanken etwas beruhigt und es möglich wird, einzelne Gedanken klarer zu unterscheiden.

Trotzdem sind wir vielleicht noch nicht so weit, dass wir jeden vorbeiziehenden Gedanken wirklich beobachten können. Wir erhaschen nur einen flüchtigen Blick auf ihn – fast so, als wäre uns gerade der Zug oder die Straßenbahn vor der Nase weggefahren. Auch das ist in Ordnung. Das Gefühl, gerade sei ein Gedanke unserer Aufmerksamkeit entschlüpft, ist ein Zeichen dafür, dass wir Fortschritte machen und der Geist seinen eigenen »Bewegungsmelder« optimiert. Mit fortschreitender Übung aber werden wir uns jedes Gedankens immer klarer gewahr sein, sobald er auftaucht.

Wenn wir uns in Achtsamkeit auf die Gedanken üben, werden wir zudem die Erfahrung machen, dass es nicht nur Raum zwischen Geist und Gedanken gibt, sondern auch kleine Lücken zwischen dem Verschwinden des einen und dem Entstehen des nächsten Gedankens. Mit anderen Worten: Wenn wir unsere Gedanken beobachten, werden wir uns auch der Momente gewahr, in denen keine Gedanken da sind. Diese Lücken weiten sich zu Augenblicken, die frei sind von jeglicher gedanklichen Aktivität, Momente wachen Gewahrseins in der Bereitschaft, alles zu akzeptieren, was erscheint oder nicht erscheint. Unser Geist gleicht dem Portier eines Nobelhotels, der bereitsteht, jeden Gast hinein- und hinauszulassen, ihm aber nicht hinterherläuft.

Durch diese Praxis verbinden wir uns allmählich immer direkter mit dem inneren Funken, der unser Sein erleuchtet, und kommen der Erfahrung des Potenzials von Weite und Offenheit näher, das nicht nur das Fundament unserer eigenen Natur, sondern der Wirklichkeit selbst ist.

Diese Übung dient auch als Vorbereitung auf die im folgenden Kapitel beschriebene Form der Achtsamkeitspraxis.

ELF

Innerer Raum

Wie bereits gesagt wurde, kann die vierte Grundlage der Achtsamkeit, die meist als Achtsamkeit auf die Geistobjekte bezeichnet wird, auf unterschiedliche Weise aufgefasst werden. Für mich bedeutet diese Praxis, dass unser Gewahrsein in dem ruht, was mein Vater und einige andere meiner Lehrer als »Raum« bezeichnet haben. Doch was hat es damit auf sich?

Vielleicht haben Sie schon einen kleinen Vorgeschmack auf den »Raum« gekostet, als Sie sich in Achtsamkeit auf den Körper, die Gefühle oder die Gedanken geübt haben. Möglicherweise ist Ihnen bereits klar geworden, dass diese Techniken Ihnen helfen können, die Knoten der Ich-Identifikation zu lockern, die uns an unsere Denk- und Verhaltensmuster fesseln. Speziell durch Achtsamkeit auf die Gedanken wird es möglich, die Lücken zwischen diesen zu erfahren – Momente, in denen wir vollkommen lebendig, wach und gewahr sind, frei von der Last der Geschichten, die wir uns über uns selbst und die Welt ringsumher erzählen.

In der Achtsamkeit auf die Objekte des Geistes können wir über diesen Zustand noch hinausgehen und eine Offenheit und Klarheit erfahren, die uns voll Wärme umfängt. Oder uns einen Schock versetzt.

Vorbereitung

Ich war schon fast anderthalb Jahre in Tashi Jong, als ich Gerüchte aufschnappte, dass Khamtrul Rinpoche vorhatte, nach Nepal zu reisen. Ich wollte unbedingt nach Nepal zurück, um meinen Vater und andere Familienangehörige wiederzusehen, wusste aber nicht, ob Khamtrul Rinpoche schon entschieden hatte, wer ihn begleiten würde. Und so ging ich eines Nachmittags, als er gerade auf dem Dach des Klosterhauptgebäudes arbeitete, auf ihn zu, weil ich ihn fragen wollte, ob er mich nicht mit nach Nepal nehmen könnte. Dummerweise wusste ich nicht so recht, wie ich meine Frage formulieren sollte.

Stundenlang drückte ich mich in seiner Nähe herum, während er auf dem Dach arbeitete. Aber jedes Mal, wenn ich ihn dann fragen wollte, blieben mir die Worte im Hals stecken. Und je länger ich wartete, desto unsicherer fühlte ich mich, und umso schwerer fiel es mir, einen klaren Gedanken zu fassen oder gar in Worten auszudrücken. Ich blieb in mehreren »Ich«-Schichten zugleich stecken. Mein »festes Ich« und mein »kostbares Ich« litten an Heimweh. Ich sehnte mich nach dem Gefühl der Geborgenheit, das es mir gäbe, bei meinem Vater und meiner Familie zu sein. Mein »soziales Ich« wiederum hatte Angst, dies vor Khamtrul Rinpoche einzugestehen. Ich wollte nicht, dass er dachte, ich sei ihm für seine Güte nicht dankbar oder in Tashi Jong vielleicht unglücklich.

Irgendwie hatte ich die Vorstellung, dass ich Khamtrul Rinpoche einen triftigen Grund nennen musste, wenn er mich fragte, warum ich nach Nepal mitwollte. Und Heimweh schien mir da unpassend. Schließlich hatte ich eine Lösung gefunden, die halb sogar der Wahrheit entsprach. Statt einfach zu sagen, dass ich nach Nepal wollte, um meinen Vater wiederzusehen, brachte ich einen berechtigten Vorwand vor. Damals brauchte man als Nepalese, der nach Indien wollte, ein offizielles Genehmigungsschreiben mit dem Amtsstempel des nepalesischen Außenministers. Dieses Genehmigungsschreiben hatte ich zwar schon bekommen, aber es war nur auf zwei Jahre ausgestellt und musste bald erneuert werden. Das schien mir doch eine ausgezeichnete Begründung. »Ich muss mit dir nach Nepal, sonst darf ich nicht mehr in Indien bleiben.« Allerdings kam ich mir ein bisschen blöd vor mit meinem Sätzchen, das meilenweit nach Ausrede roch.

Nun hatte ich zwar einen plausiblen Grund gefunden, aber als ich Khamtrul Rinpoche dann ansprach, platzte ich einfach nur heraus: »Ich will mit dir nach Nepal fahren.«

Ich vermute sehr, dass ihm meine inneren Kämpfe die ganze Zeit über nicht verborgen geblieben waren. Es sind schließlich keine seherischen Fähigkeiten erforderlich, um zu merken, dass ein halbwüchsiger Junge etwas auf dem Herzen hat und sich nicht heraustraut mit der Sprache. Doch Khamtrul Rinpoche, die Gelassenheit in Person, werkelte weiter auf dem Dach herum, während ein feines Lächeln um seinen Mund spielte. Einmal mehr zeigte sich seine unendliche Güte: Er hatte einfach abgewartet, bis ich wusste, was ich sagen wollte.

Heute halte ich mir immer die Geduld und Großherzigkeit meines wunderbaren Lehrers vor Augen, wenn meine Schüler sich ähnlich schüchtern zeigen wie ich damals, vor allem wenn sie persönliche oder vielleicht sogar ihnen peinliche Dinge fragen wollen. Er drang nicht in mich und legte mir keine Worte in den Mund. Er wartete einfach, bis ich eine mir gemäße Lösung meines Konflikts gefunden hatte. Er ließ mich *sein*, wie ich war. Und dadurch gab er mir wortlos zu verstehen, dass es vollkommen in Ordnung war, wer ich war und wie ich in diesem Augenblick war.

Daran erkennt man einen wirklich großen Lehrer. Khamtrul

Rinpoches Herz war so weit, so offen, es gab darin mehr als genügend Raum, um die Bedürfnisse eines ängstlichen, schwitzenden Vierzehnjährigen aufzunehmen, der um ihn herumschlich und lieber eine Handvoll Sand verschluckt hätte, als seine Angst und Unsicherheit zuzugeben. Für all jene, die seine Offenheit und Wärme akzeptierten, war es ein außerordentliches Glück, Khamtrul Rinpoche als Lehrer zu haben.

Zu meiner großen Überraschung fragte mich Khamtrul Rinpoche überhaupt nicht nach dem Grund, warum ich nach Nepal wollte. Er sagte weder Ja noch Nein, sondern einfach nur: »Okay.« Vielleicht hatte er zu dem Zeitpunkt noch nicht entschieden, wer und wie viele Personen ihn begleiten sollten. Doch alles, was meine jungen Ohren hörten, war, dass an meiner Bitte nichts falsch war.

Diese Unterredung, vor der ich mich so gefürchtet hatte, war also völlig undramatisch verlaufen. All diese Ängste, all diese Grübeleien – für nichts und wieder nichts. Dies war eine wichtige Lektion für mich, die Khamtrul Rinpoche mir einfach durch die Art und Weise erteilte, wie er war. Es gibt keinen Grund, uns zu winden wie die Würmer, nur damit wir eine sozial akzeptable Rechtfertigung für unsere Wünsche und Bedürfnisse vorbringen können. Sagen Sie einfach freiheraus, was Sie möchten. Was kann denn im schlimmsten Fall passieren? Einige Menschen werden Nein sagen, andere werden fragen: »Warum willst du das?« Oder: »Wozu brauchst du das?« Dann müssen Sie offen sagen, warum.

Schließlich nahm Khamtrul Rinpoche aus Gründen, die nur er kannte, alle jungen Tulkus mit auf die Reise nach Nepal. Vierzehn Tage dauerte die Fahrt von Indien nach Kathmandu. Ich reiste im selben Auto wie er und saß mit einem anderen Tulku vorn auf dem Beifahrersitz, während Rinpoche und ein älterer Tulku auf dem Rücksitz Platz genommen hatten. Ein

Lastwagen mit etwa vierzig Mönchen an Bord begleitete uns. Nahezu während der gesamten Fahrt schwieg Khamtrul Rinpoche. Er war einfach nur präsent, was als solches schon eine Belehrung war. Auch als wir an die Grenze kamen und bewaffnete Beamte unsere Pässe kontrollierten, änderte sich sein friedlicher, gütiger Ausdruck nicht. Nichts von dem, was sich auf dieser Fahrt ereignete, brachte ihn aus der Ruhe.

In Nepal stattete er mehreren heiligen Stätten einen Besuch ab, und ich begleitete ihn. Nach zwei Wochen fragte ich ihn – immer noch recht schüchtern, denn er war ja nach wie vor mein Lehrer –, ob es in Ordnung wäre, wenn ich meinen Vater besuchte.

Ich weiß nicht, was ich erwartete, aber sicher nicht dieses breite Lächeln, als er sagte: »Das ist eine ausgezeichnete Idee! Bitte richte Tulku Urgyen Rinpoche meine besten Grüße aus.« Dann gab er mir etwas Geld für die Fahrkarte nach Nagi Gompa und einen *khata* – einen zeremoniellen Schal, der gute Wünsche und Segen symbolisiert. Den sollte ich meinem Vater in seinem Namen als Geschenk überreichen.

Und so machte ich mich mit seinem Geschenk und seinem Segen auf den Weg. – Und hatte nicht die leiseste Ahnung, was mich erwartete.

Ein erster Einblick

Ich konnte nur einige wenige Wochen bei meinem Vater in seiner Einsiedelei in Nagi Gompa bleiben. Doch als sich mein Aufenthalt seinem Ende näherte, führte er mich in die Erfahrung des Raumes ein.

Ich werde diese Belehrung nie vergessen. Ich saß im Zimmer meines Vaters, einem kleinen, holzgetäfelten Raum, in dem sein Bett und ein Altar standen. Daneben war noch genügend Platz für etwa fünf oder sechs Personen. Eine Wand wurde zur Hälfte von Fenstern eingenommen, durch die rotgolden die Abendsonne hereinschien.

»Schau dir mit offenen Sinnen alles an, was um dich herum ist«, sagte er zu mir. »Sieh alle Objekte, spüre all deine Empfindungen. Unterdrücke nichts. Spürst du diese Offenheit, dieses einfache Gewahrsein der Dinge, die du siehst, hörst und fühlst?«

Ich nickte.

Es wäre allerdings auch schwierig gewesen, sich der Erscheinungen *nicht* gewahr zu sein: die Abendsonne, die Fenster, die sich auf das weite Tal öffneten, die warme körperliche Präsenz meines Vaters, sein sanfter, aber durchdringender Blick, die Härte des hölzernen Fußbodens, auf dem ich saß. Sein Rat, dieses Gewahrsein offenen Geistes und ohne Wertungen einfach zu erfahren, übte eine tiefe Wirkung auf mich aus. Es hatte fast schon etwas Magisches, wie er mir ohne Worte oder Gesten vermittelte, dass ich alles, was ich sah, hörte und fühlte, schätzen konnte, ohne es zu bewerten.

Dann meinte er: »Wende jetzt dasselbe Gewahrsein dem Geist zu, der dies alles offen wahrnimmt. Statt auf den *äußeren* Raum zu blicken, siehst du jetzt auf den *inneren* Raum.«

Bei diesen Worten wendete er seine nach außen zeigenden Handflächen – Sinnbild unserer gewöhnlichen, nach außen gerichteten Wahrnehmung – nach innen, um auf den wahrnehmenden Geist zu verweisen. Dann ließ er seine Hände in den Schoß fallen als symbolische Geste, im Schauen jede Anstrengung aufzugeben und alles zuzulassen, was geschieht (oder nicht geschieht).

In diesem Augenblick erhaschte ich – in der Hauptsache durch die innere Gewissheit und das Verständnis meines Vaters, das er in jahrelanger Praxis erworben hatte – einen flüchtigen Einblick in die Natur des inneren Raumes, der offen, klar und jenseits aller Konzepte und Kategorien ist. Ein Raum, der die Matrix abgibt, damit das ganze Reich der Phänomene sich manifestieren und wieder auflösen kann. Einen kurzen Augenblick lang erfuhr ich unmittelbar, was in der buddhistischen Tradition als »Essenz« oder »Natur des Geistes« bezeichnet wird, ein leuchtendes, grenzenloses Gewahrsein, in dem es keine dualistische Trennung in Subjekt und Objekt, Selbst und Anderes, Wahrnehmendes und Wahrgenommenes gibt. Alle Unterscheidungen zwischen »Sehendem« und »Gesehenem« fielen fort, und einen Augenblick lang gab es keinerlei Trennung zwischen dem, was ich spürte, sah, roch, und dem Gewahrsein, das spürte, sah und roch. In diesem Augenblick war auch das bewusste Bemühen, Achtsamkeit auf ein Objekt zu praktizieren, verschwunden, und die Achtsamkeit wurde anstrengungslos. Klarheit, Offenheit und Wärme *waren* einfach.

Diese Erfahrung glich dem, was traditionelle buddhistische Texte als »träumend aus einem Traum erwachen« beschreiben. Schlagartig und jenseits aller Zweifel wusste ich, dass das, was ich erfuhr, sich in meinem Geist abspielte, und doch gab es in dieser Erfahrung nichts, was auf geistige, emotionale oder körperliche Etiketten zurückging. Ich hatte ein Gefühl von grenzenloser Freiheit und unbeschränkten Möglichkeiten, das untrennbar mit der Fähigkeit verbunden war, all dessen, was aus dieser fruchtbaren Potenzialität hervorging, gewahr zu sein. Gleichzeitig handelte es sich nicht um eine mystische Erfahrung, sondern um ein Gefühl tiefer Entspannung, so als würde man sich am Ende eines langen Tages in einem bequemen Sessel niederlassen.

Diese Erkenntnis, dass Gewahrsein und Objekt des Gewahrseins eine untrennbare Einheit bilden – das Erwachen aus einem Traum –, war das Geschenk des Buddha an die Menschheit und das Geschenk meines Vaters an mich.

Die Reaktion

Ich konnte nicht lange genug bei meinem Vater in Nagi Gompa bleiben, um von ihm all die verschiedenen Techniken und Methoden zu lernen, wie man diese Erfahrung reinen, klaren und offenen Gewahrseins stabilisieren kann.

Zurück in Tashi Jong, »lieh« ich mir deshalb weiter Bücher über die Meditation aus der Klosterbibliothek, die nicht zu meinem aktuellen Tulku-Lehrplan gehörten. Der Schwerpunkt der Ausbildung liegt in den ersten Jahren auf Lesen, Schreiben, dem Auswendiglernen von Ritualtexten sowie des ganzen äußeren »Drumherums« der zahlreichen Rituale.

Nach meiner Rückkehr ins Kloster und meinem kurzen Einblick in die Natur des Geistes begann der wilde, unabhängige Geist, den ich als Kind besessen und in dem Bemühen, ein »Muster-Tulku« zu sein, einige Jahre lang unterdrückt hatte, seine Rechte wieder einzufordern. Während ich weiter dem Tulku-Lehrplan folgte, begann ich, heimlich ein paar der klassischen Texte über Meditation zu lesen. Aus meiner heutigen Perspektive erkenne ich sehr wohl Sinn und Wert des langsam und stufenweise fortschreitenden Lehrplans, wie er in Tashi Jong und vielen anderen Klöstern in Tibet, Indien, Nepal, Europa und Amerika befolgt wurde und wird – denn das, was ich in jenen Texten las, hat mich nur extrem verwirrt.

Ging es in Tashi Jong in den ersten Jahren der Ausbildung ausschließlich um Theorie und äußeres Verhalten, beschrieben die Texte, die ich mir aus der Klosterbibliothek lieh, sehr drastisch und detailliert die positiven und negativen Aspekte dessen, was man »inneres Verhalten« nennen könnte. Gedanken und Gefühle wurden als »gut« bzw. »schlecht« klassifiziert oder – wie man heute eher sagen würde – als »negativ« und »positiv« bzw. »konstruktiv« und »destruktiv«. Zorn zum Beispiel wurde als Pfad bezeichnet, der in die Höllenbereiche führte, wo man zahllose Äonen lang in Kesseln voll geschmolzenen Bleis gesotten wurde. Begierde konnte zur Geburt im Bereich der sogenannten Hungergeister führen, Wesen mit winzigen Mündern und riesigen Mägen, die nie satt wurden. Sexuelles Begehren gar – ein höchst zentrales Thema für jemanden, der gerade von Pubertätshormonen durchspült wurde – war für Mönche und Nonnen völlig tabu.

Zu sagen, dass ich verwirrt war, wäre weit untertrieben.

Es brodelt

Während meiner ersten zwei Jahre in Tashi Jong hatte ich mit aller Kraft versucht, mein Verhalten zu ändern. Nun hatte ich einen kurzen Einblick in die Natur meines Geistes erhalten, und was ich dort sah, entsetzte mich. Unverändert erschienen Gedanken und Emotionen, die nicht sonderlich »gut« oder »konstruktiv« waren. Ich war zornig, ängstlich, konkurrenzbetont, voreingenommen und hatte sexuelle Begierden. Schließlich kam ich zu der Überzeugung, dass ich ein schlechter Mensch sein müsse, weil ich Gedanken und Gefühle hegte, die in den klassischen Texten als »schlecht« bezeichnet wurden. Ein geheimer, strenger und fast gottgleicher Richter riss die Macht an sich, beobachtete mich und kontrollierte meine Gefühle und Gedanken.

Ich schämte mich so für diese Gedanken und Gefühle, dass ich nie einem der Lehrer davon erzählte. Das lag unter anderem daran, dass sie uns ständig ermahnten, ein Tulku müsse ein Vorbild an Sittenreinheit, Güte, Barmherzigkeit und Mitgefühl sein.

»Wie kann ein Tulku so viele schlechte Gedanken haben?«, fragte ich mich. »Bei einem Tulku darf so etwas doch nicht vorkommen.«

Meine Lehrer sprachen nie über dieses Problem. Es kam nicht ein einziges Mal zur Sprache, dass man ein Tulku sein und trotzdem zügellose und unberechenbare Gedanken und Gefühle haben könnte.

Dieser innere Konflikt zwischen gutem und schlechtem Tulku wurde so heftig, dass ich nachts kaum noch schlafen konnte. Mein Geist war ständig in Aufruhr. »Du solltest dies sein, du solltest jenes sein.« – »Du solltest dies denken, du solltest das denken.« Das ging so weit, dass ich mir einbildete, Bäume, Wind und Tempelbilder redeten mit mir über meine Probleme. Schließlich entwickelte ich auch körperliche Symptome. Ich begann, stark zu schwitzen, und mein Nacken schmerzte. Ich bekam Mundgeschwüre, Kopfgrind und Magenbrennen. Als ich mit meinen Beschwerden zu einem Arzt ging, meinte er: »Das sind Stresssymptome. Nimm Vitamin B, das wird dir helfen.«

Doch mein Problem war nicht körperlicher, sondern emotionaler und geistiger Natur. Ich war in eine Art epischen Kampf zwischen einem äußeren Ideal und einer inneren Flut von Gedanken und Emotionen verwickelt. Im Laufe der folgenden Jahre lief in mir etwas ab, was Psychologen vielleicht als »Desintegration« bezeichnen würden. Ich brach förmlich auseinander, während ich mit aller Kraft versuchte, die Trümmer zusammenzuhalten.

Manchmal, wenn ich Leute lachen sah, fragte ich mich: »Warum lachen sie? Wie können sie glücklich sein?« Ich kam mir vor, als hätte ich ein Lammkotelett auf dem Kopf – eine dicke, rohe, fleischige Schale, die mich daran hinderte, Kontakt zu anderen Menschen aufzunehmen. Ich rieb mich innerlich auf dabei, gut sein zu wollen und mich für schlecht zu halten.

Obwohl dieser Zustand mehrere Jahre dauerte und immer schlimmer wurde, schätze ich mich dennoch glücklich, denn bei vielen Menschen ziehen sich solche Kämpfe oft über Jahrzehnte hin. Eine meine Schülerinnen erzählte mir beispielsweise, sie habe sich immer als »Ersatzkind« gesehen für ein Geschwisterchen, das jung gestorben war. Niemand kann sagen, ob ihre Eltern sie tatsächlich so gesehen haben, doch der Schrein, den die Eltern für das verstorbene Kind im Wohnzimmer errichtet hatten, und die Bilder, die im Schlafzimmer der Eltern hingen, vermittelten ihr das Gefühl, dass sie nicht um ihrer selbst willen geliebt und geschätzt wurde. Diese dunkle Wolke, die scheinbar unverrückbar über ihrem Leben hing, war der Grund, dass sie mehr als dreißig Jahre lang zu beweisen versuchte, wie liebenswert, beachtenswert und klug sie war und dass sie als Mensch ihre Daseinsberechtigung hatte. Und aus diesem Grund suchte sie auch ständig Bestätigung bei Liebhabern, Freunden und Kollegen.

Schließlich wuchs ihr alles über den Kopf. Sie hatte ihren Job verloren und lag ein halbes Jahr lang nur noch im Bett oder schlich durch ihre Wohnung »wie ein Zombie«, um ihre eigenen Worte zu gebrauchen.

»Meine Haare waren verfilzt, ich hatte Löcher in den Zähnen, meine Wohnung war ein einziges Chaos, *ich selbst* war ein einziges Chaos.«

Sie lachte.

»Damals kapierte ich allmählich, dass ich diese ganze Buddhismus-Geschichte langsam ernst nehmen sollte. Dass ich anfangen musste zu praktizieren – und diesmal wirklich. Nicht, um mich irgendwie besser zu fühlen, sondern um mich dem Gedanken zu öffnen, dass ich nicht bloß ein Ersatz war. Ich war etwas anderes. Was, wusste ich nicht. Doch ich war bereit zu akzeptieren, dass ich es eben *nicht wusste*, und abzuwarten, was passiert.«

Nicht zu wissen ist, wie sich immer wieder zeigt, das Beste, was uns passieren kann, wenn die Muster, mit denen wir uns identifiziert haben, in sich zusammenbrechen – was unvermeidlich der Fall ist.

Voll großartig!

Mit achtzehn bekam ich die Erlaubnis für eine neuerliche Reise nach Nepal. Bei diesem zweiten Besuch konnte ich länger bei meinem Vater bleiben und erhielt von ihm weitere Belehrungen über den Raum, die der langen Überlieferungstradition des *dzogchen* entstammen.

Der tibetische Begriff *dzogchen*, der meist mit »Große Vollkommenheit« oder »Vollendung« übersetzt wird, setzt sich zusammen aus dem Wort *dzog*, einer Kurzform von *dzogpa*, das in der Grundbedeutung so viel wie »vollkommen« bzw. »Vollkommenheit« heißt, und dem Wort *chen*, das »groß« oder »weit« bedeutet.

Auf einer subtileren Ebene bedeutet *dzogpa* aber: »Alles ist eingeschlossen, nichts wird weggelassen.« Damit klar wird, was hiermit gemeint ist, stellen Sie sich vor, dass Sie in einem Zimmer sitzen und durch ein kleines Fenster nach draußen blicken. Durch den Fensterrahmen sehen Sie nur einen kleinen Ausschnitt der Landschaft. Wenn Sie in der Stadt leben, sind es Häuser, vielleicht sogar nur die Mauer des Gebäudes gegenüber. Dann verlassen Sie den Raum und gehen hinaus auf die

Straße. Wie viel mehr sehen Sie jetzt! Und wenn Sie sich die Zeit nehmen, einen noch offeneren Raum aufzusuchen, einen Park beispielsweise, wie viel mehr würden Sie dann sehen? Würden Sie dann einen noch weiträumigeren Schauplatz aufsuchen, die Spitze eines Berges etwa oder das oberste Stockwerk eines Wolkenkratzers, würde sich Ihnen ein noch ausgedehnteres Panorama darbieten.

In gewisser Weise entspricht dieser Vorstoß in immer weitere und offenere Räume dem *chen*, dem Aspekt von »weit« oder »groß« in *dzogchen*. Auf einer mehr individuellen Ebene könnte man *chen* auch mit dem Hochgefühl gleichsetzen, das sich einstellt, wenn man zum ersten Mal aus einer winzigen Kammer mit nur einem winzigen Fenster hinaustritt in den weiten Raum und man am liebsten ausrufen möchte: »Wie wunderbar!«

In den zwei Monaten, die ich mich während meiner zweiten Nepalreise bei meinem Vater aufhielt, bekam ich von ihm viele wunderbare Belehrungen, wie man dieses Panorama von Gedanken, Gefühlen und Empfindungen, die ständig kommen und gehen, in seiner Gesamtheit spüren kann. Eine der unvergesslichsten Belehrungen aber gab er mir, als ich ihm eingestand, wie sehr mich der Wust von Gedanken und Emotionen in meinem Geist verwirrte und dass ich glaubte, ein »schlechter« Tulku zu sein, weil ich »schlechte« Gedanken und Gefühle hatte.

Wir saßen allein in seinem kleinen Zimmer. Es war heller Tag. Durch das Fenster konnte ich hinausschauen auf die Wolken, die sich am Himmel bildeten, dahinzogen und sich wieder in die unterschiedlichsten Formen auflösten.

»Sieh dir die Wolken an«, sagte er. »Sind sie gut oder schlecht?«

Ich schüttelte den Kopf und versuchte, seine Frage zu beantworten, so gut ich konnte: »Na ja, für manche Leute sind sie gut, weil sie vor der prallen Sonne schützen. Aber für andere sind sie vielleicht schlecht, weil die Wolken Regen bedeuten könnten, und sie keinen Regen mögen. Oder wenn sie Regen bringen dann vielleicht so viel, dass es der Feldfrucht schadet, die sie angebaut haben.

»Genau!«, antwortete er mit einem Lächeln.

Ich wartete.

»Gut, schlecht, glücklich, traurig – das sind Qualitäten, die nur relative Wahrheit besitzen und von den individuellen Umständen der Person abhängen«, erklärte er mir. »Doch sind sie nicht absolut, aus sich selbst heraus wirklich. Auf einer absoluten Ebene sind das einfach nur vom Geist geschaffene Namen für bestimmte Erfahrungen. Aber wir haften an diesen Namen als Teil von uns selbst und unserer Erfahrung. Sie sind nicht an sich gut oder schlecht. Sie sind wie diese Wolken, die am Himmel treiben.

Das Problem ist«, fuhr er fort, »dass wir aus ganzem Herzen an diese Benennungen glauben, was ungefähr so ist, als wolle man versuchen, die Wolken am Himmel festzuhalten oder zu verscheuchen. Wir wollen die Umstände oder Bedingungen unseres Lebens festhalten oder ändern, aber damit machen wir die Sache nur schlimmer, weil wir diese Bedingungen als dauerhaft und an sich existierend betrachten statt als vergängliche Manifestation von Ursachen und Bedingungen.«

Während ich ihm zuhörte, wanderte mein Blick zum Fenster hinaus, und ich konnte in der Tat sehen, wie die Wolken sich bewegten, ihre Gestalt änderten und sich manchmal ganz auflösten.

Er hatte meinen Blick bemerkt und sagte leise: »Ja, schau, wie sie sich verändern. Doch der Raum um sie herum verändert sich nicht im Mindesten. Dieser Raum ist wie deine wahre Natur. Er ist unveränderlich. Er hat weder Anfang noch Ende. So wie der Himmel, über den die Wolken ziehen und der von ihnen manchmal ganz bedeckt wird, so ist auch der Raum immer da – in unserem Herzen, in unserem Geist, in jeder Erfahrung.«

Er lächelte ermunternd.

»Wir sind es nur nicht gewohnt, die Dinge auf diese Art und Weise zu betrachten. Wir sehen nur die Wolken, aber nicht den Himmel dahinter. Wir nehmen unsere Gedanken und Gefühle wahr, doch den Raum, der es überhaupt erst möglich macht, sie wahrzunehmen, sehen wir nicht. Welche Bedingungen auch immer zusammenkommen, um alle Erscheinungen hervorzubringen, wir sehen nicht, dass dies nur möglich ist, weil es den offenen Raum gibt, in dem sie entstehen können. Und wir sehen nicht, dass Gedanken und Gefühle nur deswegen entstehen und sich auflösen können, weil ihre wahre Natur der Raum selbst ist.«

Über diese und anderen Belehrungen dachte ich lange Zeit nach. Es klang doch recht nach abstrakter Philosophie. Doch eines Tages, es war gegen Ende meines Besuches in Nagi Gompa, beschloss ich, ein Experiment zu machen. Ich setzte mich an den Rand einer Felswand, schaute in den Himmel, beobachtete die vorbeiziehenden Wolken und verglich sie mit meinen Gedanken. Ich beobachtete das Kommen und Gehen der Wolken, ich beobachtete das Kommen und Gehen meiner Gedanken und Gefühle. Allmählich breitete sich ein Gefühl der Leichtigkeit in mir aus. All die Werturteile, die ich über mich, meine Gedanken, Gefühle und Empfindungen getroffen hatte, begannen von mir abzufallen. Ich fühlte mich ganz leicht, unbeschwert, so wie ich mich als Kind gefühlt hatte, bevor diese ganze Tulku-Geschichte mein Leben bestimmte. Ich spürte, wie ein Funke Körper und Geist mit neuem Feuer füllte. Ich hörte auf, mich, meine Gedanken, meine Gefühle für schlecht zu halten. Ich empfand ein Gefühl der Freiheit, das ich nicht mehr kannte, seit ich mit meiner Tulku-Ausbildung begonnen hatte.

Vielleicht, dachte ich bei mir, konnte man ja diese verschiedenen Erfahrungen meines Lebens – das innere Feuer meiner Kindertage, die Ausbildung zum Tulku in Tashi Jong und die Belehrungen meines Vaters – unter einen Hut bringen. Vielleicht gab es eine Möglichkeit, aus diesen verschiedenen Erfahrungen eine Synthese zu bilden und eine andere Art Tulku zu werden, einer, der etwas weniger formell wäre und seinen Schülern offener zuhören konnte, einer, der auf sie eingehen würde.

Dennoch war auch das nicht mehr als ein flüchtiger Einblick. Vielleicht ging er etwas tiefer als jener, den ich hatte, als ich meinen Vater das erste Mal besuchte. Es dauerte aber viele Jahre, bis dieser Einblick sich fest verwurzelte und zu einer dauerhaften Richtschnur wurde, an der ich jetzt mein Leben ausrichte.

Natürlich war der erste größere Entwicklungsschritt nach meiner Rückkehr nach Tashi Jong, dass ich mit Tselwang Rindzin und einigen anderen meiner Tutoren über meine Probleme und meine Krankheit sprach. Lange Zeit war ich davor zurückgescheut, weil meine Lehrer nach außen so streng wirkten. Doch ich hatte mir mittlerweile angewöhnt, ihr einschüchterndes Äußeres als Wolke zu betrachten, die den klaren Himmel und die leuchtende Offenheit von Herz und Geist nur verdeckte. Und es stellte sich heraus, dass dies tatsächlich der Fall war, denn jeder von ihnen ermutigte mich, das Gleichgewicht zwischen meinem Herzen und meinem Geist zu finden. Am Ende gab ich meine Mönchsgelübde zurück. Das war eine schwere Entscheidung für mich, und doch hatte sie, wie ich schließlich erkannte, keinen Einfluss auf die Essenz meines Seins – die Leerheit, die Klarheit, die Liebe.

Die Praxis

Bei der Übung in den vier Grundlagen der Achtsamkeit geht es letztendlich darum, hinter die Wolken zu schauen, also hinter Werturteile wie »gut« oder »schlecht«, »richtig« oder »falsch«. Stattdessen versuchen wir, des offenen Raumes gewahr zu sein, in dem Wertungen, Verlangen, Wut, Furcht und Hoffnung als vergängliche Erfahrungen entstehen. In diesem offenen Raum enthüllt sich unsere wahre Natur: Offenheit, Liebe und Verständnis für die Schwierigkeiten und Probleme, mit denen andere sich täglich auseinandersetzen müssen.

Um Achtsamkeit auf die Geistesobjekte praktizieren zu können, müssen wir, so lehrt es die Tradition, auf etwas achten, das meist als die »Drei Unbewegtheiten« übersetzt wird, nämlich Unbewegtheit des Körpers, Unbewegtheit der Empfindung und Unbewegtheit des Geistes. Was sich so abschreckend anhört, ist eigentlich etwas ganz Einfaches.

»Unbewegtheit des Körpers« zum Beispiel heißt, dass wir eine stabile Körperhaltung wie die Sieben- bzw. die Drei-Punkte-Haltung einnehmen. Wir müssen irgendwie mit dem Boden verankert sein, auf dem wir sitzen, damit wir die Verbindung zum physischen Aspekt unseres Seins nicht verlieren. Wenn Ihre Wirbelsäule gerade bleibt, sind die Kanäle oder *tsa* offen, und *lung*, die »Trägersubstanz« der *tigle* oder Energiefunken, die Ihre Lebensenergie speisen, kann frei fließen. Ihre körperlichen Sensorien sind geöffnet für jede Erfahrung.

»Unbewegtheit der Empfindung« bezieht sich auf die verschiedenen Übungen der Achtsamkeit auf den Körper und auf die Gefühle, die uns erlauben, unsere Empfindungen im physischen bzw. subtilen Körper zu registrieren. Mit »Unbewegtheit« des Geistes indessen ist gemeint, dass wir die Gedanken, die in unserem Geist auftauchen, mit wacher Aufmerksamkeit betrachten.

Nehmen Sie sich jetzt einen Augenblick Zeit und begeben Sie sich in Meditationshaltung …

Nehmen Sie sich einen Augenblick Zeit, um bei Ihren Gefühlen zu verweilen …

Nehmen Sie sich einen Augenblick Zeit, um bei Ihrem Geist zu verweilen …

Seien Sie sich einfach nur der Dinge gewahr, die in Ihr Bewusstsein treten. Das können Klänge sein, Gerüche, Gedanken, Empfindungen …

Richten Sie dann Ihre Aufmerksamkeit nach innen – so wie mein Vater seine Handflächen nach innen drehte – und werden Sie sich dessen gewahr, was sich dieses Klanges, dieses Geruchs, dieses Gedankens, dieser Empfindung gewahr ist.

Werden Sie sich der kurzen Lücken zwischen den körperlichen Empfindungen, Gefühlen oder Gedanken gewahr. Richten Sie Ihre Aufmerksamkeit auf den Raum zwischen all diesen Erfahrungen, die wie Wolken am Himmel sind. Möglicherweise kommt es zu einem Moment flüchtiger Erkenntnis, und Ihnen wird klar, dass es zwischen dem, der erfährt, und dem, was erfahren wird, keine Trennung und keinen Unterschied gibt.

Verweilen Sie in dieser Erkenntnis. Anfangs ist es vermutlich wirklich nur ein flüchtiger Moment, der vielleicht nur ein paar Sekunden dauert, ehe Ihre alte Gewohnheit, Erfahrungen in Erfahrenden und Erfahrenes zu trennen, wieder das Ruder übernimmt. Machen Sie sich nichts daraus. Das ist am Anfang völlig normal. Wiederholen Sie die Übung einfach immer wieder – werden Sie sich der Dinge gewahr, die in Ihr Gewahrsein treten, und wenden Sie dann Ihre Aufmerksamkeit nach innen.

Tun Sie das ein, zwei Minuten lang und verweilen Sie dann einfach still, ähnlich wie nach einem langen Arbeitstag.

Wenn Sie sich wieder bereit dazu fühlen, versuchen Sie ungefähr eine Minute lang, auf die Lücken zu achten.

Dann sitzen Sie einfach still. Lassen Sie es gut sein. Machen Sie eine Pause.

Wie war es?

Haben Sie Lücken bemerkt?

Haben Sie den Raum zwischen und um die »Wolken« herum gesehen?

Falls nicht, ist das kein Grund zur Besorgnis. Ich selbst arbeite auch immer noch an dieser Erfahrung. Vielleicht gelingt es mir ja eines Tages, dieselben Fähigkeiten zu erlangen, die meine Lehrer entwickelt haben. Bis dahin bin ich genau wie Sie ein Lernender.

Noch eine Methode

Lassen Sie mich Ihnen eine weitere Methode vorstellen, sich in Achtsamkeit auf die Geistobjekte zu üben. Gelernt habe ich sie von dem großen Dzogchen-Meister Nyoshul Khen Rinpoche, dem Ende der fünfziger Jahre nur knapp die Flucht aus Tibet nach Indien gelang. Seine Startbedingungen waren sehr schwer, er musste auf den Straßen betteln. Mit der Zeit aber sprach sich herum, dass er sich nun in Indien aufhielt. Er begann, Belehrungen zu geben, und zog große Menschenmengen an. Tulkus, denen die Flucht nach Indien gelungen war, erbaten Belehrungen von ihm, und mehrere bedeutende Meditationsmeister boten ihm an, in den Klöstern, die sie in Indien gegründet hatten, Khenpo, also Abt, zu werden. Später erhielt er Einladungen von Klöstern und Retreat-Zentren in Asien, Europa und den USA.

Ich hatte mehrfach das Privileg, ihn zu treffen und von ihm zu lernen. Unter den vielen wunderbaren Dingen, die er mich gelehrt hat, ist eine ganz einfache Methode, Achtsamkeit auf die Geistobjekte zu praktizieren. Diese Methode möchte ich nun an Sie weitergeben.

Atmen Sie ein und heben Sie dabei die Arme.
Lassen Sie die Arme fallen und atmen Sie scharf aus.
Zu simpel?
Möglicherweise.

Doch in dem Moment, in dem Sie die Arme fallen lassen, können Sie tatsächlich ein Gefühl von Weite und Offenheit spüren, eine Lücke, in der es keine Zweiheit von Erfahrung und Erfahrendem, nichts Festes und keine Bewertungen gibt. Verweilen Sie in dieser Lücke, so lang – oder so kurz – sie dauert. Versuchen Sie nicht, diese Erfahrung auszudehnen oder festzuhalten. Lassen Sie sie einfach geschehen, und dann lassen Sie sie wieder gehen. Danach können Sie die Übung noch einmal versuchen.

Es gibt keine Fehler

Die Menschen sind oft enttäuscht, wenn sie diese Erfahrung von Raum nicht aufrechterhalten können. Gerade Anfänger haben hier ihre Schwierigkeiten, doch selbst länger Praktizierende müssen immer wieder feststellen, dass die Lücke, die sich einstellt, wenn sie ein paar Sekunden im Raum verweilen, bald wieder von Gedanken, Gefühlen und körperlichen Empfindungen überdeckt wird.

Wir müssen dabei im Hinterkopf behalten, dass wir unsere Muster und Ich-Identitäten über einen sehr langen Zeitraum aufgebaut haben und dieser Prozess nicht in einer einzigen Meditationssitzung, ja nicht einmal in hundert oder tausend Meditationssitzungen umgekehrt werden kann. Stellen Sie sich

Ihre Praxis so vor, als würden Sie mit einem Trainingsprogramm im Fitnessstudio beginnen. (Nur fallen hier keine Mitgliedsgebühren an – als fühlendes Wesen gehören Sie automatisch zum Klub.) Anfangs schaffen Sie vielleicht nur ein paar Minuten auf dem Laufband oder dem Spinningrad. Beim Krafttraining geht Ihnen schon nach wenigen Wiederholungen mit niedrigem Gewicht die Puste aus. Doch wenn Sie durchhalten und fleißig weitertrainieren, können Sie bald mehr Wiederholungen mit mehr Gewicht machen, und Ihre Ausdauer verbessert sich.

Auch die Übung der Achtsamkeit auf die Geistobjekte ist ein stufenweiser Prozess. Anfangs gelingt es Ihnen vielleicht nur ein paar Sekunden lang, wach und achtsam zu sein, ehe Sie wieder abgelenkt werden. Die grundlegende Anweisung hierzu ist einfach: Registrieren Sie wie ein unbeteiligter Beobachter, was in Ihrem Geist geschieht. Verwickeln Sie sich nicht in Gedanken, Gefühle und Empfindungen, versuchen Sie aber auch nicht, sie zu unterdrücken. Beobachten Sie einfach nur, wie sie kommen und gehen.

Im Raum kann alles entstehen. Gedanken, Gefühle und Empfindungen sind wie Vögel, die über den Himmel ziehen, ohne Spuren zu hinterlassen.

Lassen Sie sie fliegen. Lassen Sie sie kommen und spurlos wieder verschwinden.

Werden Sie wie der Raum, der jede Erfahrung willkommen heißt, ohne sie zu werten.

Denn schließlich ist dies ja Ihre wahre Natur.

ZWÖLF

Wie alles zusammengehört

Achtsamkeit auf die Geistobjekte führt uns an eine fortgeschrittenere Praxis heran, die auf Sanskrit als *vipashyana* und im Tibetischen als *lhaktong* bezeichnet wird. Sowohl den tibetischen als auch den Sanskrit-Terminus könnte man übersetzen mit »klare Sicht« oder »die Dinge so sehen, wie sie sind«. In westlichen Sprachen heißt es meist nur kurz »Einsicht«. Bei dem Wort »Einsicht« fällt mir sofort mein Vater ein, wie er die Handflächen nach innen drehte, um mir zu zeigen, wie auch der Geist den Blick nach innen, auf sich selbst richten kann. Durch diese Umkehr der Blickrichtung wird die Erkenntnis der Leerheit vom interessanten philosophischen Konzept zur lebendigen Erfahrung.

Als Neulinge in der Achtsamkeitspraxis registrieren wir die Dinge einfach nur. In gewisser Weise gleichen wir darin einem Ladenbesitzer, der in seinem Geschäft Inventur macht: »X ist da, Y ist auch da, Z ist nicht da, XY ist da …« Der einzige Unterschied ist, dass wir bei unserer Bestandsaufnahme etwas einfühlsamer vorgehen. Wir registrieren das Zuviel oder das Fehlen von körperlichen Empfindungen, Emotionen und Gedanken ohne jede Wertung – oder versuchen es zumindest.

Dieser einfache Akt des Registrierens stößt jedoch einen außergewöhnlichen Transformationsprozess an. Langsam, aber sicher beginnen sich unsere Anhaftungen und Fixierungen zu lockern und damit auch unsere quasifatalistische Identifikation mit den Mustern, die unsere Erfahrung bisher bestimmt haben.

Richten wir unsere Aufmerksamkeit auf unsere Gedanken, Gefühle und körperlichen Empfindungen, dann trainieren wir damit auch gleichzeitig unser Gewahrsein, das allmählich stabiler wird. Ein stabileres Gewahrsein wiederum ermöglicht uns, einen Blick auf die Lücken zu erhaschen, die sich zwischen dem Kommen und Gehen der einzelnen Geistesobjekte auftun. So erfahren wir den Raum, vor dessen Hintergrund die Wolken unserer Gedanken, Emotionen und körperlichen Empfindungen erscheinen.

Tiefe Erfahrung

Verbinden wir diese Praxis mit Einsicht, dann geht jener Transformationsprozess um einiges tiefer. Wir treten in Dialog mit unserer momentanen Erfahrung.

Nehmen wir beispielsweise einmal an, wir spüren, dass eine bestimmte Stelle unseres Körpers sich hart oder verspannt anfühlt, dann können wir anfangen, diese Verhärtung in ihre einzelnen Elemente zu zerlegen. Wir betrachten den Körper als Ansammlung einzelner Bestandteile und fragen uns, was für Gedanken und Emotionen jeweils dahinterstehen. Oder wir fangen bei den Gedanken an, gehen der emotionalen Reaktion nach, die sie in uns auslösen und die sich ihrerseits körperlich niederschlägt. Oder wir beschäftigen uns mit den Emotionen, die unsere Gedanken mit Energie aufladen und körperliche Empfindungen hervorrufen.

Welche Form der Achtsamkeitspraxis wir auch wählen, sie führt zwangsläufig dazu, dass wir unsere gewohnheitsmäßigen

Verhaltensmuster als das erkennen, was sie sind: »Klumpen« von Gedanken, Emotionen und körperlichen Empfindungen, die bei näherer Untersuchung keineswegs so homogen sind, wie es auf den ersten Blick scheint.

Wir beobachten, wie sich diese Muster vor dem Hintergrund des Raumes entfalten. Dadurch lockert sich unsere Gewohnheit, uns mit diesen Mustern als unserem »Ich« zu identifizieren. Wir erkennen, dass selbst »eingefleischte« Muster nicht so fest sind, wie wir dachten. Sie sind nicht wesenhafter Teil dessen, was wir für das »Ich« halten, sondern nur eine Abfolge von vergänglichen, miteinander verbundenen Ereignissen, die zu einem »Ich«-Gefühl beitragen.

Eingeschliffene Verhaltensmuster wieder aufzulösen kann einige Zeit dauern – manchmal ein ganzes Leben lang. Dabei geht es nicht darum, Gedanken, Gefühle oder Empfindungen ganz loszuwerden. Auch nicht darum, sich mit Vorwürfen zu überhäufen, wenn komplexe emotionale, geistige oder physische Faktoren übermächtig werden und Sie mit sich reißen. Wir wollen vielmehr, das Potenzial, aus dem solche Muster entstehen, praktisch und unmittelbar erfahren und dieses Wissen immer weiter vertiefen.

Schenken Sie Ihren Mustern ein Lächeln. Begrüßen Sie sie wie Ihren Partner, Ehegatten, Zimmergenossen oder Ihr Kind, das zur Tür hereinplatzt, während Sie gerade beschäftigt sind. Statt zu schimpfen, weil Sie gestört wurden, begrüßen Sie den »Störenfried« höflich, freundlich und vielleicht sogar mit einer Prise Humor. »Hallo, mein Lieber, auch wieder da? Leider habe ich jetzt gar keine Zeit, um mit dir durch die Gegend zu ziehen.« Geben Sie ihnen Raum, sich frei zu bewegen, aber machen Sie sich klar, dass Sie nicht Ihre Muster und Ihre Muster nicht Sie sind.

Man kann *vipashyana* bzw. *lhaktong* auch als analytischen

Prozess sehen, bei dem wir unsere Erfahrungen so lange in ihre einzelnen Bestandteile zerlegen, bis wir erkennen, dass sie weder etwas Festes oder Dauerhaftes sind noch eine Existenz an sich besitzen. Das aber ist kein bloßer intellektueller Prozess, er zielt vielmehr auf unmittelbare Erfahrung ab.

Wann immer schwierige Erfahrungen wie Angst, Panikgefühle, Eifersucht, Zorn oder körperlicher Schmerz auftauchen, greifen wir auf die vier Grundlagen der Achtsamkeit zurück und ernennen sie gleichsam zu unserem Notfallteam.

Physischer Raum

Wenn wir mit diesem Notfallteam arbeiten, das man vielleicht als »multiple Achtsamkeit« bezeichnen könnte, ist es gewöhnlich sinnvoll, mit der Achtsamkeit auf den Körper anzufangen. Gehen Sie Ihren Körper durch, um festzustellen, wo die stärkste Empfindung sitzt. Spüren Sie hinein und öffnen Sie sich ihr ganz. Lassen Sie eine Erfahrung von Raum, von Offenheit im Körper entstehen. Vertiefen Sie Ihr Gewahrsein und spüren Sie, wie der Sie umgebende Raum mit Ihrem Körper verschmilzt. Verweilen Sie in dieser Erfahrung.

Mit zunehmender Erfahrung kann das Verschmelzen von innerem und äußerem Raum ein Gefühl der Leichtigkeit und des Fließens hervorrufen, wie Federn oder Blätter, die im Wind schweben. Dieses Gefühl der Leichtigkeit vermag nicht nur eventuell vorhandene körperliche Schmerzen zu lindern, sondern auch den »Kleber« zu lösen, der Ihre Identifikation mit dem Körper und die Kopfgeschichten aufrechterhält, die Sie an Ihr festzementiertes »Ich«-Gefühl fesseln.

Emotionaler Raum

Als Nächstes untersuchen Sie, inwieweit Ihr subtiler Körper an dieser körperlichen Empfindung beteiligt ist. Vielleicht sind die *tsa* verlegt, vielleicht ist das *lung* blockiert. Praktizieren Sie also ein paar Augenblicke lang Achtsamkeit auf die Gefühle, um herauszufinden, welche emotionalen Elemente hereinspielen. Sprechen Sie mit den *tsa* und verwenden Sie die Vasenatmung, um das *lung* abwärts an seinen natürlichen Ursprung zu führen und dort zur Ruhe kommen zu lassen.

Schauen Sie als Erstes, ob es irgendwo eine Stelle gibt, die sich blockiert anfühlt. Lassen Sie um diese herum das Gefühl von Raum entstehen. Manche Menschen finden es leichter, sich auf das Herz als den Mittelpunkt von Liebe und Wärme zu konzentrieren – ob das nun die Liebe zu ihren Kindern, Partnern oder einem anderen Menschen ist – und dann dieses Gefühl von Offenheit und Wärme auf den Bereich rings um das Herz auszudehnen, das »Ich« loszulassen und sich in diese bedingungslose Liebe fallen zu lassen. Verweilen Sie an der blockierten Stelle und bringen Sie das Gefühl von Raum in die Emotion hinein.

Bei dieser Gelegenheit muss ich immer an die Plastikmehltüten denken, die man in vergangenen Tagen als Handgepäck im Flugzeug mitnehmen durfte. Während des Fluges wurden die Tüte und das Mehl darin stark zusammengedrückt, und alles, was an Luft in der Tüte war, komplett herausgesaugt. Wie man mir sagte, lautet die korrekte Bezeichnung dafür »vakuumverpackt«. Wenn die Leute dann von Bord gingen, öffneten manche die Tüte, sodass Luft einströmte, bis sie wieder ihre normale Form hatte.

So ähnlich ist es auch, wenn wir Raum im subtilen Körper entstehen lassen. Wir weiten den verengten Raum, indem wir zuerst den Druck wegnehmen und dann die bereits beschriebenen Methoden anwenden, um in unsere Muster hineinzuatmen und ein Gefühl der Erleichterung und Gelöstheit entstehen zu lassen.

Geistiger Raum

Schmerzen und alle anderen Beeinträchtigungen unseres Wohlbefindens werden in mindestens der Hälfte der Fälle durch ein aufgewühltes, stagnierendes oder fehlgeleitetes *lung* verschlimmert. Wenn wir unser *lung* zurück an seinen Ursprungsort oder zumindest ein Stück weiter in diese Richtung bringen, kann dies unsere Beschwerden spürbar erleichtern. Zumindest ist das Gefühl der Erleichterung groß genug, dass wir uns mit dem mentalen Aspekt unseres Problems befassen können: die Gedanken, die uns überzeugen wollen, dass »diese Angst wirklich ist«, »dieser Schmerz real ist«, »diese Gedanken Teil meiner selbst sind«.

Wenn wir multiple Achtsamkeit auf die Gedanken praktizieren, entwickeln wir ein Gespür dafür, inwieweit unsere Gedanken stimmen oder nicht. Selbstverständlich gibt es solche, die vernünftig und stimmig sind. Wenn Sie nachts aufwachen und merken, dass Flammen an den Wänden Ihres Schlafzimmers emporzüngeln, ist der Gedanke »Ich sollte besser machen, dass ich hier rauskomme« absolut gültig und alles andere als unberechtigt.

Andere Gedanken hingegen lassen solch zwingende Logik häufig vermissen – meist sind es solche, die unser Aussehen, unsere Fähigkeiten oder unseren Wert als Person betreffen. Derartige Gedanken kreisen in großer Zahl in unseren Köpfen, mentale Rückstände, die von schwierigen oder traumatischen

Lebenserfahrungen zurückbleiben. Doch wenn wir beginnen, diese Gedanken auf ihre Richtigkeit hin abzuklopfen, wenn wir allmählich die Lücken zwischen – und in – den Gedanken wahrnehmen, schaffen wir Raum in den Vorstellungen, die wir immer für so fest und unwandelbar gehalten haben.

Je mehr unsere Untersuchung in die Tiefe geht, desto schärfer wird nicht nur unser Gewahrsein. Es entsteht auch mehr Raum, weil wir unsere augenblickliche Erfahrung in ihre körperlichen, emotionalen und geistigen Elemente zerlegen und die scheinbare Festigkeit der verschiedenen Schichten des »Ich« auflösen, die uns im Käfig unserer Emotionen, Ansichten oder Stimmungen gefangen halten. Auch unser Umgang mit uns selbst wird freundlicher, weil wir uns mit unseren Mustern auseinandersetzen, statt uns von ihnen überwältigen zu lassen oder sie in die letzte Ecke zu verbannen. Wenn wir uns selbst mit Güte und Sanftmut begegnen, bringt uns das allmählich auch mit der elementaren Wärme bedingungsloser Liebe in Verbindung.

Loslassen

Der letzte Punkt im Einsatzplan unseres Notfallteams ist, auch das Untersuchen sein zu lassen und einfach in der Offenheit und Klarheit des Raumes zu verweilen. Dazu wenden wir entweder unsere Achtsamkeit nach innen auf den Geist, der sich der verschiedenen Aspekte unserer Erfahrung gewahr ist, oder wir führen die zuvor beschriebene kleine Übung durch, bei der wir einatmen, die Arme heben und sie mit der Ausatmung in den Schoß fallen lassen, um dann allen Gedanken, Gefühlen und körperlichen Empfindungen zu gestatten, dass sie in dieser Offenheit frei fließen.

Dennoch ist damit zu rechnen, dass sich die Muster, denen wir durch multiple Achtsamkeit etwas von ihrer Macht entzogen haben, sofort wieder konsolidieren, sobald wir mit unserer Untersuchung aufgehört haben. Diese Muster wieder aufkommen zu lassen ist im Grunde eine noch subtilere Methode des »Loslassens«. Wenn sie das nächste Mal »aktiv« werden, sind wir schon ein wenig weiser und weniger abweisend.

Außerdem stehen die Chancen recht gut, dass unsere Muster beim nächsten Mal nicht mehr ganz so viel Druck entfalten. Vielleicht haben sie nur fünf oder zehn Prozent ihrer Energie verloren, doch für den Anfang ist das gar nicht so schlecht. Wir sind der Natur unserer Muster zumindest ansatzweise auf die Schliche gekommen, daher haben sie uns nicht mehr ganz so fest im Griff. Plötzlich hat die Wärme unseres Herzens Raum, um aufzusteigen und uns auf halbem Wege entgegenzukommen. Wenn wir wollen, können wir die einzelnen Schritte der multiplen Achtsamkeit noch einmal durchlaufen (und vielleicht überrascht feststellen, dass die stärkste körperliche Empfindung nun an einer ganz anderen Stelle sitzt), um dann wieder loszulassen und in der Offenheit des Raumes zu verweilen. Sie können die Praxis auch nach einem »Durchlauf« beenden, sich etwas anderem zuwenden und sie zu einem späteren Zeitpunkt wiederholen.

Viele Türen

Doch es gibt noch eine andere »Tür«, die uns zu dieser Praxis führt. Vielleicht plagen uns ja des Öfteren Gedanken wie »Mein Gott, ich habe voll die Panik« oder »Ich könnte platzen vor Wut« und »Ich muss damit heute unbedingt fertig werden«. Also beschließen wir, es einmal mit multipler Achtsamkeit zu versuchen. Wir beginnen mit der Achtsamkeit auf die Gedanken: Wir schauen unsere Gedanken an, untersuchen sie auf ihre Stichhaltigkeit und entdecken die Lücken. Danach geht es mit Achtsamkeit auf den Körper weiter. Wir sehen, wo dieser Gedanke bzw. Gedankenkomplex auf körperlicher Ebene am stärksten wirkt. Wir registrieren es und bringen ein bisschen Gewahrsein in die Muskeln, Nerven und so weiter, die sich an dieser Stelle befinden. Als Nächstes arbeiten wir mit dem subtilen Körper, ziehen in unserer Vorstellung das *lung* ab aus diesem Bereich, wo es vielleicht durch ein Netz von verlegten *tsa* blockiert ist, und leiten es an seinen Ursprungsort.

Sind wir aber mit der Praxis der multiplen Achtsamkeit schon ein wenig vertrauter, fällt es uns womöglich leichter, mit dem subtilen Körper anzufangen. Wir spüren in den subtilen Körper hinein, ob es dort vielleicht eine Stelle gibt, die sich ein wenig blockiert anfühlt. Angenommen, wir fühlen uns in der Herzgegend angespannt, können wir unser Gewahrsein dorthinein ausdehnen und diesen Bereich mit der intelligenten, freundlichen Wärme umgeben, die wir zuvor geübt haben. Gleichzeitig können wir den Raum im und um das Herz weiter werden lassen.

Atmen Sie einfach in die verhärtete Stelle. Der Atem ist die körperliche wie die subtile Manifestation des Raumes. Der Atem schafft ein Gefühl der Offenheit und Entspannung, das unsere innere Wärme zunehmen lässt, ähnlich wie wir durch Anhauchen ein kleines, zögerliches Flämmchen zur großen, hellen Flamme entfachen können.

Es langsam angehen lassen

Für die meisten von uns wird es wohl zutreffen, dass wir die Muster, die wir im Laufe unseres Lebens ausgebildet haben (und die durch unsere tiefsitzenden kulturellen Prägungen in vielfacher Weise genährt werden), nicht in einer und auch nicht in hundert Meditationssitzungen auflösen können. Manchmal sind Jahre der Anstrengung nötig, um die Art von Weisheit zu entwickeln, die über intellektuelles Verstehen hinausgeht und die vergängliche, nicht substanzhafte Natur unserer Muster direkt und klar erkennt. Zudem dürfen wir nicht vergessen, dass unsere Erfahrung von vielen verschiedenen Mustern bestimmt wird und dass es daher eine gewisse Zeit braucht, sie alle zu entwirren.

Ich möchte Sie also nachdrücklich bitten, sich der Selbstkritik zu enthalten, falls Sie nicht sofort eine Veränderung zum Positiven bemerken oder feststellen, dass Sie einmal mehr Ihren Gedanken nachlaufen, von Ihren Emotionen überwältigt werden oder es Ihnen nicht einmal für eine halbe Sekunde gelingt, das Gefühl von Raum zu erfahren. Allein Ihr Vorsatz, zu praktizieren und sich wieder mit Ihrem inneren Funken zu verbinden, ist ein gewaltiger Schritt nach vorn. Irgendwo haben Sie die Entscheidung getroffen, dass Sie erwachen, und diese Entscheidung wird Sie durch viele schwierige Momente tragen.

Ich möchte Ihnen auch ans Herz legen, langsam an die Sache heranzugehen. Die wunderbaren Lehrer, die meine ersten Schritte in der Achtsamkeitspraxis begleitet haben, sagten mir immer wieder, dass es anfangs am besten ist, jeden Tag nur kurz, dafür aber so oft wie möglich zu üben. Anderenfalls bestünde die Gefahr, dass die Praxis mich langweilen würde. Meine geringen Fortschritte würden unweigerlich zu Enttäuschungen führen, und am Ende hörte ich dann vielleicht ganz auf mit dem Praktizieren.

Ihren Rat finden wir zusammengefasst in den Lehren des Buddha wieder, der sagte: »Viele Tropfen füllen am Ende den Krug.«

Der Buddha hat dieses Bild nicht von ungefähr gewählt. Während der Regenzeit in Asien kann es vorkommen, dass Regen durchs Dach tropft und man ein Gefäß unterstellen muss, um das Wasser aufzufangen. Schnell ist das Gefäß voll, und man muss es ausleeren.

Falls also Ihr Topf oder Ihre Schüssel im Begriff ist überzulaufen, leeren Sie sie aus. Wenn Sie mit der Meditation erst anfangen, legen Sie die Latte nicht zu hoch. Versuchen Sie nicht, gleich zwanzig Minuten zu sitzen. Probieren Sie es lieber zuerst mit zehn oder auch nur fünf Minuten. Nutzen Sie dafür die Momente, in denen es Sie geradezu drängt, eine Auszeit von der täglichen Tretmühle zu nehmen. Beobachten Sie Ihren Geist, statt sich in Tagträumen zu verlieren. Wenn Sie sich an diese »Stete-Tropfen-Praxis« halten, werden Sie feststellen, dass Sie langsam, aber sicher frei werden von allen möglichen Mustern, die für Erschöpfung, Enttäuschung, Zorn und Verzweiflung in Ihrem Leben verantwortlich sind. Stattdessen werden Sie eine unerschöpfliche Quelle von Klarheit, Weisheit, Frieden und Mitgefühl in sich entdecken.

Folgen Sie diesem Weg, werden Sie irgendwann entdecken, dass Sie nun bereit sind, sich auf noch tiefere Weise mit Ihrem inneren Funken zu verbinden.

DREIZEHN

Das Wissen anwenden

Wenn wir uns in Achtsamkeit üben und die verschiedenen Techniken einzeln oder in Verbindung miteinander verwenden, stellen sich allmählich echte Veränderungen ein. Das »feste Ich« wird fließender, und wir verbinden uns wieder mehr mit der Offenheit und Wärme ursprünglicher Liebe, zur der wir auf der Stufe des »bloßen Ich« freien Zugang hatten. Gleichzeitig beginnen das »kostbare Ich« und das »soziale Ich«, über das wir uns auf Grundlage der Reaktionen anderer Menschen selbst definieren und einordnen, sich aufzulösen. Das hat damit zu tun, dass wir auf der Ebene des subtilen Körpers allmählich zu einem energetischen Gleichgewicht zurückfinden und vielleicht zum ersten Mal seit langer Zeit wieder ein Gefühl des Wohlbefindens, der Energie und der Inspiration empfinden.

Leider bleiben viele Praktizierende auf diesen Zustand des Wohlbefindens fixiert und vergessen darüber ganz die wichtigste Lehre des Buddha, die er (und auch viele bedeutende Lehrer anderer Traditionen) uns als tiefste von allen Belehrungen nahezubringen suchte: Solange nicht alle Wesen befreit sind, ist keines befreit. Wir aber richten es uns in unserer Komfortzone gemütlich ein, und unser Wohlbehagen narkotisiert unser Bewusstsein für die Nöte und Probleme anderer.

So habe ich unlängst eine Geschichte über eine Frau gehört, die sich selbst als Bodhisattva bezeichnete, also als jemand, der jenen Zustand von großer Liebe und Offenheit verwirklicht hat, der dem Bodhicitta eigen ist. Besagte Dame erhielt nun eines Abends einen Anruf von einer Frau, die starke Schmerzen hatte und sie bat, sie ins Krankenhaus zu fahren, das in einiger Entfernung vom Haus der Anruferin und dem unserer Bodhisattva lag.

»Es tut mir so leid«, sagte Frau Bodhisattva, »ich habe heute Abend so schrecklich viel zu tun. Aber ich werde für dich beten.«

Ich habe nie erfahren, ob die Gebete geholfen haben oder nicht. Die Antwort dieser Frau aber war nicht die Tat eines echten Bodhisattva. In der Tradition des tibetischen Buddhismus wird der Bodhisattva als »Held« oder »Krieger« gesehen, der sein Leben ganz der Aufgabe widmet, alle Wesen zum selben Zustand der Befreiung zu führen, den er oder sie verwirklicht hat. Sie sind Heroen des Mitgefühls, die keine Mühe oder Anstrengung scheuen, um anderen in Zeiten der Dunkelheit und Verzweiflung beizustehen.

Und doch kann ich dieser selbsternannten Bodhisattva keinen wirklichen Vorwurf machen, denn es gab eine Zeit in meinem Leben, da ich mich genauso bereitwillig in meiner Komfortzone eingerichtet hatte – einem Gefühl der Selbstzufriedenheit, das ich am Ende jedoch eher verstörend fand.

Die Lektion des Bodhibaums

Obwohl Praxis, Studium und Lehren mir geholfen hatten, viele der problematischen Anhaftungen an verschiedene Ich-Schichten aufzulösen, fing ich vor einigen Jahren an, mich unbehaglich zu fühlen. Nachdem ich einige Zeit nachgedacht hatte, erkannte ich, dass ich auf einer Stufe der Praxis feststeckte, die ich mittlerweile als »behaglichen Dharma« oder »behagliche Verwirklichung« bezeichne. Auf dieser Stufe empfindet man ein bisschen Stolz auf das bisher entwickelte Verständnis der Lehren und eine oberflächliche Zufriedenheit mit dem Erreichten. Man denkt sich: »Oh, die Lehre des Buddha ist wirklich toll. Ich fühle mich so glücklich.« Doch hinter dieser Selbstzufriedenheit lauert ein nagendes Gefühl der Unzufriedenheit, der unbestimmte Eindruck, dass der Buddhismus doch viel mehr zu bieten hat als bloße Behaglichkeit.

Damals war ich in Bodhgaya, dem Ort, an dem der Buddha vollkommene Einsicht in das Leiden der Wesen und die Mittel zu dessen Beendigung erlangt hatte, und gab Belehrungen. Bodhgaya ist so etwas wie ein Kraftort, ein Ort, von dem eine Energie ausgeht, die einen dazu bringt, sein Leben auf den Prüfstand zu stellen.

Als ich Rückschau hielt auf mein Leben, meine Praxis, auf das, was ich im Kloster gelernt hatte und nun andere lehrte, auf meine Beziehungen zu Familie und Freunden, spürte ich immer deutlicher, dass etwas fehlte. Gut, ich hatte Mittel und Wege gefunden, wie ich mich mit meinem inneren Funken verbinden konnte. Ich hatte diese Methoden Tausende von Schülern gelehrt, aber mein »heldenhaftes Herz«, die wirkliche Essenz von Bodhicitta, war nur zur Hälfte wach. Mir war aufgefallen, dass ich dazu neigte, müde zu werden, zum Beispiel wenn ich Belehrungen gab. Dann hatte ich Gedanken wie: »Ich möchte das hier bald abschließen. Ich möchte dahin gehen, ich möchte dorthin gehen. Ich möchte lieber etwas anderes machen, ins Kino gehen oder mich ausruhen.« Dieselbe innere Unruhe verspürte ich auch, wenn ich mich um organisatorische Belange, den Bau und die Restaurierung von Klöstern und Retreat-Zentren kümmerte. Selbst meine Meditationssitzungen hatten etwas Ermüdendes bekommen. Ich wollte mich einfach nur zurücklehnen, entspannen, mit Frau und Kindern essen oder fernsehen.

Ich war müde, zerstreut und manchmal richtiggehend angeödet.

Doch in Bodhgaya, das kaum Möglichkeiten bietet, sich abzulenken, dachte ich wieder an die vielen großen Lehrer zurück, die mir geholfen und Mut gemacht hatten. Sie schienen nie müde zu sein, und die Begeisterung, mit der sie ihren wie auch immer gearteten Aufgaben nachgingen, erlahmte nie. Vielleicht wurden sie körperlich müde, doch sie verloren nie ihre innere Stärke, die sie weitermachen ließ.

Als ich über mein eigenes Leben nachdachte, erkannte ich, dass ich dabei war, meine innere Stärke zu verlieren, weil ich dem Ziel, der Verwirklichung von absolutem Bodhicitta, nicht hundertprozentig verpflichtet war. Ich klebte in meiner Komfortzone, zog strikte Grenzen zwischen meinem Arbeitsleben, meinem Praxisleben und meinem Familienleben. Ich begriff, dass, selbst wenn ich verschiedene Ich-Schichten aufgebrochen hatte, es noch eine weitere Schicht gab, die ich durchbrechen musste: die Schicht spiritueller Behaglichkeit, behaglichen Dharmas, behaglichen Mitgefühls, behaglichen Daseins.

Und so begab ich mich eines Abends, nachdem ich meinen Vortrag beendet hatte, in jenen Teil von Bodhgaya, wo zahlreiche alte Schreine und Tempel stehen und wo ein Ableger des ursprünglichen Bodhibaums wächst. Ich sagte niemandem, wohin ich ging. Ich machte mich allein und mit dem Entschluss auf den Weg, ein Gelübde abzulegen. Ich wollte selbstlos für das Wohl aller Wesen arbeiten und diese Schicht der Selbstbezogenheit durchbrechen, die mich Dinge nur tun ließ, solange sie mich glücklich machten.

Es war die Zeit des Sonnenuntergangs, die ich stets als Moment der Zartheit empfinde. Der Tag neigt sich dem Ende zu, doch es ist noch hell, ein ergreifender Moment des Übergangs zwischen dem klaren Licht des Tages und der Wirrnis der Dunkelheit, ein Augenblick, in dem die Wirklichkeit sich zu verändern, zu verwandeln scheint.

Ich setzte mich unter den Bodhibaum und sprach ein paar Gebete, dann umschritt ich den Baum dreimal und wiederholte dabei das Bodhisattva-Gelübde, das kurz gefasst etwa so lautet: »Von jetzt an bis zu dem Zeitpunkt, da ich vollkommene Befreiung von Leid und Schmerz erlange, widme ich mich ganz und ohne Streben nach persönlichem Vorteil dem Wohl aller fühlenden Wesen.« Ich war entschlossen, die Bodhisattva-Gelübde aus tiefstem Herzen abzulegen.

Ich hatte mein Gelübde eben zu Ende gesprochen, als ich spürte, dass etwas meinen Kopf streifte. Ich machte die Augen auf und sah ein Blatt des Bodhibaums zu meinen Füßen liegen.

Was dann geschah, ist wirklich bemerkenswert. Mir war aufgefallen, dass links und rechts von mir ein paar Leute in der Nähe des Bodhibaums standen. Ich hatte zunächst gedacht, sie würden ebenfalls singen oder beten, in Wirklichkeit aber warteten sie darauf, dass ein Blatt vom Baum fiele. Es ist nämlich verboten, ein Blatt vom Baum zu schneiden (der sonst vermutlich bald nur noch aus kahlen Ästen bestünde). Es heißt also warten, bis von selbst eins herunterfällt.

Nun drängten von allen Seiten Leute heran und griffen nach dem herabgefallenen Blatt. Ich muss zugeben, dass ich das Blatt auch zu gern für mich haben wollte. Und da es nun mal vor meine Füße gefallen war, schnappte ich es mir. All das geschah innerhalb weniger Sekunden. Als ich das Blatt in Händen hielt, dachte ich mir: »Mein Blatt! Der Bodhibaum hat mir ein Blatt geschickt, und jetzt halte ich es in meiner Hand. Ich muss wirklich ein guter Mensch und Buddhist sein!«

Doch kaum hatte ich den Ort des Geschehens verlassen,

meldeten sich umgehend die ersten Schuldgefühle: »Du bist so ein fauler Bodhisattva«, sprach ich zu mir selbst. »Gerade noch hast du ein Gelübde abgelegt, dass du dein Leben dem Wohl aller fühlenden Wesen widmen willst, und dann bringst du es nicht mal über dich, dieses Blatt jemand anderem zu überlassen. Du kannst es ja immer noch nicht loslassen, du hängst immer noch daran. Du haftest immer noch an der Vorstellung, ein besonderes Zeichen, einen besonderen Segen erhalten zu haben.« Ich war traurig und wütend zugleich. Am liebsten hätte ich das Blatt zerrissen und weggeworfen.

Dann aber meldete sich eine andere Stimme und sagte: »Behalt dieses Blatt als Erinnerung daran, wie leicht es ist, sein Gelübde, für das Wohl der anderen zu arbeiten, zu brechen. Selbst wenn du die Worte noch so aufrichtig sprichst, sind deine Handlungen das, was wirklich zählt. Daran zeigt sich, wie sehr du an deiner eigenen Bequemlichkeit hängst und wie weit du dich selbst in den Vordergrund stellst und andere ausgrenzt.«

Ein paar Tage später bat ich einen meinen Schüler, das Blatt und die kurze Notiz, die ich zu diesem Erlebnis geschrieben hatte, für mich zu rahmen. Das gerahmte Blatt vom Bodhibaum nahm ich mit nach Hause nach Nepal und hängte es an der Wand des Treppenhauses auf, das zu meinem Schlafzimmer hinaufführt. So würde abends und morgens immer mein Blick daraufallen, sodass es mich an mein Versprechen erinnerte und daran, wie leicht es war, es zu brechen.

Nach ungefähr einem Monat erkannte ich, dass der Platz vielleicht doch nicht so gut gewählt war. (Schließlich kann man Treppen durchaus hinauf- und hinuntergehen, ohne den Blick auf die Wand zu richten.) Am Ende hängte meine Frau – die in vieler Hinsicht so viel weiser ist als ich – Blatt samt zugehöriger Notiz über unser Bett. So hängt es zu Hause beim Einschlafen und beim Aufwachen immer über meinem Kopf. Das Blatt begleitet mich im Träumen ebenso wie im Wachen.

Immer wenn ich das gerahmte Blatt anschaue, erinnert es mich daran, dass es einer Anstrengung auf zwei Ebenen bedarf, um den Funken des Seins zu nähren, wobei die beiden Ebenen zusammenhängen. Zuerst müssen wir logischerweise eine Verbindung herstellen zu unserer grundlegenden Offenheit, Intelligenz und Wärme. Dann müssen wir das Potenzial, das wir in uns entdeckt haben, nach außen bringen, in unser Verhalten gegenüber den Menschen, die uns im täglichen Leben begegnen.

So viele Kulturen sind untergegangen, weil die Menschen es vorgezogen haben, in ihrer Komfortzone zu bleiben und sie mit einem Sicherheitszaun zu umgeben, der sie vor dem Leid anderer schützt. Ein paar jedoch haben erkannt, wie wichtig es ist, selbst solchen Leuten zu helfen, denen sie vielleicht nie begegnen werden. Ihr beispielhaftes Handeln ist Ausdruck eines Verhaltens, das herausragende Gestalten aller Zeiten und Kulturen ihren Mitmenschen immer schon ans Herz gelegt haben. Zu diesen Gestalten zählen religiöse Lehrer des Altertums wie Jesus, Moses oder Mohammed, die ohne Ausnahme die Wichtigkeit von Nächstenliebe und Güte betonen. Aus jüngerer Zeit wäre etwa Rosa Parks zu erwähnen, die oft die »Mutter der Bürgerrechtsbewegung« genannt wird. Ihre Weigerung, ihren Sitzplatz für einen weißen Fahrgast in einem Bus in Montgomery, Alabama, frei zu machen, ist für viele Menschen der Beginn der amerikanischen Bürgerrechtsbewegung. An dieser Stelle wäre auch der junge Tunesier Mohamed Bouazizi zu nennen, der sich selbst in Brand steckte, um gegen Arbeitslosigkeit, Armut und Korruption in der Regierung zu protestieren. Dieses Selbstopfer brachte Millionen Menschen im Nahen Osten eine bislang ungekannte politische Freiheit.

Bodhicitta als Praxis

Haben wir wieder Zugang gefunden zu der Kraft ursprünglicher Liebe, so gibt es wie verschiedene Meditationen wie zum Beispiel die Tonglen-Praxis, um dieses Band immer stärker werden zu lassen, sodass ursprüngliche Liebe zu grenzenloser Liebe wird, die alle fühlenden Wesen umschließt. Das ist also Schritt zwei auf unserem Weg. Schritt drei besteht darin, dass wir relatives Bodhicitta zu unserer täglichen Praxis machen, das heißt, wir üben uns in Mitgefühl. Sich in Mitgefühl zu üben bedeutet unter anderem auch, dass wir etwas einfach deshalb tun, weil andere davon profitieren, selbst wenn wir keine Lust dazu haben. Dieser Aspekt der Praxis von Mitgefühl ist selten Thema von Belehrungen. Gewöhnlich wird Mitgefühl eher definiert als Einfühlungsvermögen in das Leid anderer. Das ist auch richtig, wobei sich bei Definitionen ja immer die Frage stellt, ob sie wirklich sämtliche Bedeutungen abdecken. Wie auch immer, ich habe gelernt, dass es bei Mitgefühl nicht nur ums Fühlen, sondern auch ums Handeln geht. Als Rosa Parks sich weigerte, ihren Sitzplatz frei zu machen, handelte sie mitfühlend. Als Mahatma Gandhi in Hungerstreik ging, um gegen die Besetzung seines Landes durch fremde Kolonialmächte zu protestieren, handelte er mitfühlend. Als Mohamed Bouazizi sich selbst in Brand steckte, handelte er aus Mitgefühl mit allen Tunesiern.

Handelten sie so, wie sie es taten, weil sie sich der Praxis des »relativen Bodhicitta« verschrieben hatten? Ich vermute, dass sie nicht einmal den Begriff kannten. Und doch lässt ihr Handeln die Bereitschaft erkennen, zum Nutzen anderer Schwierigkeiten auf sich zu nehmen. Ebendies ist das Prinzip von relativem Bodhicitta: Tue, was getan werden muss, auch wenn du keine Lust hast und es dir vielleicht sogar Probleme oder Schmerzen bereitet.

Der Unterschied zwischen grenzenloser Liebe und Bodhicitta ist der, dass im ersteren Fall immer eine Art heimliches Entzücken mitschwingt, wenn wir etwas für andere tun, eine Art von Selbstbeweihräucherung, was wir doch für gute Menschen sind, weil wir etwas so Gutes getan haben. Von jeder kleinen oder großen Freude, die wir anderen bereiten – wie der Kassiererin oder dem Schülerlotsen ein Lächeln zu schenken –, fällt immer auch ein Abglanz auf uns zurück: »Ich habe heute etwas Nettes getan. Was bin ich doch für ein angenehmer Mensch!« Wir sonnen uns in der Freude, die wir anderen bereiten. Bodhicitta hingegen ist das Bestreben, jede Form von Leid zu beseitigen, ohne dabei auf diesen emotionalen Mehrwert für die eigene Person zu schielen.

Lassen Sie mich zu diesem Thema wiederholen, was eine meiner Schülerinnen mir erzählt hat: »Ich weiß, dass mein alter Onkel ganz allein lebt, aber ich scheue immer wieder davor zurück, ihn anzurufen, weil er mir garantiert wieder dieselben Geschichten erzählt, die er mir letzte Woche erzählt hat, die Woche davor, die Woche davor und so weiter. Dann rufe ich ihn aber trotzdem an, weil das einer seiner wenigen Kontakte mit der Außenwelt ist, aber die meiste Zeit sage ich nur: ›Mhm-mhm, mhm-mhm.‹ Er braucht auch eine Ewigkeit, um sich zu verabschieden, das treibt dann wieder meinen Freund auf die Palme. Er möchte, dass ich nach dem ersten ›Ciao‹ gleich den Hörer auflege. Aber der Ärmste ist so einsam, dass ich ihn nicht einfach so abwürgen kann.«

Ich kenne einen anderen Mann, der gebeten wurde, sich um seine Mutter zu kümmern, die für längere Zeit ins Krankenhaus musste. Alle anderen Angehörigen wohnten zu weit weg, um diese Aufgabe zu übernehmen. Der Mann hatte eine starke Abneigung gegen Krankenhäuser – den Geruch von Desinfektionsmitteln, das geschmacklose Essen –, aber er tat es trotzdem. Einige der Schwestern meinten immer wieder freundlich:

»Sie sind so ein guter Sohn« oder »Sie sind so ein guter Junge«, woraufhin er einmal eine von ihnen anschrie: »Ich bin sechzig Jahre alt, ich bin kein *Junge*...!«

Eines Tages aber kam eine Schwester ins Zimmer, schaute ihn an und meinte: »Sie tun nicht, was Sie tun wollen, sondern das, was Sie tun müssen.«

»Was zum Teufel soll das denn nun wieder heißen?«, klagte er vorwurfsvoll fragend.

Sie wartete einen Moment, ließ sich aber von dem Zorn in seiner Stimme nicht einschüchtern.

»Sie sitzen nicht hier, weil Sie das gern tun, sondern weil Sie glauben, dass es richtig ist«, gab sie zurück. »Glauben Sie mir, ich bin nun schon seit einigen Jahren Krankenschwester und kenne den Unterschied. Sie sitzen nicht einfach teilnahmslos neben dem Bett, Sie läuten auch nicht alle fünf Minuten nach einer von uns Schwestern, weil Ihre Mutter Schmerzen hat. Sie sitzen da und schauen Ihre Mutter an, weil sonst niemand da ist, der das tun würde.«

Sie hielt kurz inne, ehe sie ihn fragte: »Ihnen ist nicht klar, dass dazu ein großes Herz gehört, nicht wahr?«

Dann ging sie aus dem Krankenzimmer. Der Mann hat die Schwester nie wieder gesehen. War sie eine Halluzination gewesen? Eine Botin? Oder schlicht nur eine Aushilfe? Man weiß es nicht. Aber nach dieser Begegnung fühlte dieser Mann sich innerlich erschüttert.

»Irgendwo hat da jemand gewusst, dass ich einfach nur tat, was meine Pflicht war«, meinte er. »Es hat mir keinen Spaß gemacht, und ich wollte es nicht, aber es war nun mal das, was ich zu tun hatte.«

Ebendas ist die Essenz von Bodhicitta: Wir nehmen unsere Verantwortung anderen gegenüber wahr, selbst wenn wir das eigentlich nicht wollen.

Die jüngere meiner beiden Töchter brach jedes Mal in Tränen aus, wenn ich das Haus verlassen musste, um irgendwo Belehrungen zu geben. Als sie noch kleiner war, nahm ich sie auf den Schoß und erklärte ihr, dass ich wichtige Aufgaben erledigen musste, die den Menschen halfen, glücklicher zu sein und friedvoller miteinander umzugehen. Mittlerweile nimmt sie es nicht mehr ganz so übel, wenn ich fortgehe. Doch sie fehlt mir sehr, wenn ich nicht zu Hause in Nepal bin. Es fehlt mir zuzusehen, wie sie größer wird, und ich sehne mich nach meiner Frau. Aber es hilft mir unglaublich viel, dass sie meine Abwesenheit und meine Arbeit akzeptieren. Sie wissen, was praktiziertes Mitgefühl bedeutet, und dass dazu auch gehört, viel auf Reisen zu sein und sich an fremden und manchmal nicht ganz so schönen Orten aufhalten zu müssen.

Damit will ich jetzt nicht sagen, dass die Praxis von Bodhicitta eine durch und durch triste Angelegenheit ist. Anfangs mag sie uns vielleicht ein wenig schwerfallen, aber wenn wir uns nicht entmutigen lassen, entwickelt sich in unserem Innern eine Art von Vertrauen und Stärke. Unsere ursprüngliche Liebe, die frei ist von jedem Selbstbezug, kommt zu voller Entfaltung, und es stellt sich ein Gefühl von Offenheit und Verbundenheit ein, das wir nie für möglich gehalten hätten.

Gemäß der buddhistischen Tradition erfordert die Praxis von relativem Bodhicitta bestimmte Eigenschaften, die auf Sanskrit Paramita *(pāramitā)* und auf Tibetisch *pa-rol-tu-chin-pa* heißen. Beide Begriffe werden oft mit »Vollkommenheiten« übersetzt. Gemeint sind damit bestimmte Qualitäten, die wir auf dem Pfad zu absolutem Bodhicitta entwickeln und die sich durch Offenheit, Güte und Intelligenz auszeichnen. Eine wörtlichere Übersetzung wäre »über etwas hinausgehen« oder »ans andere Ufer gelangen«, wobei mit dem »anderen Ufer« jene Wirklichkeit gemeint ist, die wir jenseits des »festen Ich«, jenseits der Unterscheidung zwischen »Selbst« und »Anderem«, jenseits von bedingter Liebe und ihrer Verwicklungen erfahren.

Im Folgenden wollen wir uns diese Qualitäten der Reihe nach betrachten, bevor wir uns der Frage zuwenden, wie sie im Zusammenspiel funktionieren, ein bisschen wie unser Notfall-Team.

Freigebigkeit

Die erste Paramita, *dāna* auf Sanskrit und *jinpa* auf Tibetisch, wird gewöhnlich mit »Freigebigkeit« übersetzt. Traditionell spricht man von drei Arten der Freigebigkeit.

Die erste bietet keine besonderen Verständnisschwierigkeiten: Wir gewähren anderen materielle Unterstützung in Form von Geld oder Nahrung. Es gibt dazu eine alte buddhistische Erzählung, wie der Buddha in einem seiner früheren Leben einer verhungernden Tigerin, die ihre Jungen nicht mehr säugen konnte, seinen Körper opferte. Er ließ sich auffressen, damit die Tigerin und ihre Jungen überleben konnten. Ich bin mir ziemlich sicher, dass – sollte die Geschichte wahr sein – dies eine recht ungemütliche Erfahrung war. Doch ob wahr oder nicht, dieser Mythos ist und bleibt ein Gleichnis für die innere Bereitschaft, zum Wohle anderer Schwierigkeiten auf sich zu nehmen.

Ich sehe diese Geschichte als Lehrstück dafür, dass wir die Hungernden speisen sollen. Überall auf dieser Welt stehen Menschen bei den Essensausgaben wohltätiger Einrichtungen Schlange, um sich und ihre Kinder mit einer Mahlzeit zu versorgen: hungrige Tiger und Tigerinnen, die das eigene und das Überleben ihrer Jungen sichern wollen.

Der globalen Hunger- und Armutskrise versuchen einige Initiativen durch Freigebigkeit zu begegnen. Manchmal sind es wohltätige Einrichtungen, die helfen, manchmal der Staat oder die Regierung. Nach den Tornados, die die Stadt Joplin in Missouri in Trümmer gelegt hatten, bot die Regierung der Vereinigten Arabischen Emirate Finanzhilfen von bis zu einer Million Dollar für die Kinder der viele tausend Kilometer entfernten Stadt an, deren Häuser und Schulen zerstört worden waren. Manchmal sind es aber auch einzelne Menschen, die ihre Zeit opfern und für ans Haus gebundene Menschen einkaufen gehen oder kochen, so wie das einer meiner Schüler regelmäßig für eine alte Dame macht, die im selben Haus wohnt wie er.

»Na ja, vielleicht bin ich nicht ganz so selbstlos im Sinne echter Freigebigkeit«, räumt er ein. »Diese Frau ist neunundneunzig Jahre alt, und es ist wirklich unglaublich, wie sich die Welt in der Zeit ihres Lebens verändert hat, wenn man sie erzählen hört. Man muss sich einmal vorstellen, dass sie noch gesehen hat, wie Pferdefuhrwerke durch die Straßen fuhren und wie dann allmählich die ersten Autos, Flugzeuge, Fernseher aufkamen und schließlich noch etwas für sie so völlig Unverständliches wie das Internet. ›Was ist denn dieses Facebook, von dem dauernd die Rede ist?‹, fragt sie dann. ›Und dieses Twitter? Das kommt mir wie ein Haufen Blödsinn vor. Zu meiner Zeit hat man Briefe geschrieben oder telefoniert. Das war alles noch sehr persönlich. Mir kommt es so vor, dass heute alles viel unpersönlicher wird.‹

Nun gut, natürlich schimpft sie dauernd über das Gleiche. Und sie spricht auch etwas laut, weil sie fast taub ist. Sie versucht immer, mich so lange wie möglich festzuhalten, vermutlich, damit sie jemanden zum Reden hat. Das ist ein bisschen nervig, weil ich morgens früh aufstehen muss, um rechtzeitig zur Arbeit zu kommen. Aber ich mache mir doch Sorgen um sie. Außerdem mag ich sie. Ich will sichergehen, dass sie genug zu essen und ein bisschen Gesellschaft hat. Wenn ich dafür auf die eine oder andere Stunde Schlaf verzichten muss, dann ist das in Ordnung.«

Mir wurde beigebracht, dass die erste Form von Freigebigkeit über rein materielle Hilfe hinausgehen und auch emotionale Unterstützung bedeuten kann. Dazu kann beispielsweise gehören, dass wir jemanden Mut zusprechen, der einen schweren Tag hat – vielleicht auch eine schwere Woche, einen schweren Monat oder (wie so viele Menschen auf dieser Welt) ein schweres Jahr, ein schweres Jahrzehnt, ein schweres Leben. Allein in den letzten paar Jahren hatten wir ausreichend Gelegenheit zu beobachten, wie Naturkatastrophen Dörfer und ganze Länder zerstörten. Aber dann kam diese Woge der Hilfsbereitschaft. So haben zum Beispiel Tausende von Menschen überall auf der Welt Zeit und Geld geopfert, um den Einwohnern von Haiti nach dem katastrophalen Erdbeben von 2010 zu helfen.

Viele, die auf diese Weise großzügig geben, sind keine Buddhisten. Sie geben, weil es ihrem Wesen entspricht. Vielleicht hat der Buddha aus dem Grund Freigebigkeit zum Weg der Praxis gemacht, weil sie ein Potenzial zu erwecken vermag, das in unserer grundlegenden Natur angelegt ist, nämlich den inneren Funken von Wärme und Offenheit, der uns mit unserem Herz und dem anderer verbindet.

Eine meiner Schülerinnen hat mir einmal erzählt, dass ihre Eltern in der Weltwirtschaftskrise der dreißiger Jahre groß geworden seien und sie von ihnen gelernt habe, sozusagen mit eiserner Hand jeden Cent zusammenzuhalten.

»Je mehr ich darüber nachdenke«, meinte sie, »desto mehr glaube ich, dass die damalige Weltwirtschaftskrise keine rein ökonomische Angelegenheit war, sondern auch eine psychologische Komponente hat. Die große Depression war wie die heutige auch Ausdruck der Tatsache, dass wir das Vertrauen in uns selbst verloren hatten.

Von daher tut es mir gut, wenn ich einem Freund ein bisschen Geld schenken kann«, fuhr sie fort. »Dann spüre ich ein Gefühl der Verbundenheit, so als beträfe uns das alle gemeinsam – was auch immer dieses ›das‹ sein mag.«

Die zweite Form der Freigebigkeit besteht darin, denen Schutz zu gewähren, deren Leben in irgendeiner Form bedroht ist. Auf diesem Sektor engagieren sich sehr viele Menschen. Sie helfen anderen, die in Gefahr sind, ihr Haus, ihr Auto oder sogar ihre Kinder zu verlieren. Es gibt Leute, die für Alkohol- und Drogensüchtige Plätze in Entziehungskliniken besorgen, wo sie ihren Körper entgiften oder an berufsqualifizierenden Maßnahmen teilnehmen können. Andere betreiben Frauen- und Kinderhäuser, in denen misshandelte oder missbrauchte Frauen und Kinder eine sichere Zuflucht finden, wo man sich um sie kümmert und ihnen hilft, ihre Ängste zu überwinden und ihre traumatischen Erfahrungen zu verarbeiten. Organisationen wie Ärzte ohne Grenzen haben mit unschätzbarem Einsatz Menschen in zahllosen Ländern medizinische und psychologische Hilfe geleistet und so für sie einen sicheren Hafen geschaffen.

Der dritte Form von Freigebigkeit ist das Geben von Wissen, worunter gewöhnlich das Geben von Dharma-Belehrungen verstanden wird, also Erklärungen und Erläuterungen zur Lehre des Buddha, wie sie die großen Meister der buddhistischen Traditionen für ihre Schüler gegeben haben. Doch es gibt auch ein Geben von Wissen, das für sich genommen einen Akt der Großzügigkeit darstellt. Als Beispiel möchte ich Ihnen eine Geschichte von Dilgo Khyentse Rinpoche erzählen, die sich in der Zeit zutrug, als mich der Zufall in Bodhgaya zum Lehrer bestimmte.

Rinpoche gab vor über tausend Zuhörern sehr umfassende Belehrungen, die sich über mehrere Wochen hinzogen. In dieser Zeit trat einer meiner Freunde, ein anderer Tulku aus Tashi Jong, an mich heran, weil er ein kleines Problem hatte. Er wollte in ein paar Monaten ins Retreat gehen und benötigte dazu von Rinpoche eine spezielle Belehrung – die auch ich gern haben wollte. Aber natürlich dachten wir uns: »Hm, er ist ziemlich eingespannt. Er ist den ganzen Tag damit beschäftigt, Belehrungen zu geben. Wahrscheinlich hat er gar keine Zeit für uns.«

Da ich aber Dilgo Khyentse Rinpoche schon mehrmals in Tashi Jong und andernorts getroffen hatte, wusste ich, wie gütig und freundlich er war. Also sagte ich mir: »Man kann ja mal fragen.« Und so schlich ich mich eines Tages während der Essenszeit dorthin, wo er seine Mahlzeiten einnahm. Bei Rinpoches ungezwungener und entspannter Art war ich nicht wirklich überrascht zu sehen, dass seine Tür offen stand, obwohl die Essenszeiten eigentlich als »Freizeit« gelten, in der der Lehrer sich ein wenig ausruhen kann. Rinpoche sah mich also an der Tür stehen und winkte mich herein. Plötzlich aber überfielen mich Hemmungen, ihn um diesen Gefallen zu bitten. Am Ende aber dachte ich mir, dass er letztlich nur Ja oder Nein sagen konnte.

Dabei musste er noch nicht mal überlegen, als ich meine Bitte geäußert hatte. Ich hatte meinen Satz kaum beendet, da meinte er schon: »Kommt morgen während der Mittagszeit.«

Am nächsten Tag begaben mein Freund und ich uns in Rinpoches Zimmer, wo er uns die gewünschte Belehrung mit derselben Aufmerksamkeit und Detailliertheit gab, wie er dies bei seinen öffentlichen Belehrungen tat, ohne irgendetwas dafür zu verlangen. Er wollte keine Spenden oder Geschenke von uns haben. Es interessierte ihn nicht, dass wir Tulkus waren. Er handelte deswegen bestimmte Themen nicht schneller ab oder beschränkte sich gar nur auf die wesentlichen Punkte. Es ging ihm einzig und allein darum, die Lehren in allen Details zu erklären und sicherzustellen, dass wir sie verstanden hatten.

Das war eine wichtige Lektion für mich im Hinblick auf die Entwicklung meines eigenen Lehrstils. Wenn ein Schüler mich bittet, ihm privat eine bestimmte Belehrung zu geben, so rufe ich mir Dilgo Khyentses Großzügigkeit ins Gedächtnis und versuche, seinem Beispiel zu folgen und die gewünschte Belehrung so vollständig wie möglich zu geben – im Bestreben, jedem zu helfen, der zu mir kommt, weil er den Dharma besser verstehen und praktizieren möchte.

Das großzügige Geben von Wissen kann bisweilen auch ganz zufällig und informell vor sich gehen. So hatte eine meiner Schülerinnen eine Stelle bei einem großen internationalen Konzern angetreten und kam mit den unberechenbaren Reaktionen ihres Chefs nicht klar.

»Nimm das nicht persönlich«, riet ihr ein Kollege. »Er hat Angst um seinen Job, und er kann offensichtlich nicht anders, als seine Angst an dir abzureagieren. Doch alles, was er sagt oder tut, hat nichts mit dir zu tun.

Gib ihm ein bisschen Liebe«, meinte er. »Der Mann hat eine Heidenangst.«

Disziplin

Wie aber »liebt« man jemanden, der Angst hat und einem Angst macht? – Indem man die zweite Paramita praktiziert, die auf Sanskrit *sīla* und auf Tibetisch *tsultrim* heißt. Die zweite Paramita wird gewöhnlich mit »Ethik« oder »moralischem Verhalten« übersetzt, wobei mir aber auch schon die Übersetzungen »moralische Disziplin« oder nur »Disziplin« begegnet sind. In unserem Zusammenhang bedeutet »Disziplin« in ihrer elementarsten Form, dass wir jede Handlung unterlassen bzw. keinen Impulsen nachgeben, die uns oder anderen schaden könnten. Traditionell werden schädliche Handlungen in drei Gruppen unterteilt: erstens schädliche Handlungen des Körpers, nämlich Töten, Stehlen und sexuelles Fehlverhalten; zweitens schädliche Handlungen der Rede wie Lügen, Verleumdung, grobe Rede sowie leichtfertige oder, wie es mitunter heißt, »sinnlose« Rede; und drittens schädliche Handlungen oder Gewohnheiten des Geistes wie Gier oder böse Absicht.

Zu den schädlichen Gewohnheiten des Geistes rechnen auch die »falschen Ansichten«, worunter aus buddhistischer Sicht eine ganze Anzahl von Vorstellungen fällt. Auf einer ganz alltäglichen Ebene ist mit diesen »falschen Ansichten« gemeint, dass wir etwas für wahr halten, was nicht wahr ist. Auf den vorausgegangenen Seiten konnten wir sehen, wie viel Schmerz und Verwirrung wir in unserem Leben schaffen, weil wir ein bestimmtes Bild von uns haben. Wir erkennen darüber hinaus, wie eng und begrenzt unser Entscheidungsspielraum wird, wenn wir unsere Muster für etwas Reales halten. Sich in Disziplin zu schulen bedeutet also, dass wir kontinuierlich daran arbeiten, den Raum in unseren Mustern bzw. die Lücken zwischen unseren Selbstbildern zu entdecken. Es bedeutet auch, dass wir die Lücken in unserem Bild von anderen finden und die Vorstellungen aufgeben, die wir uns von unserem Chef, von Kollegen, Freunden oder unserem Partner gewöhnlich machen.

Wir sind ja schnell mit unserem Urteil über einen Menschen bei der Hand, wenn dieser zum Beispiel gereizt oder zornig ist. Wir gehen dieser Person gegenüber in Verteidigungsstellung, unterstellen ihr alles Mögliche und tratschen darüber mit anderen. Sich in Disziplin zu üben bedeutet in dem Fall, dass wir einen Schritt zurücktreten und versuchen, uns mit objektivem Blick die möglichen Gründe für sein Verhalten anzuschauen.

Vielleicht wird er von seinen Vorgesetzten ständig kritisiert und hat Angst, entlassen zu werden. Vielleicht muss er sich um einen Angehörigen kümmern, der schwer krank ist. Oder er hat Beziehungsprobleme. Wenn wir über einen anderen Menschen nachdenken, wenn wir versuchen, sein Verhalten einzuordnen und angemessen darauf zu reagieren, sollte es unser Ziel sein, hinter die Fassade zu blicken und ihm denselben Raum, dieselbe Güte angedeihen zu lassen, die wir im Umgang mit uns selbst soeben gelernt haben.

Sich in Disziplin zu üben bedeutet darüber hinaus, dass wir Verhaltensweisen und Einstellungen entwickeln, die uns und anderen nützen. Darunter versteht man gewöhnlich Handlungen und Einstellungen, die das Gegenteil der oben beschriebenen schädlichen Aktivitäten darstellen. Statt zu töten, bemühen wir uns, Leben zu schützen; statt zu stehlen, geben wir, das heißt, wir praktizieren Freigebigkeit. Wir sagen die Wahrheit. Wir sagen Positives über andere. Wir bemühen uns, freundliche Worte zu gebrauchen. Wir überlegen, was wir für andere tun können, freuen uns an ihren Erfolgen und Leistungen und versuchen, ihr Verhalten als Frucht vergänglicher Ursachen und Bedingungen zu sehen.

Wie unsere Schulung in Disziplin auch aussehen mag – ob wir »nur« schädliche Handlungen vermeiden oder versuchen, heilsam zu wirken –, die Essenz unserer Praxis ist stets, ein weites Herz und ein tiefes Verständnis zu entwickeln. Beides hilft uns dabei, uns selbst und anderen die Fehler zu vergeben, die wir unter dem Diktat des »Ich« begangen haben.

Als Beispiel möchte ich Ihnen die Geschichte eines betagten Mönchs erzählen, der vor vielen Jahren von Tibet nach Indien reiste, um einen großen Meister zu sehen. Im Gespräch mit dem Meister erwähnte der Mönch, dass er nach der Kulturrevolution viele Jahre im Gefängnis gewesen war.

»Ich hatte solche Angst«, erzählte der alte Mönch.

»Vor dem Tod?«, fragte der Meister. »Dass man dich schlägt oder foltert?«

Der alte Mann schüttelte den Kopf.

»Nein«, sagte er kaum hörbar. »Ich hatte Angst, dass meine Liebe für die Männer, die das Gefängnis bewachten, erlöschen könnte. Sie hatten Gewehre und Knüppel und bedrohten uns die ganze Zeit. Doch der Großteil von ihnen führte ja nur Befehle aus. Sie hatten Frauen, Kinder und Eltern, die sie schützen mussten. Und so schlugen und töteten sie uns, um ihre Familien zu schützen.

Ich hatte Angst, dass ich vergessen könnte, dass diese Männer uns nur deshalb schlecht behandelten, weil sie ihre Familie schützen wollten. Sie hatten Angst um ihre Lieben.

Und ich habe jetzt Angst, weil ich nicht mehr besonders viel Mitgefühl für sie empfinde. Manchmal möchte ich ihnen genauso wehtun, wie sie mir und den Menschen, die mir nahestanden, wehgetan haben.«

Seine Angst, erklärte der Meister ihm, sei das Maß seiner Liebe. Hätte er sich diesen Gedanken und Gefühlen überlassen, wäre er vielleicht den Mustern des »festen Ich« zum Opfer gefallen, hätte das »feste Du« als Bedrohung erlebt, und sein »kostbares Ich« hätte sich allerlei Kopfgeschichten über sich und seine Situation ausgedacht.

Dies ist die wahre Bedeutung von Disziplin: dass man selbst unter schwierigsten, kaum erträglichen Umständen die Liebe und die Hoffnung aufrechterhält, sodass alle fühlenden Wesen schließlich erwachen werden.

Eine der wichtigsten Lektionen in Sachen Disziplin habe ich von meinem Vater gelernt. Bevor ich zu meiner ersten Belehrung in Amerika aufbrach, besuchte ich ihn in seinem kleinen Zimmer in Nagi Gompa. Ich bat ihn um seinen Rat, wie ich meine Belehrungen auf diese neue »Zielgruppe« abstellen konnte. Seine Antwort hat mich ziemlich überrascht.

Ein verstecktes Lächeln spielte um seinen Mund, als er sagte: »Lass es dir nicht zu Kopf steigen, wenn man dich lobt. Man wird dir Komplimente machen. Die Leute werden sagen, wie toll du bist und wie wunderbar deine Belehrungen sind. Nimm diese Komplimente freundlich entgegen, aber dann lass sie los. Welche Komplimente deine Schüler dir auch machen, sie haben nichts mit dir zu tun. Sie sind einfach nur eine Widerspiegelung der Wahrheit und der Kraft des Dharma. *Wie* du lehrst, ist völlig unwichtig. Wichtig ist, *was* du lehrst.

Ja, ich weiß«, fuhr er fort, »du brichst in eine neue Welt auf. Du willst modern sein. Ich kann dich verstehen, mein Sohn. Die Welt ändert sich, aber der Dharma ändert sich nie. Er ist heute so wahr wie vor zweitausend Jahren. Du musst nur aufpassen, dass du nicht glaubst, um deines Lehrstils willen etwas Besonderes zu sein. Was der Buddha gelehrt hat, hat Jahrhunderte überdauert.«

Dann warnte er mich, dass viele Lehrer Probleme bekämen, weil sie einer Art »Persönlichkeitskult« in die Falle gehen, ein Phänomen, das ich in den vergangenen Jahren selbst schon beobachtet hatte. Bestimmte Schüler fühlen sich vom Lehrstil und vom Charisma eines bestimmten Lehrers angezogen, bis er oder sie schließlich denkt, etwas ganz Besonderes zu sein.

»Das wahrhaft Besondere aber«, sagte mein Vater, und sein Lächeln wurde breiter, »ist die Belehrung selbst, der Dharma.

Egal, welche Stellung du in der Öffentlichkeit einnimmst, lass nicht zu, dass du dem Lob nachläufst. Die Leute werden viele nette Worte über dich sagen. Sie werden dir sagen, was für ein großartiger Lehrer du bist. Aber lass dich nicht von den Wolken beherrschen.«

Er sah zum Fenster hinaus zum Himmel, der schon dunkel wurde.

»Ich weiß, die Versuchung ist groß«, sagte er. »Die Leute sagen, ich sei ein großer Lehrer. Aber mein Ziel ist nicht, ein großer Lehrer zu sein, sondern das weiterzugeben, was ich über den Dharma weiß – und das ist nicht viel. Erinnere dich immer daran, wie wenig du weißt und wie viel du noch zu lernen hast. So bleibst du bescheiden. Und Bescheidenheit ist die Basis der Disziplin. Bis du zum Buddha wirst, musst du noch viel lernen. Denk immer daran, dass du nur ein einfaches menschliches Wesen bist. Egal, wer oder was du bist, erinnere dich immer an deinen inneren Funken, an die Essenz deines Seins.

Oh, es gibt so viel zu lernen. Öffne dein Herz für das, was die Leute dich fragen, für das, was sie dir erzählen. Nur durch ein offenes Herz bekommst du einen offenen Geist.«

Ja, es ist wichtig, dass wir mit unserer Praxis weitermachen, auch wenn wir keine Lust haben. Ja, es ist wichtig, dass wir andere mit Anstand und Würde behandeln. Doch der wichtigste Aspekt der Disziplin ist zweifellos Bescheidenheit. Wir haben im Laufe unseres Lebens einiges gelernt, doch wir müssen der Versuchung widerstehen, auf das Gelernte stolz zu sein. Es gibt so vieles, was wir nicht wissen, so viele Gelegenheiten, mehr über uns selbst und andere zu lernen sowie über die Beziehung zwischen absoluter und relativer Wirklichkeit, die Beziehung zwischen Leerheit und Erscheinungen – über die Ursachen und Bedingungen, die die Grundlage unserer vergänglichen oder relativen Erfahrung bilden.

Geduld

Die dritte Paramita – *kṣānti* auf Sanskrit, *zöpa* auf Tibetisch – wird meist mit »Geduld« übersetzt. Doch wie übt man sich in Geduld und was sind die offensichtlicheren und was die subtileren Bedeutungsnuancen dieses Begriffs?

Wie die beiden zuvor besprochenen Paramitas kann auch Geduld auf mehreren Ebenen verstanden werden. Der offensichtlichste Aspekt ist der, dass wir unserem Rachereflex nicht nachgeben, wenn wir in irgendeiner Form attackiert werden. Jemand schlägt uns, also wollen wir zurückschlagen. Jemand beleidigt uns, also wollen wir uns mit einer Beleidigung revanchieren. Jemand streut hinter unserem Rücken Gerüchte über uns aus, also sehen wir uns veranlasst, ebenfalls ein paar kompromittierende Details über den Betreffenden in Umlauf zu setzen.

Sich in Geduld zu üben bedeutet aber nicht, dass wir jeden Ärger ausblenden oder unterdrücken. Angenommen, wir machen die Erfahrung, dass »Undank der Welten Lohn« ist oder dass eine andere Person etwas tut oder sagt, was wir als unhöflich oder bedrohlich empfinden, dann kann es sein, dass wir darauf mit Zorn oder Angst reagieren. Sich in Geduld zu üben bedeutet in diesem Fall, dass wir unsere Wut bzw. unsere Befürchtungen zur Kenntnis nehmen, uns davon aber nicht zu irgendwelchen Handlungen hinreißen lassen. Wir erkennen, dass der andere uns Leid zufügt, weil er selbst leidet. Wir reagieren uns nicht an unseren Mitmenschen ab aus dem Grund, weil wir uns übermüdet, unwohl oder gestresst fühlen, sondern akzeptieren, dass andere vielleicht ähnliche Lebensumstände haben.

Ein zweiter Aspekt von Geduld ist, dass wir bereit sind, Anstrengungen oder Schmerz auf uns zu nehmen, ohne dabei unsere Motivation aus den Augen zu verlieren. Wir erinnern uns daran, dass wir ja mit dem Ziel aufgebrochen sind, anderen zu helfen, damit sie zu einem Zustand von Freiheit, Güte, Offenheit und Wärme finden. Und da wir uns dieses Ziel gesetzt haben, sind wir bereit, alle Hindernisse zu meistern, die uns auf dem Weg dorthin begegnen. Das kann manchmal einfach nur bedeuten, dass wir jemanden zum Arzt fahren, obwohl wir eigentlich keine Zeit haben, dafür unseren ganzen Stundenplan umwerfen oder auf ein bis zwei Stunden Schlaf verzichten müssen. Es kann heißen, dass wir meditieren, wenn wir müde sind und am liebsten sagen würden: »Ich lass es für heute mal gut sein und sitze dafür morgen länger.« Es kann aber auch eine weitergehende Verpflichtung sein, die man auf sich nimmt. Zum Beispiel, dass man sich Zeit nimmt, einen Freund oder Angehörigen zu besuchen, der alt oder krank ist.

Ich bin mir sicher, dass jeder Bereiche in seinem Leben finden kann, in denen er sich aus seinen individuellen Komfortzonen herausbewegen sollte. Verbunden mit der Praxis der Geduld bedeutet dies, dass wir unsere Motivation nicht aus den Augen verlieren, anderen von Nutzen zu sein, ihnen ein Licht in der Dunkelheit zu sein, ihnen Wärme zu geben, wenn sie die Verbindung zu ihrem inneren Funken verloren haben. Wenn wir unsere Motivation aufrechterhalten, stellen wir zu unserer Überraschung häufig fest, dass wir mehr Energie haben, als wir je gedacht hätten. Dass die Mühen und Hindernisse, denen wir ausgesetzt sind, gar nicht so groß, beängstigend oder unüberwindlich sind, wie es zu Anfang schien. Mit zunehmendem Abstand zu unseren Komfortzonen beginnen wir, eine subtile und inspirierende Freude zu empfinden.

Der dritte Aspekt der Geduld ist, dass wir die Dinge akzeptieren, wie sie sind. Wir werden im Leben mit vielerlei schmerzlichen Erfahrungen konfrontiert, und nichts von dem, was wir sagen oder tun, kann etwas an der Situation ändern. In den vergangenen Jahren haben ich viele Menschen kennengelernt, die bei den Anschlägen vom 11. September 2001 auf das World Trade Center Freunde oder Verwandte verloren haben. Viele von ihnen tragen eine tiefe Wut in sich, was nur allzu verständlich ist.

»Natürlich bin ich traurig«, sagte mir eine der Betroffenen. »Obwohl ›entsetzt‹ es vielleicht besser trifft. Oder ›geschockt‹. Ich trauere, aber ich kann mir nicht erlauben, verbittert zu werden. Manche werden es vielleicht, könnte ich mir denken, und ich respektiere das. Aber wenn ich das Andenken an meinen verstorbenen Mann wirklich ehren will, dann muss ich nach vorn schauen und mein Leben so leben, wie er sich das gewünscht hätte. Ich hätte in den vergangenen zehn Jahren meinem Verlust nachtrauern können, doch ich weiß, dass er das nicht gewollt hätte. Stattdessen wendete ich mich nach ein paar Jahren wieder dem Leben zu, ging mit Freunden zum Essen und fing an, na ja, mich mit jemandem zu treffen. Ich habe eine Zeit gebraucht, bis ich so weit war. Mittlerweile bin ich verlobt, und wir planen, in den nächsten Monaten zu heiraten. Der Mann, den ich am 11. September verloren habe, war einer der freundlichsten, liebenswürdigsten, klügsten und besten Männer, die ich je kennengelernt habe. Ich weiß zwar nicht, ob ich sein Bild sozusagen als Brautführer bei meiner Hochzeit dabeihaben kann, doch ich weiß, dass er da sein und uns zulächeln wird.«

Eifer

Die vierte Paramita wird oft mit »Beharrlichkeit«, »Eifer«, »Energie«, »Anstrengung« oder »Begeisterung« übersetzt. Die Grundbedeutung ist, dass wir uns voller Freude und Enthusiasmus unserer Praxis und dem Streben widmen, anderen zu nutzen. Eifer ist der Tugend der Geduld insofern ähnlich, als beide die Bereitschaft auszeichnet, Widrigkeiten in Kauf zu nehmen. Begegnet uns in der Geduld eher die Unerschrockenheit angesichts von Schwierigkeiten, ist Eifer mehr durch die aktive Bereitschaft gekennzeichnet, sich dem Wohl anderer zu widmen und alle damit verbundenen Schwierigkeiten auf uns zu nehmen. Da »Eifer« oft erfordert, dass wir unsere Zeit, Energie oder was auch immer opfern, hört sich das nach einem eher steinigen Weg an. Doch in *tsondru* oder *vīrya*, wie diese Paramita auf Tibetisch bzw. Sanskrit heißt, schwingt die inspirierende Idee eines von Stärke, Ruhe und Zielgerichtetheit getragenen Handelns zum Wohle anderer mit.

Zum besseren Verständnis möchte ich an dieser Stelle die Geschichte einer mir bekannten Frau einflechten, die es auf sich nahm, ihren sterbenden Vater während der letzten Wochen seines Lebens zu begleiten. Es ist nie leicht, mit anzusehen, wie jemand stirbt, doch sie harrte neben dem Bett ihres alten Vaters aus, hielt seine Hand, redete mit ihm und hörte zu, wenn er etwas zu sagen hatte, auch wenn ihm dazu meist die Kraft fehlte. Gleichzeitig versuchte sie, ihre an Zwangsstörungen leidende Mutter zu beruhigen, die in der Zeit, als es mit ihrem Mann zu Ende ging, völlig aus dem Gleichgewicht geriet.

»Doch so schwer es emotional auch war«, sagte sie, »die letzten Stunden meines Vaters waren unglaublich friedvoll. Sogar meine Mutter saß an seinem Bett und hielt seine Hand, während er starb. Ich bin so froh, dass ich für die beiden da sein konnte.«

Es heißt, Eifer sei wie eine Rüstung, die uns hilft, schwierigen Situationen entgegenzutreten. Und diese Metapher passt gut ins Bild des Bodhisattva als Krieger oder Helden, wobei wir uns immer daran erinnern sollten, dass er ein Held oder Krieger ist, der einzig dafür »kämpft«, den inneren Funken in anderen zu erwecken und anzufachen. Die Rüstung, die er oder sie trägt, ist kein Schutzanzug, sondern ein leuchtendes Licht, das aus seinem Innersten strömt.

Eifer heißt auch, dass wir uns kleine Aufgaben vornehmen und die erzielten Erfolge würdigen. Wenn ich zum Beispiel die Küche sauber machen will, suche ich mir einen kleinen Bereich – wie Herd oder Tisch – aus, den ich dann putze. Wenn ich fertig bin, ruhe ich mich einen Moment (oder vielleicht auch ein bisschen länger) aus. Dann kehre ich an den Schauplatz meines Wirkens zurück, betrachte das geputzte Areal und sage mir: »Mann, das blitzt ja so richtig. Das habe ich wirklich gut gemacht.« Das gibt mir die Energie und die Begeisterung, das nächste Teilstück anzugehen. Meine Taktik unterscheidet sich vermutlich ein wenig von dem meist praktizierten Großputz, wo man hier ein wenig schrubbt, dort ein wenig herumräumt, sich jedoch nie wirklich auf eine einzige Aufgabe konzentriert. Nimmt man sich aber immer nur eine kleine Aufgabe vor und würdigt die Arbeit, die man geleistet hat, so gibt einem das den nötigen Schwung, um die nächste Teilaufgabe anzupacken. Ohne diese innere Befriedigung wird man schwerlich jemals Eifer entwickeln. Gehen wir an eine Aufgabe *zu* forciert heran, kann das körperliche und emotionale Spannungen zur Folge haben. Wir haben das Gefühl: »Ich muss das jetzt tun, ich muss das jetzt sofort, alles auf einmal und alles zusammen erledigen.« Diese Einstellung kann körperlich und emotional erheblichen Stress verursachen.

Große Aufgaben in kleine Einzelschritte aufzuteilen und nach jedem Schritt eine kleine Pause einzulegen – das ist für mich die angemessene Art, sich in der Tugend des Eifers zu üben. Doch der wichtigste Aspekt ist, dass wir unsere Erfolge aufrichtig würdigen, wenn wir einen kleinen Schritt getan haben.

Dadurch wächst unsere Zuversicht, auch große Aufgaben bewältigen zu können, und wir sagen uns: »Ja, wenn ich *das* Stück für Stück mache, schaffe ich es – was immer *das* auch sein mag.«

Sammlung

Die fünfte Paramita, auf Sanskrit als *dhyana* und auch als *samadhi* (tibetisch *samten*) bezeichnet, wird mit »Sammlung« übersetzt. Dies wird oft so verstanden, dass man eine bestimmte Meditationstechnik praktiziert, doch die tiefere Bedeutung von »Sammlung« ist, dass man dem Geist erlaubt, in seinem natürlichen Zustand wach und offen zu verweilen. Ist der Geist auf sanfte und entspannte Weise gesammelt, so kann uns dies Entscheidungen erleichtern, die ansonsten von einer überwältigenden Komplexität scheinen.

Lassen Sie mich Ihnen dazu wieder ein Beispiel geben. Vor einigen Jahren nahm ich an einer langen Belehrung teil, die Adeu Rinpoche in Tibet gab. Und wie dies bei langen Belehrungen oft der Fall ist, war auch diese sehr komplex. Zur Belehrung gehörten neben der wiederholten Rezitation langer religiöser Texte auch noch andere rituelle Elemente, die sehr exakt ausgeführt werden mussten. Ich blickte zu Adeu Rinpoche und sah, dass er das gesamte Ritual mit ruhigem und klarem Blick verfolgte. Er saß einfach mit offenen Augen da und tat, was seine Pflicht als Zeremonienmeister war. Er wirkte vollkommen ruhig und unerschütterlich und schien nicht darauf zu achten, was die Mönche machten, die an der Zeremonie mitwirkten.

Während der Pausen zwischen den einzelnen Belehrungen konnte ich jedoch hören, wie er zu einzelnen Mönchen sagte: »Da und da hast du einen Fehler gemacht.«

Ich war darüber ziemlich erstaunt. Während der Zeremonie schien er sich um derlei nicht zu kümmern, doch es entging ihm kein einziger »Fehltritt« seiner Mönche. Und so fragte ich ihn eines Tages während der Mittagspause: »Woher weißt du, dass ein Mönch etwas falsch macht? Ich habe nicht gesehen, dass du irgendwie darauf geachtet hättest.«

»Ich war in *samadhi*«, lautete seine Antwort. Dann sagte er, dass, wenn man stetig in offener, raumgleicher Aufmerksamkeit verweile, es keinerlei Hindernisse gebe. Im Zustand des *samadhi* nähme eine Person alles wahr, was um sie herum vorgeht, ohne sich auf etwas Bestimmtes zu konzentrieren.

»Es ist, als sähe man eine Reflexion in einem Spiegel«, erklärte er weiter, »doch der Spiegel ist so weit und ebenmäßig, dass man darin ohne jede subjektive Verzerrung alles klar erkennen kann, was um einen herum vor sich geht. Du siehst alles, was passiert, ohne dich auf eine bestimmte Sache zu konzentrieren.

Du musst dem Raum vertrauen, denn der Raum ist immer da. Wenn du dich auf die Erscheinungen, auf die Phänomene konzentrierst oder stützt, die vergänglich sind, sich ständig verändern, stets herumhüpfen, dann liegst du ewig im Kampf mit ihnen.

Stütze dich daher ganz auf den Raum, in dem alle Phänomene erscheinen. Wenn du das tust, sind all deine Sinne offen. Klarheit und Stetigkeit gehen Hand in Hand.«

Ein ähnliches Beispiel für diesen Zustand ruhiger, stetiger Offenheit konnte ich an meinem Vater beobachten. Es war etwa ein Jahr, bevor er starb. Es war nicht mehr zu übersehen, dass sich sein Gesundheitszustand immer mehr verschlechterte, und darum hatte ich beschlossen, ihn öfter zu besuchen und mehr Zeit mit ihm zu verbringen. Damals hatte er trotz seiner schlechten Gesundheit gerade begonnen, den Schreinraum von Nagi Gompa, wo die Leute beteten und meditierten, auszubauen und zu verschönern. (Eigentlich war mein Vater immer irgendwie damit beschäftigt, irgendwelche Gebäude zu errichten oder zu vergrößern. Er kümmerte sich jedoch nie um die Geldbeschaffung. Die Leute ließen Geldspenden da, wie es traditionell üblich ist, wenn man Belehrungen oder einen Segen bekommen hat. Und eines Tages konnte man ihn sagen hören: »Oh, da ist genug beisammen, damit wir das und das bauen oder reparieren können.«)

Eines der Projekte, die meinem Vater damals am Herzen lagen, war es, eine geeignete Aufstellungsmöglichkeit für eine ziemlich große Statue von Tara, der weiblichen Verkörperung des Mitgefühls, zu schaffen. Statuen wie diese gelten als sehr kostbar und stehen meist in einer Glasvitrine, um sie vor Verunreinigung durch Staub und so weiter zu schützen. Mein Vater hatte mich gebeten, bei der Realisierung dieses Projektes zu helfen. Als ich vor Ort war, um mich über den Stand der Arbeiten zu informieren, sah ich, dass die Arbeiter, die mit dem Einbau der Glasfront beauftragt waren, dafür zwei Scheiben verwendet hatten, weil die Statue so groß war. Unglücklicherweise stießen die Glasscheiben genau auf Höhe der Augen zusammen. Dies hatte zur Folge, dass man die Augen überhaupt nicht sehen konnte.

Ich ging zu meinem Vater hinauf, um ihm von dem Problem zu berichten und seinen Rat einzuholen. Er hielt sich wie immer in dem kleinen Zimmer auf, in dem er schlief und Belehrungen gab. Die Tür zu seinem Zimmer wurde aber nicht von einer anderen Tür verschlossen, sondern nur von einem schweren Vorhang. Ich schob den Vorhang ein Stück zur Seite und sah, dass er gerade meditierte. Ich wollte ihn nicht stören und ließ den Vorhang wieder zurückfallen. Ich wartete ein paar Minuten, dann sagte ich mir: »Vielleicht ist er jetzt ja fertig.« Wieder lugte ich hinein. Er saß immer noch ruhig und entspannt da und meditierte. Also wartete ich und schaute nach einiger Zeit erneut durch den Vorhang – das Ganze wiederholte sich vielleicht vier- oder fünfmal.

Nachdem ich etwa eine halbe Stunde im Flur gestanden hatte, begann ich zu frösteln und dachte ein wenig selbstsüchtig bei mir: »Eigentlich ist das ja gar nicht meine Aufgabe. Das ist schließlich sein Kloster, und ich arbeite für ihn, warum gehe ich nicht einfach rein?« Außerdem war ich neugierig, wie er auf diese Unterbrechung reagieren würde – ob er aus seinem meditativen Zustand herausginge, um seine Aufmerksamkeit »praktischen Angelegenheiten« zuzuwenden, oder ob seine Meditation so offen und frei war, dass er auf jede äußere Situation angemessen reagieren konnte, ohne seine Meditation zu unterbrechen, wie ich das von großen Meistern gehört hatte.

Ich ging also hinein und sprach ihn formell an: »Rinpoche.«

Er sah mich ruhig an, ohne dass sich sein Blick oder sein Gesichtsausdruck verändert hätte. Es gab keinerlei Anzeichen für einen Bruch zwischen seiner Meditation und seiner Reaktion auf diese Unterbrechung. Ich schilderte ihm das Problem und bat ihn um seinen Rat, und er gab mir ein paar Anweisungen. Und als ich rückwärts aus dem Raum ging, saß er einfach weiter ruhig da. Nichts deutete darauf hin, dass er seinen Zustand ruhiger Sammlung unterbrochen hatte oder seine Praxis hätte neu aufnehmen müssen. Es gab kein Hinein und Hinaus. Es machte keinen Unterschied, ob er meditierte oder Anweisungen für die Bauarbeiten gab. Er war vollkommen klar und offen, doch da war kein Festhalten an dieser Klarheit und Offenheit. Sie war einfach Teil seiner selbst und völlig anstrengungslos und ohne Unterbrechung da.

Dies war für mich eine tiefe Belehrung. Als ich meinen Vater ansprach, um seinen Rat einzuholen, begriff ich, dass Konzentration nicht heißt, sich angestrengt auf etwas zu fokussieren, sondern dass man in einem weiten, »mittelpunktlosen Mittelpunkt« verweilt, aus dem heraus man agiert.

Dies ist sowohl Grundlage als auch Vorbereitung auf die nächste Paramita.

Weisheit

Abschließend kommen wir zur sechsten Paramita, welche auf Sanskrit *prajñā* und auf Tibetisch *sherab* heißt, was gewöhnlich mit »Weisheit« übersetzt wird.

Es ist wichtig zu wissen, dass es zwei Arten von Weisheit gibt. Erstere ist schlicht das geistige Vermögen der Unterscheidungsfähigkeit, eine gewisse intellektuelle Neugier, die uns die Phänomene infrage stellen, Informationen sammeln und analysieren sowie Entscheidungen treffen lässt. Sofern keine körperlichen oder genetischen Schäden vorliegen, verfügt jeder Mensch über diese gewöhnliche Weisheit oder grundlegende Intelligenz, die es uns ermöglicht, Objekte und Erscheinungen zu unterscheiden.

Wir sind immer damit beschäftigt, etwas zu analysieren, sei es, dass wir den Abstand zum Wagen des Vordermanns abschätzen, sei es, dass wir die Gesichter anderer Menschen beobachten, um ihre Stimmung zu erkennen. Dies alles geschieht häufig völlig automatisch und unbewusst.

Die zweite Art von Weisheit wird meist als »transzendente Weisheit« bezeichnet. Man könnte sie vielleicht am besten als höchste Stufe der Einsicht beschreiben oder als die Fähigkeit, die vergängliche, illusorische und durch wechselseitige Abhängigkeit charakterisierte Natur der relativen Wirklichkeit und die offene, klare, unbegrenzte Natur der absoluten Wirklichkeit klar zu erkennen. Sie ist die Fähigkeit, zwischen unseren

Fantasien und Projektionen – unseren Kopfgeschichten über uns selbst und die anderen – sowie der Wirklichkeit zu unterscheiden. Sie ist der wache Blick, der uns den Raum hinter den Wolken, die bedingungslose Liebe unter den Schichten unserer von Furcht und Hoffnung genährten, aus Ich-Identifikationen und Missverständnissen gewirkten Gewohnheitsmustern sehen lässt.

Sie ist auch die intuitive Erkenntnis, dass es Erscheinungen gibt, *eben weil* es Leerheit gibt; dass wir das Kommen und Gehen der Wolken beobachten können, *eben weil* der Raum da ist; dass wir uns wieder mit unserer wahren Natur verbinden und unseren inneren Funken zur leuchtenden Flamme werden lassen können, *eben weil* wir auf der abenteuerlichen Erkundungsreise durch die verschiedenen Dimensionen des »Ich« bestimmte kognitive und emotionale Fertigkeiten erworben haben.

Wenn wir uns also in transzendenter Weisheit schulen, brauchen wir dazu das analytische Potenzial unseres Geistes, das wir klug und bewusst entwickeln müssen. Wir müssen dem Aspekt unseres Geistes, der stets nach dem Warum fragt, dieser Neugierde, diesem Drang dazuzulernen, dieser Wissbegierde, ihren gebührenden Platz einräumen.

Doch wie stellen wir das an?

Gewöhnliche Weisheit – man könnte sie auch »Intellekt« oder »Intelligenz« nennen – ist immer durch Vorurteile und Voreingenommenheit, Furcht und Hoffnung, frühere Erfahrungen und geistige Fixierungen gefärbt. Deshalb beginnt unsere Schulung in transzendenter Weisheit damit, dass wir den »Analysator« analysieren. Wir benutzen die Meditation, um unsere natürliche Intelligenz zu schärfen und unsere Vorurteile und Voreingenommenheiten zu erkennen und somit klarer zu sehen, welche Gewohnheitsmuster unsere Wahrnehmung beeinflussen.

Einer meiner Schüler hat das so ausgedrückt: »Es ist, als würde man lernen, die Welt ohne Sonnenbrille zu betrachten. Wenn man sein Leben lang eine Sonnenbrille trägt, sieht man die Welt zwar auch, doch alles ist durch die Farbe der Gläser getönt. Diese Paramita zu üben ist, als würde man die Sonnenbrille absetzen. Anfangs hält man das strahlende Licht vielleicht nicht lange aus, aber *wow*, die Farben, die man plötzlich wahrnimmt ... Man ist zuerst vielleicht ein wenig benommen, dann aber macht sich allmählich eine Art Neugier breit. Man möchte alle Farben sehen. Man möchte wissen, wie die Welt aussieht, wenn sie nicht in den einheitlichen Ton der Brillengläser getaucht ist.«

Ebenso müssen wir uns darin üben, immer wieder kurze Einblicke in die transzendente Weisheit tun, sodass dieser Aspekt eine gewisse Stetigkeit bekommt. Wir müssen versuchen, durch eigene Erfahrung einen Zugang zur transzendenten Weisheit zu finden, und diese dann durch Meditation und Praxis vertiefen. Sobald diese Erfahrung transzendenter, die Weisheit stabiler geworden ist, können wir mit ihrer Hilfe die Welt ohne Sonnenbrille betrachten.

Und wie bzw. woran erkennen wir nun transzendente Weisheit?

Entspannen Sie sich. Lassen Sie Gedanken und Emotionen kommen und gehen und verweilen Sie in der Klarheit, die sich durch reines, unbeteiligtes Beobachten einstellt. Aus diesem Grund empfiehlt man gewöhnlich, die Schulung in Achtsamkeit und *samadhi* an den Anfang zu stellen. Wenn Sie eine gewisse Vertrautheit mit dem ruhigen Verweilen entwickelt haben, dann sind Sie bereit für das Wissen, bereit, auf eine sehr tiefe Weise den Tanz von Leerheit und Erscheinung zu erfahren. Und wenn dieser Tanz vor Ihrem inneren Auge kurz aufscheint, so haften Sie nicht an dieser Erfahrung. Lassen Sie wieder los, wie Sie es bei Ihrer ersten Begegnung mit ursprünglicher Liebe getan haben.

Teamarbeit

Bei mündlichen oder schriftlichen Belehrungen wird man die Paramitas natürlich einzeln und der Reihe nach beschreiben. In der Praxis jedoch funktionieren sie immer im Verbund. So braucht man beispielsweise stets Eifer, um sich in Geduld zu üben, Disziplin, um sich in der Meditation zu schulen, Weisheit, damit unsere Freigebigkeit anderen nützt und nicht schadet. In der Praxis sind immer zwei oder drei Paramitas zugleich im Spiel.

Dazu wieder eine kleine Geschichte aus dem wirklichen Leben. Vor nicht allzu langer Zeit saß ich in London fest, weil der Ascheregen, der nach dem Vulkanausbruch in Island niederging, den gesamten Flugverkehr lahmlegte. Besäße ich hellseherische Fähigkeiten, was leider nicht der Fall ist, hätte ich einen früheren Flug gebucht und wäre ohne Zwischenfälle nach Kalifornien zu dem Meditationskurs geflogen, den ich leiten sollte.

So jedoch saß ich in einem kleinen Londoner Hotel, verfolgte wie so viele andere gestrandete Flugreisende die Nachrichten im Fernsehen und lauschte den Meldungen, wonach der Heathrow Airport in zwei, in vier, in sechs Stunden wieder geöffnet würde. Jedes Mal, wenn es hieß, der Flughafen sei wieder offen, schaffte ich brav mein Gepäck hinunter in die Hotellobby, nur um dort informiert zu werden, dass der Flughafen nun doch noch für die nächsten paar Stunden geschlossen bleibe. Also schaffte ich mein Gepäck wieder hinauf auf mein Zimmer und wartete auf die nächste Meldung.

Nach ein paar Tagen hatte ich es satt, herumzusitzen und zu warten. Also beschloss ich, einen Spaziergang zu machen. Als ich durch die Hotellobby kam, hörte ich, wie sich drei Frauen unterhielten. Zwei schimpften, wie sehr ihnen diese Warterei auf die Nerven ginge. Die dritte aber meinte: »In solch einer Situation kann man nichts anderes tun, als abzuwarten, was geschieht.«

Als ich das hörte, fühlte ich mich plötzlich irgendwie erleichtert: »Wow, was für eine wunderbare Belehrung über Paramita-Teamwork!« Dieser Rat, die Dinge so zu nehmen, wie sie sind, war ein großartiges Beispiel für die Weisheit und Erkenntnis, dass auch schwierige Situationen wie diese vergänglich sind. »Warten« setzt Geduld voraus. Ruhig zuzusehen, wie die Lage sich entwickelt, ist ein Beispiel für die kontinuierliche Anstrengung, die mit Eifer verbunden ist. Die Frau bewies zudem auch Großzügigkeit, da sie die beiden anderen Damen einlud, die Situation aus einem produktiveren Blickwinkel zu sehen. Und als ich auf die London Street hinausmarschierte, hatte ich das Gefühl, ebenfalls von ihrem Rat profitiert zu haben.

Sie wollen wissen, warum?

Nun, weil diese Frau mich an die Gründe erinnerte, aus denen heraus ich immer noch lehre. Denn es ist nicht immer so einfach, neun oder zehn Monate im Jahr in der Welt herumzureisen.

Wie es heißt, wollte der Buddha nicht lehren, nachdem er Erleuchtung erlangt hatte. Denn zunächst einmal dachte er, niemand würde begreifen, was er erkannt hatte. Dann aber versammelten sich Götter und Göttinnen um ihn, um ihn zu bitten, doch Methoden zu suchen, wie die leidenden Wesen sich mit ihrem inneren Funken verbinden, wie sie ihr Herz und ihren Geist öffnen konnten. Ich kann Ihnen versichern, dass in Bodhgaya keine Götterversammlung stattfand, die mich aufforderte zu lehren. Bei mir war es einfach nur ein Freund aus Tashi Jong.

Anfangs war ich eher zögerlich, was das Lehren anging. Doch als mehr und mehr Menschen zu meinen Vorträgen kamen, erkannte ich, dass sie lernen wollten, wie sie ihre emotionalen Wunden heilen und sich mit einem Funken verbinden konnten, den sie zwar in sich spürten, zu dem sie aber keinen rechten Zugang fanden. Anfangs machte ich meine Sache nicht besonders gut. Doch als ich dieses Aufleuchten von Hoffnung und Verständnis in ihren Gesichtern las, sah, wie sie etwas entspannter wurden, da erkannte ich, dass ich, selbst wenn ich kein besonders befähigter Lehrer war, diesen Menschen dennoch helfen konnte, ihr inneres Potenzial zu erwecken, um ein sinnerfüllteres Leben zu leben und ihre Sehnsucht nach einem Gefühl der Verbundenheit mit ihren Mitmenschen und der Welt zu stillen.

Wenn das bedeutet, dass ich meine Frau und meine Kinder oft monatelang nicht sehen kann, dann soll es so sein. Als mir das Blatt des Bodhibaums vor die Füße fiel, habe ich etwas erkannt: Mein Leben gehört nicht mir, sondern den Milliarden von Wesen, die sich nach dem Erwachen sehnen, die den Funken von Licht und Liebe in ihrem Inneren bewusster und stärker fühlen möchten.

Ich tue jetzt Dinge, die hätte ich mir vor zwanzig Jahren nicht vorstellen können. Ich reise rund um den Globus. Ich passe meinen Lehrstil den Menschen an, die vor mir sitzen.

Ich habe Brücken gebaut und versuche mein Bestes, den Leuten das Vertrauen zu vermitteln, dass diese Brücken sie tragen.

VIERZEHN

Vertrauen

Vertrauen ist vermutlich die wichtigste Eigenschaft, wenn wir uns mit den Lehren des Buddha auseinandersetzen und sie praktizieren wollen. Vertrauen öffnet das Herz. Ist das Herz geöffnet, kann sich auch der Geist öffnen.

Eine wichtige Lektion in Sachen Vertrauen habe ich in meinem ersten Jahr in Tashi Jong gelernt. Damals war Khamtrul Rinpoche noch damit beschäftigt, das Kloster aufzubauen. Zu den anstehenden Arbeiten gehörte es, die Statuen mit kostbaren Objekten wie Reliquien oder Schriftrollen zu füllen, die Khamtrul Rinpoche aus Tibet herausgeschafft hatte, um sie vor der Zerstörung zu retten. Da ich sehr klein (und damals auch noch ziemlich schmächtig) war, wurde ich häufig damit beauftragt, in die Statuen hineinzukriechen und diese Objekte dort zu platzieren.

Manchmal schickte er mich auch los, um aus seinem Zimmer einen dieser kostbaren Gegenstände zu holen, die er dort in einem Koffer aufbewahrte. Ich weiß gar nicht, mit welchen Worten ich beschreiben soll, wie unglaublich es mich beeindruckt hat, dass der ranghöchste Lama eines großen Klosters einem zwölfjährigem Jungen den Schlüssel zu seinem Privatraum anvertraute und ihn bat, von dort Gegenstände zu holen, die er unter Lebensgefahr aus Tibet nach Indien geschafft hatte. »Wow!«, dachte ich. »Er vertraut dir wirklich!«

Neben den Reliquien und den Schriftrollen bewahrte Rinpoche auch etwas Geld in seinem Zimmer auf – Spenden von Leuten, die einen Beitrag zum Aufbau des Klosters leisten wollten. Und obwohl das Geld sozusagen vor meiner Nase lag, dachte ich nicht ein einziges Mal daran, etwas davon zu nehmen.

Warum?

Sein Vertrauen erweckte die ursprüngliche Liebe in mir. Ich liebte ihn, was zum Teil daran lag, dass er ein gütiger und freundlicher Mensch war. Aber da gab es noch etwas anderes an ihm. Er war sozusagen die Verkörperung ursprünglicher Liebe. Er machte keinen Unterschied zwischen einem zwölfjährigen Jungen und einem Mönch, der vielleicht um einige Jahre älter und um einiges zuverlässiger war. Für ihn war das einerlei. Er behandelte mich mit derselben Freundlichkeit und demselben Respekt wie einen Erwachsenen. Er baute Brücken von Herz zu Herz.

Ich wünsche mir, ich hätte mehr von ihm lernen können, doch Rinpoche starb zwei Jahre nach meiner Ankunft in Tashi Jong. Viele Lehrer nahmen danach seinen Platz in meinem Herzen ein: Tselwang Rindzin, mein Vater, Dilgo Khyentse Rinpoche und Adeu Rinpoche. Ich kann ihre Güte niemals vergelten, ich kann nur weitergeben, was sie mich über Offenheit, Klarheit, Geduld, Freigebigkeit, Eifer, Vertrauen in die eigenen Fähigkeiten und die Wichtigkeit, dieses Vertrauen auch anderen zu vermitteln, gelehrt haben – und so Brücken über scheinbare Hindernisse bauen und den Menschen helfen, diese Brücken zu überqueren.

Wie wichtig Vertrauen ist, wurde mir einmal mehr klar, als 1980 Adeu Rinpoches erster Besuch in Indien zu Ende ging. Gemeinsam näherten wir uns zu Fuß der Grenze zwischen Nepal und China. Er hatte sich über ein Jahr in Indien und Nepal aufgehalten und war immer sehr gütig und offen zu mir gewesen. Er gab mir das Gefühl, dass ich ihn einfach alles fragen konnte. Ich bin nicht unbedingt der intellektuelle Typ, und im Gegensatz zu vielen anderen verstehe ich nicht alles auf Anhieb. Also frage ich dauernd nach Erklärungen, probiere die Antworten praktisch aus, und wenn ich nicht weiterkomme, frage ich wieder. Adeu Rinpoche war unter all den Lehrern, die zu treffen ich das große Glück hatte, jener, der besonders geduldig auf meine ständigen Fragen einging.

Als wir an die Grenze kamen, wurde ich sehr traurig, weil nun die Stunde unseres Abschieds gekommen war. Ich überreichte ihm einen *khata* – einen jener weißen Seidenschals, die symbolisch für die Darbringung des Herzens stehen –, und er umarmte mich.

Dann trat er einen Schritt zurück, sah mich an und sagte: »Manchmal musst du einfach Vertrauen haben.« Er sagte nicht: »Du denkst zu viel nach, du stellst zu viele Fragen.« Er sagte nur: »Manche Dinge sind sehr einfach. Tu einfach, was deine Lehrer dir gesagt haben, und die Ergebnisse werden sich einstellen.«

Dann drehte er sich um und ging über die Grenze. Ich schaute ihm nach, bis er hinterm Horizont verschwunden war – tief verblüfft, dass er offensichtlich erkannt hatte, wie viele Zweifel ich hegte, mich aber deswegen nicht tadelte.

»Hab Vertrauen«, hatte er gesagt. »Tu es einfach.«

Ich habe umgesetzt, was man mich gelehrt hat, und im Lauf der Jahre konnte ich erkennen, welchen Nutzen es hatte. Daher gebe ich meinen Schülern heute denselben Rat: »Hab Vertrauen. Tu es einfach.«

Eine wichtige Vorsichtsmaßnahme allerdings gibt es, die Sie bei der Befolgung dieses Ratschlags beherzigen sollten.

Das Boot

Mehrfach hörte ich meine Lehrer ein merkwürdiges Sprichwort zitieren: »Gewöhnliche Menschen erlangen keine Befreiung, weil sie *nicht* meditieren, Praktizierende erlangen keine Befreiung, *weil* sie meditieren.« Ich habe einige Zeit gebraucht, um zu verstehen, was damit gemeint war.

Meditation, ethisches Verhalten und Wissen sind wie die Bestandteile eines wunderbaren Bootes, das uns hilft, über einen Fluss zu setzen, dessen »Wasser« unsere Muster, die Schichten unseres »Ich« und unsere individuellen Probleme sind. Um diesen Fluss zu überqueren, brauchen wir notwendigerweise ein Boot. Aber sobald wir auf der anderen Seite des Flusses angelangt sind, wäre es unsinnig, wollten wir uns das Boot auf den Rücken laden und so beschwert unseren Weg fortsetzen, mag das Boot noch so schön und die Überfahrt noch so spannend gewesen sein. Wir wissen dankbar zu würdigen, dass wir solch ein wunderbares Boot hatten, doch wenn wir unseren Weg fortsetzen wollen, müssen wir es zurücklassen.

Ich sage nicht, dass Sie jetzt aufhören sollen zu praktizieren. Der Punkt ist, dass wir uns immer wieder ehrlich prüfen sollten, während wir unserem Pfad folgen. Es geschieht sehr leicht, dass unsere Praxis – die spirituellen Hochs, das Gefühl, Muster aufzulösen und sich weiterzuentwickeln, der Stolz, »es« richtig zu machen – zum Selbstzweck wird. Aber irgendwann müssen wir all das loslassen. Wir müssen aufhören zu tun und einfach nur *sein*. Wir müssen dem Funken in uns einfach vertrauen.

Loslassen

Doch es ist nicht leicht, dieses hundertprozentige Vertrauen zu haben. Vielleicht mischt sich ein wenig Freude darein, vielleicht auch ein bisschen Schwermut – oder eine Mischung der unterschiedlichsten Gedanken, Gefühle und Empfindungen. Doch wie auch immer, wenn wir es zulassen können, einfach in dieser Erfahrung zu *sein* und sie zu würdigen, dann ist dies die wahre Transformation, die wahre Heilung, das wahre Öffnen von Herz und Geist.

Das Schöne daran ist: Wenn wir uns erlauben zu sein, wie wir sind, schaffen wir Raum, dass auch andere sein können, wie *sie* sind. Zwischen uns und unseren Mitmenschen entsteht ein Gefühl von Vertrauen, das dem anderen die Möglichkeit gibt, sich zu öffnen und dieses Vertrauen auf einen Dritten auszudehnen – wie eine Kerze, die eine Kerze anzündet, die eine Kerze anzündet... Das ist die Essenz, der höchste Zweck unserer Meditation, unserer Praxis und aller Weisheit, die wir in der Auseinandersetzung mit den Schichten unseres »Ich« erlangt haben: die Früchte unserer Praxis loszulassen, damit sie von Mensch zu Mensch weiterwandern können; die Liebe, die in uns ist – die wir *sind* –, erwachen zu lassen, damit sie sich Augenblick um Augenblick, Schritt um Schritt, Fluss um Fluss, Straße um Straße, Brücke um Brücke ausbreiten kann.

Zum Auftakt unserer gemeinsamen Reise habe ich Ihnen die ein bisschen peinliche Geschichte erzählt, wie ich trotz meiner Ausbildung in buddhistischer Philosophie und Meditation beim Versuch, etwas scheinbar Unsichtbares zu überqueren, eine Panikattacke erlitt. Und wie demütigend ich es fand, dass jemand trotz dieser guten Ausbildung so viel Angst haben konnte. Schließlich war das nur eine Brücke, und alle anderen spazierten mit bewundernswerter Souveränität darüber.

Waren all diese Leute Buddhisten? Wohl kaum. Aber sie hatten keine Angst. Sie überquerten diese Brücke mit der allergrößten Selbstverständlichkeit.

Im Leben kommen wir häufig an einen Punkt, an dem Angst, Vorurteile und frühere Erfahrungen von Schmerz und Leid uns daran hindern, die Situation klar zu erkennen. Wir erfassen dann nicht, dass wir viele der Herausforderungen, mit denen wir uns konfrontiert sehen – die Brücken, die wir überqueren müssen –, selbst geschaffen haben. Dass wir bestimmte Muster ausgebildet haben, die bestimmen, wie wir die Ereignisse in unserem Leben wahrnehmen und wie wir auf sie reagieren. Die Übungen, die ich Ihnen vorgestellt habe, dienen alle dem Zweck, uns wieder mit unserem inneren Funken zu verbinden. Wenn wir uns mit unserem Funken verbinden, wird er heller und heller. Er wird zur Flamme, in deren Licht andere Menschen dasselbe Leuchten, dieselbe Wärme und Offenheit in sich entdecken können. Wenn wir den Funken in uns erkennen und uns ihm öffnen, wenn wir Herz und Geist öffnen, ermöglicht dies auch den Menschen in unserem Umfeld, sich zu öffnen. Wenn wir die Brücken, auf die wir auf unserem Weg stoßen, offen und voll Vertrauen überqueren, dann können wir für andere zur Ursache werden, dass sie gleich uns in sich hineinhorchen und erkennen, wie ihr momentaner Schmerz, ihre momentane Angst nur die Erinnerung an eine Zeit überdeckt, die von einem Zustand der Verbundenheit, der Offenheit und Wärme geprägt war, eine Zeit, in der ursprüngliche Liebe noch nicht von kulturellen Prägungen verdeckt wurde; eine Zeit, in der das feste, das kostbare und das soziale »Ich« noch nicht existierten.

Brücken zu überqueren, Muster aufzudecken, ursprüngliche Liebe zu erwecken und diese Liebe auf andere auszudehnen ist der Weg, den zu gehen wir alle in der Lage sind. Daran glaube ich von ganzem Herzen.

Alles, was Sie brauchen, um den ersten Schritt zu tun, ist schon in Ihnen angelegt. Anfangs mag es nur ein schwaches Glimmen sein, doch mit jedem Schritt wird es stärker und strahlender, wird zur Flamme, die sich ausbreitet. Wenn Sie Brücken überqueren, sich mit der ursprünglichen Liebe verbinden, ihre Wärme, Offenheit und Klarheit in sich erkennen, werden Sie andere dazu inspirieren, das Licht der Liebe in sich selbst zu sehen.

Dazu bedarf es keiner Worte. Sie müssen niemandem Belehrungen geben. Sie müssen nur der sein, der Sie sind: eine helle Flamme, die im Dunkel der Verzweiflung leuchtet, das strahlende Beispiel eines Menschen, der Brücken überqueren kann, weil sein Herz und sein Geist weit offen sind.

Dank

Als Erstes möchte ich mich bei all meinen Lehrern bedanken für die Inspiration und die Unterweisungen, die sie mir gegeben haben: meinem Vater Tulku Urgyen Rinpoche, meinem Großvater Tashi Dorje, Dilgo Khyentse Rinpoche, Adeu Rinpoche, Nyoshul Khen Rinpoche, Tselwang Rindzin und meinen Tutoren und *tokdens* aus Tashi Jong. Danken möchte ich auch meinem Bruder Yongey Mingyur Rinpoche für seine Ermutigung und Unterstützung, meiner Mutter, meiner Frau und meinen Töchtern. Mein besonderer Dank geht an Tashi Lama, der mich mit seinen brillanten Fähigkeiten auf so vielfältige Weise unterstützt hat, dass es unmöglich ist, alles aufzählen, was er für mich getan hat.

Der Ausdruck meiner Dankbarkeit gilt auch all jenen, welche die Organisationen, die meine Arbeit unterstützen, so großzügig fördern. Exemplarisch seien an dieser Stelle genannt: Carole Bishop, Deborah Easley, Alfred Graf, Sandra Hammond sowie Esteban und Tressa Hollander. Mein Dank geht auch an die Übersetzer, die mir als Übermittler der Lehre des Buddhas zur Seite standen, besonders an Gerardo Abboud und Erik Pema Kunsang. Danken möchte ich auch Laurie Lange, die meine Belehrungen mit unermüdlichem Eifer transkribiert hat, sowie Sherab Chödzin Kohn, der angefangen hat, die Belehrungen zu ursprünglicher Liebe in Buchform zu bringen.

Mein weiterer Dank geht an meine Agentin Emma Sweeney, welche die Arbeit an diesem Buch von Anfang an unterstützt hat und ohne deren Hilfe es nur ein Manuskript geblieben wäre, an meine Verlegerin Julia Pastore für ihre hilfreichen Anmerkungen und Vorschläge sowie an ihr gesamtes Verlagsteam, das mich mit viel Einsatz unterstützt hat.

Neben den Genannten haben so viele andere Menschen auf vielfältige Weise zur Entstehung dieses Buches beigetragen, dass man ein zweites Buch machen müsste, um all ihre Namen aufzuzählen. Stellvertretend für sie alle möchte ich Tara Bennett-Goleman, Pedro Beroy, Owsley Brown, Richard Gere, Daniel Goleman, Neil Hogan, Michael Kunkel und Sharon Salzberg danken für ihre Freundlichkeit und Großzügigkeit. Cortland Dahl danke ich für die genaue Lektüre des Manuskripts und seine vielen nützlichen Anregungen. Martha Boyden, dass sie Eric und mir ihr wunderschönes Haus in Italien in einer wichtigen Schaffensphase zur Verfügung gestellt hat. Abschließend möchte ich noch einmal all den Menschen danken, die hier ungenannt bleiben müssen – ihr wisst, wen ich meine und welchen großartigen Beitrag ihr geleistet habt. Möge euer Funke immer heller leuchten und eure Liebe und euer Mitgefühl nicht aufhören zu wachsen!

Glossar

absolute Wirklichkeit: ein begrifflich nicht zu erfassendes, von allen Beschränkungen freies Potenzial totaler Offenheit, aus dem sämtliche Phänomene hervorgehen und in das sie sich wieder auflösen, sich verwandeln und wieder erscheinen. Siehe auch *Leerheit, shūnyatā*.

absolutes Bodhicitta: unmittelbare Einsicht in die Natur des Geistes. Siehe auch *Bodhi, Bodhicitta der Absicht, Bodhicitta der Anwendung* und *relatives Bodhicitta*.

Bodhi: Sanskrit bzw. Pali. Wörtlich »Erwachen«. Der Begriff steht für die vollkommene Erkenntnis. Siehe auch *Bodhibaum*.

Bodhibaum: Bodhgaya ist der Ort, in dem der Legende nach der Buddha Erleuchtung erlangt hatte, als er unter einem Baum saß und meditierte. Dieser Baum wird heute als »Bodhibaum« bezeichnet. Siehe auch *Bodhi*.

Bodhicitta: Sanskrit. Der »Erleuchtungsgeist«. Die von Herzen kommende, tätige Sorge um das Wohl anderer. Die wörtliche Übersetzung von *citta* (sprich »tschitta«), des zweiten Wortbestandteils von *bodhicitta*, ist »Geist«, auf einer subtileren Ebene auch »Herz«. Siehe auch *Bodhi, absolutes Bodhicitta, Bodhicitta der Absicht, Bodhicitta der Anwendung* und *relatives Bodhicitta*.

Bodhicitta der Absicht: Entwicklung des aufrichtigen Wunsches, alle Wesen zur Erkenntnis der eigenen → Buddhanatur zu führen. Siehe auch *absolutes Bodhicitta, Bodhicitta der Anwendung* und *relatives Bodhicitta*.

Bodhicitta der Anwendung: aktives Handeln, um alle Wesen zur Befreiung von allen Formen und Ursachen des Leids durch Erkennen der eigenen → Buddhanatur zu führen. Siehe auch absolutes *Bodhicitta*, *Bodhicitta der Absicht* und *relatives Bodhicitta*.

Bodhisattva: ein Wesen, das die grenzenlose Liebe und Offenheit von Bodhicitta (siehe dort) verwirklicht hat.

Buddhanatur: das angeborene, von allen Beschränkungen freie Potenzial von Offenheit, Klarheit und Wärme. Siehe auch *sugatagarbha* und *tathagatagarbha*.

dak (bdag): tibetisch. »Ich« oder »Selbst«.

dak che dzin (bdag che 'dzin): tibetisch. Wörtlich »das Selbst als etwas Kostbares erfassen«, auch »selbstbezogenes Ich«.

dak tenpar dzin, dak dzin (bdag bden par 'dzin, bdag 'dzin): tibetisch. Das »Selbst« oder »Ich« als wirklich existierend erfassen; das »kostbare Ich«.

dak tsam (bdag tsam): tibetisch. Das »bloße Ich«. Der Bestandteil *dak* ist eine der vielen Bezeichnungen für das »Ich« oder »Selbst«; *tsam* hat viele Bedeutungen und kann unter anderem »ungefähr« oder »in etwa« heißen.

dāna: Sanskrit. Freigebigkeit, die erste → Paramita. Tibetisch *jinpa (sbyin ba)*.

Dharma: Sanskrit. Die Wahrheit; die Art, wie die Dinge sind; auch die Lehren des Buddha.

dhyana: Sanskrit. Sammlung, die fünfte → Paramita. Auch als *samadhi* (Sanskrit) bezeichnet. Tibetisch *samten (bsam gtan)*.

drenpa (dran pa): tibetisch. Der Aspekt des Bewusstseins, der die Aufmerksamkeit auf ein Objekt richtet.

dzin ('dzin): tibetisch. Das Greifen oder Festhalten.

dzogchen (rdzogs chen): tibetisch. Die »Große Vollendung«. Eine Zusammensetzung aus *dzog(pa)*, das in der Grundbedeutung »vollkommen« bzw. »Vollkommenheit« heißt, und *chen*, das mit »groß« oder »weit« übersetzt wird. Im erweiterten Sinn kann *dzogpa* auch »alles einschließend« bedeuten.

Erleuchtung: im Buddhismus die zweifelsfreie und unerschütterliche Erkenntnis der eigenen grundlegenden Natur.
gewa (dge ba): tibetisch. Etwas, was Kraft oder Stärke verleiht. Häufig mit »Tugend« bzw. »Tugendhaftigkeit« übersetzt.
Kagyü (bka' brgyud): tibetisch. Name einer der vier Hauptschulen (→ Nyingma, Sakya, Kagyü und Gelug) des tibetischen Buddhismus. Gründet sich auf die mündliche Übertragung vom Lehrer auf den Schüler. Der Name setzt sich zusammen aus *ka (bka')* für »Wort, Rede« und *gyü (brgyud)*, was in der Grundbedeutung »Abstammungslinie« im Sinne einer nicht unterbrochenen Erblinie heißt.
Karmapa: Oberhaupt der Karma-Kagyü-Schule des tibetischen Buddhismus.
khata: tibetisch. Ein weißer Seidenschal, der die Darbringung des Herzens symbolisiert.
Klarheit: die Fähigkeit des Geistes, sich aller Phänomene, die in seinen Erfahrungsbereich treten, gewahr zu sein, ihre Natur zu erkennen und sich seines Gewahrseins bewusst zu sein.
kṣānti: Sanskrit. Geduld, die dritte → Paramita. Tibetisch *zöpa (bzod pa)*.
Leerheit: die begrifflich nicht zu fassende Basis aller Phänomene. Siehe auch *shunyatā*.
lhen-kye-ma-rig-pa (lhan skyes ma rig pa): tibetisch. Grundlegende Unwissenheit, die gleichzeitig mit Sinnesaktivität auftritt und zu Verwirrung und Unsicherheit bezüglich der wahren Natur der Phänomene führt.
lung (rlung): tibetisch. Energie, die im subtilen Körper die → *tigle* durch die → *tsa* wandern lässt.
Mantra: Sanskrit. Folge von bestimmten (im tibetischen Buddhismus aus dem Sanskrit übernommenen) Silben, die laut oder in Gedanken zu Meditationszwecken wiederholt werden.
Mitgefühl: Zustand von Offenheit und Verständnis, in dem wir

das Leid anderer erkennen und ihnen spontan helfen. Siehe auch *nying-je*.

nying-je (snying rje): tibetisch. »Edles Herz«, sprich »*njing dsche*«. Das tiefe Empfinden und der Ausdruck eines Gefühls der Verbundenheit, das nicht durch Anhaftung oder Bedingungen begrenzt ist.

Nyingma (rnying ma): tibetisch. Die älteste der vier Hauptschulen (Nyingma, Sakya, → Kagyü und Gelug) des tibetischen Buddhismus. Der Name leitet sich von einen tibetischen Wort ab, das man mit »die Alten« oder »die Älteren« übersetzen könnte.

ö-sel-wa ('od gsal ba): tibetisch. Wird meist mit »klares Licht« übersetzt. Gemeint ist damit die grundlegende Fähigkeit des Geistes, unsere Erfahrungen zu »durchleuchten« und sie so zu erkennen und ihrer gewahr zu sein.

Paramita: Sanskrit. Oft mit »Vollkommenheiten« übersetzt. Gemeint ist damit, dass wir uns auf dem Weg zur Erleuchtung zum offensten, gütigsten und intelligentesten Menschen entwickeln, der wir sein können. Eine wörtlichere Übersetzung ist »über etwas hinausgehen« oder »ans andere Ufer gelangen« bzw. »das, was das andere Ufer erreicht hat«. Tibetisch *pa-rol-tu-chin-pa (pha rol tu phyin pa)*. Es sind die »Tugenden«, die ein → Bodhisattva während seiner Laufbahn vervollkommnet. Dazu zählen sechs Eigenschaften:

1. *Freigebigkeit*, auf Sanskrit → *dāna* und auf Tibetisch *jinpa*,
2. *(moralische) Disziplin, Ethik, moralisches Verhalten*, auf Sanskrit → *sīla* und auf Tibetisch *tsultrim*,
3. *Geduld*, auf Sanskrit → *kṣānti* und auf Tibetisch *zöpa*,
4. *Beharrlichkeit, Eifer, Energie, Anstrengung, Begeisterung*, auf Sanskrit → *vīrya* und auf Tibetisch *tsondru*,
5. *Sammlung*, auf Sanskrit → *dhyana* (manchmal auch *samadhi*) und auf Tibetisch *samten*,
6. *Weisheit, die Fähigkeit des Geistes, Unterscheidungen zu treffen*, auf Sanskrit → *prajñā* und auf Tibetisch *sherab*.

prajñā: Sanskrit. Weisheit, die Fähigkeit des Geistes, Unterscheidungen zu treffen, die sechste → Paramita. Tibetisch *sherab (shes rab)*.

relative Wirklichkeit: der sich von Augenblick zu Augenblick endlos verändernde Fluss von Gedanken, Emotionen und sinnlichen Wahrnehmungen.

relatives Bodhicitta: die Absicht, innerhalb der relativen Welt von Selbst und anderem die Wesen zur Erkenntnis ihrer Buddhanatur zu führen. Siehe auch *absolutes Bodhicitta, Bodhicitta der Absicht, Bodhicitta der Anwendung* und *Bodhicitta*.

Retreat: englisch. Rückzug, Exerzitien. In der Regel mehrtägiger Rückzug an einen ruhigen Ort, um zum Teil unter Anleitung intensiv zu meditieren.

Rinpoche: tibetischer Ehrentitel, der meist für einen Lama oder anderen Würdenträger verwendet wird. Zusammengesetzt aus *rin (po)* für »Wert« und *che* für »Größe«, »Rinpoche« bedeutet also wörtlich »Kostbarer«. Der Titel ist hauptsächlich für Reinkarnationen eines früheren Meisters gebräuchlich.

Samsara: Sanskrit. »Rad«. Nach buddhistischer Symbolik das sich endlos drehende Rad der relativen Wirklichkeit. Tibetisch *khorlo ('khor lo)*.

sem (sems): tibetisch. Das, was weiß; das, was fühlt.

shamatha: Sanskrit. Die Praxis des stillen Verweilens, wobei der Meditierende den Geist so lässt, wie er ist. Tibetisch → *shine (zhi gnas)*.

shezhin (shes bzhin): tibetisch. Wissen, dass man gewahr ist. Der aufmerksame Aspekt des Geistes, mit dessen Hilfe wir den Geist selbst dabei beobachten, wie er sich eines Objekts gewahr ist.

shine (zhi gnas) tibetisch. Die Praxis des stillen Verweilens, wobei der Meditierende den Geist so lässt, wie er ist. Die Bezeichnung *shine* ist aus zwei tibetischen Wörtern zusammengesetzt, nämlich *shi*, das gewöhnlich mit »Ruhe« oder »Frieden« übersetzt wird, und *ne*, das so viel bedeutet wie »verweilen« oder »sich aufhalten«. Siehe auch *shamatha*.

shūnyatā (Sanskrit). Meist wie das tibetische *tongpa-nyi (stongpa nyid)* mit »Leerheit« übersetzt. Der Sanskrit-Term *sh_nya* bedeutet »null« und bezeichnet einen unendlichen offenen Raum oder Hintergrund, aus dem alles entstehen kann. Das tibetische *tongpa* bedeutet »leer« im Sinne einer Erfahrungsgrundlage, die sich jeder sinnlichen Wahrnehmbarkeit, Benennung oder »sauberen« begrifflichen Definition entzieht.

sīla: Sanskrit. »Disziplin«, die zweite → Paramita. Oft auch als »ethisches Verhalten« bezeichnet. Tibetisch *tsultrim (tshul khrims)*.

subtiler Körper: am besten als der Ort zu begreifen, an dem Emotionen entstehen bzw. »sitzen«. Der subtile kann den physischen Körper oft deutlich spürbar beeinflussen.

sugatagarbha: Sanskrit. *Sugata* lässt sich grob mit »zur Glückseligkeit gegangen« übersetzen. *Garbha* wird gewöhnlich mit »Essenz« wiedergegeben, wobei der Begriff auf einer subtileren Ebene auch die Bedeutung von »Same« oder »Wurzel« haben kann. Siehe auch *Buddhanatur* und *tathagatagarbha*.

tathagatagarbha: Sanskrit. Essenz des »so Gegangenen«. Siehe auch *Buddhanatur* und *sugatagarbha*.

terma (gter ma): tibetisch. Wörtlich »Schatz« bzw. »Schätze«. Gemeint sind damit Texte, die große Meister früherer Zeiten versteckt haben, damit sie später gefunden werden, wenn die in diesen Texten aufgezeichneten Lehren dringend benötigt werden.

tertön (gter ston): tibetisch. Wörtlich »Schatzfinder«. Ein großer Mediationsmeister, der verborgene Schatztexte wiedergefunden hat.

tigle (thig le): tibetisch. Wörtlich »Tropfen«. Im tibetischen Buddhismus werden sie als »Lebensfunken« betrachtet. Siehe auch *lung, subtiler Körper* und *tsa*.

tokden (rtogs ldan): tibetisch. Ein Meditationsmeister, der lange Jahre im Einzel-Retreat verbracht hat, um seine Praxis zu vervollkommnen.

Tonglen (gtong len): tibetisch. Wörtlich »aussenden und aufnehmen«. Bei dieser Praxis stellt man sich vor, dass man alles, was man an Glück hat, den fühlenden Wesen schickt und dafür ihr Leid in sich aufnimmt.

tsa: tibetisch. Die Energiekanäle des subtilen Körpers. Siehe auch *lung*, *subtiler Körper* und *tigle*.

Tulku (sprul sku): tibetisch. Ein erleuchteter Meister, der sich nach seinem Tod bewusst in menschlicher Gestalt reinkarniert.

ursprüngliche Liebe: von Bedingungen und Einseitigkeit freie Wärme und Offenheit.

Vier Edle Wahrheiten: Sanskrit: *ārya-satya*, Pali: *ariya-satta*. Die Grundlage der buddhistischen Lehre:

1. die Wahrheit vom Leiden *(duhkha)*,
2. die Wahrheit von der Entstehung *(samud_ya)* des Leidens,
3. die Wahrheit von der Aufhebung *(nirodha)* des Leidens und
4. die Wahrheit vom Weg *(aṣṭangika-mārga)*, der zur Aufhebung des Leidens führt.

vipashyana: Sanskrit. »Klare Sicht«, »die Dinge so sehen, wie sie sind«. Häufig als »Einsichtsmeditation« übersetzt. Tibetisch *lhaktong (lhag mthong)*.

vīrya: Sanskrit. Beharrlichkeit, Eifer, Anstrengung, Begeisterung, die vierte → Paramita. Tibetisch *tsondru (brtson 'grus)*.

Literatur

Adeu Rinpoche: *Freedom in Bondage. The Life and Teachings of Adeu Rinpoche*, übers. v. Erick Pema Kunsang und komp. v. Marcia Binder Schmidt, Hongkong: Rangjung Yeshe Publications 2011

Dhammapada: *Buddhas zentrale Lehren*, München: Goldmann 2006

Kongtrul, Jamgon: *Das Licht der Gewissheit*, Freiburg: Aurum 1979

Shantideva: *Die Lebensführung im Geiste der Erleuchtung. Das Bodhisattvacharyavatara*, Berlin: Theseus 2004

Tsoknyi Rinpoche: *Carefree Dignity*, komp. u. übers. v. Erick Pema Kunsang u. Marcia Binder Schmidt, hg. v. Kerry Morgan, Kathmandu: Rangjung Yeshe Publications 1998

–, *Furchtlose Einfachheit. Der Dzogchen-Weg zu einem Leben in Freiheit*, München: Otter 2006

Tulku Urgyen Rinpoche: *Wie es ist*, Bd. 1, Oy-Mittelberg: Joy 2011

Tulku Urgyen Rinpoche: *As It Is*, Bd. 2, übers. v. Erik Pema Kunsang, komp. v. Marcia Binder Schmidt, hg. v. Kerry Morgan, Boudhanath, Hongkong, u. Esby: Rangjung Yeshe Publications 2000

Yongey Mingyur Rinpoche mit Eric Swanson: *Buddha und die Wissenschaft vom Glück. Ein tibetischer Meister zeigt, wie Meditation den Körper und das Bewusstsein verändert*, München: Goldmann 2007

–, *Heitere Weisheit. Wandel annehmen und innere Freiheit finden*, München: Goldmann 2009

Jack Kornfields Meisterwerk über buddhistische Psychologie

576 Seiten. ISBN 978-3-442-33812-2

Auch als Hörbuch!
7 CDs. ISBN 978-3-442-33937-2

»Das weise Herz« beschreibt den Buddhismus als ermutigendes psychologisches Konzept – ein machtvolles Buch der Heilung und zugleich eine Laudatio auf Buddha als den größten Heiler.

arkana